George L. Hersey
Verführung nach Maß

George L. Hersey

Verführung nach Maß

Ideal und Tyrannei des perfekten Körpers

Aus dem Amerikanischen von Yvonne Badal

Siedler

Für Jane Maddox Lancefield Hersey

Inhalt

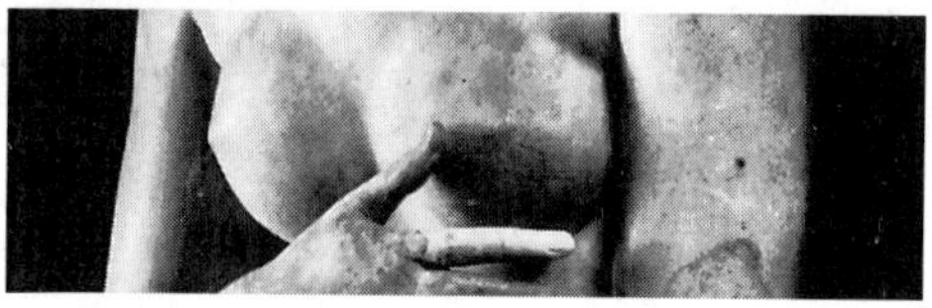

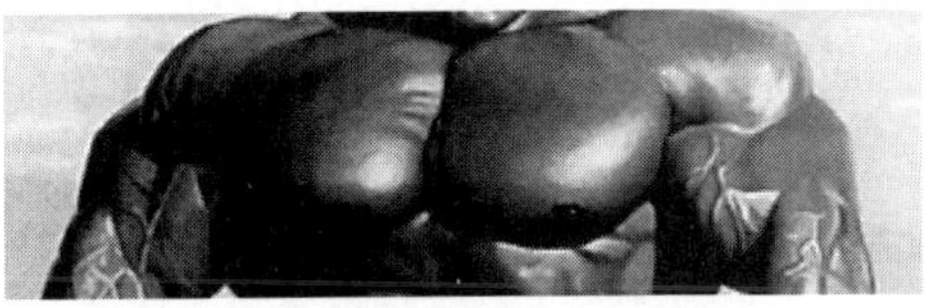

Einleitung: Aphrodites Töchter

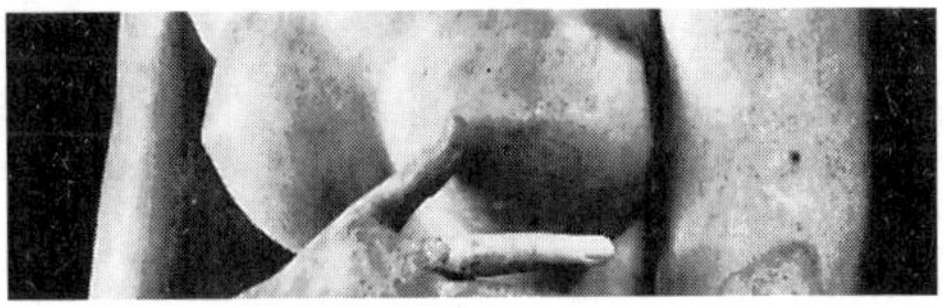

Die berühmteste Frauengestalt der abendländischen Kunst ist wahrscheinlich die sogenannte Venus Pudica. Vermutlich wurde keine Pose so oft kopiert wie die ihre; herausragende Beispiele sind die Venus Medici in Florenz und die Kapitolinische Venus (Abb. 0.1): Aufrecht, das Gesicht leicht abgewandt, eine Hand vor die Brust und die andere schützend vor die Scham gelegt, gibt sich die Göttin den Blicken preis. Gerade erst hat sie bemerkt, daß sie – vom Betrachter, vom Künstler? – beim Bad beobachtet wird.[1] Nun sucht sie sich zu bedecken. Doch wirkt sie keineswegs verstört. Und deshalb verkörperte diese Venus für Generationen von Betrachtern das Paradox aus Keuschheit und Verführung.[2]

Diese Figur steht für einen völlig neuen Typus in der griechischen Bildhauerei. Ihre betonte Weiblichkeit unterscheidet sie von allen früheren griechischen Frauenstatuen, etwa den knochigen und jungenhaften Koren. Die neue Art der Darstellung zeigt uns eine breite, elliptische Körpermitte, kurze, weiche Arme und Beine und nichts mehr von der Muskulatur der Koren. Die Venus Medici steht graziös, das rechte Bein leicht angewinkelt, das Standgewicht auf dem linken. Das fein herausgearbeitete, schmale Gesicht mit seinen vollen Lippen, den leicht pikiert verzogenen Mundwinkeln und den markant geschwungenen Brauen wendet sich nach links vom Betrachter ab. Das Haar ist kunstvoll ineinander verschlungen, gleichsam ein Meer von Wellen und Locken. Diese Göttin »bietet sich dar«, würde ein Verhaltensforscher sagen.

Abb. 0.1
Die Kapitolinische Venus, 2. Jh., Marmor. Römische Kopie einer Bronzeplastik nach Praxiteles' Aphrodite von Knidos (3. Jh. v. Chr.)

Abb. 0.2
Thomas Gainsborough: *The Honourable Mrs. Thomas Graham*, 1775. Die Abbildung erfolgt seitenverkehrt, um die Ähnlichkeit zur Kapitolinischen Venus hervorzuheben.

Abb. 0.3
Bronzezeitliche Göttin aus Paphos (Zypern)

Abb. 0.4
Anzeige aus *D-Cup Superstars*, Februar 1992

Auch in späteren Jahrhunderten wurden Frauen in der Pose der Venus Medici oder zumindest einer erkennbaren Variante dargestellt. Selbst eine vollständig bekleidete Dame des Barock hielt sich üblicherweise zierlich eine Hand vor die Brust, ließ die andere entspannt vor ihrer Hüfte hängen und gab dem Betrachter so zu erkennen, daß sie ebenso attraktiv wie sittsam war. *The Honourable Mrs. Thomas Graham* in Gainsboroughs Portrait (Abb. 0.2) präsentiert sich, wenn auch mit einer gewissen Gleichgültigkeit, genau in dieser Haltung. Ausstaffiert hat sie sich mit allerlei »Lockmitteln«, wie es in der Terminologie dieses Buches heißen wird: Die Hand vor der Scham hält eine Feder, die exakt den Federn ihres Hutes gleicht; die Hand in Brusthöhe spielt mit einem Zipfel ihres Überrocks, der hier zu einer lockeren Draperie geworden ist. Sexuelle Botschaften finden sich auch in Form von rosa Schleifen, ovalen Raffungen des Überrocks und einem tiefen, geschwungenen Ausschnitt, der, als besonders begehrenswertes Terrain, von den gezackten Zinnen einer Spitzenborte verteidigt wird.

Mrs. Graham ist zweifellos eine Dame. Doch auch ihre oft wiederholte »Imitationspose« wird – wie die der Venus Medici selbst – auf bestimmte zypriotische Kunstwerke zurückgeführt (Abb. 0.3). C.S. Blinkenberg hat diesen Ursprung offenbar als erster Wissenschaftler entdeckt.[3] Die hier abgebildete Figur aus Paphos stellt eine für das Zypern der Bronzezeit typische Tempelhetäre dar. Sie trägt einen gewebten *thomingos*, die Krone der Prostituierten, und ist mit überdimensionierten Ohrringen und Ketten behängt, wie es schon immer die Vorliebe ihrer Mitschwestern war. Und wie die anderen Statuetten dieser Art begnügt auch sie sich nicht damit, auf ihr Geschlechtsorgan hinzuweisen, sondern präsentiert es mit einer geradezu streichelnden Geste. Ist, wie Blinkenberg fragt, dieser bei der Venus Medici vollzogene Wechsel von einer deutenden zu einer schützenden Geste in Wirklichkeit nicht nur eine subtilere Art, das Genitale in den Mittelpunkt zu rücken?

Genau hier, in dem Paradox von sittsamer Unsittlichkeit, liegt die künftige Bedeutung dieser Pose. Man kann nämlich zwischen der Venus Medici, Mrs. Graham und der Hetäre einen noch »eindeutigeren« Zusammenhang herstellen: Wenn wir ihre Posen mit Photos in modernen Sexmagazinen vergleichen, zum Beispiel mit einer gewissen Mistress Tanya (Abb. 0.4), die Telefonsex offeriert, indem sie marktschreierisch – und, da bin ich mir sicher: völlig unwissentlich – alle drei genannten Damen imitiert, liegt der Schluß nahe, daß die Gesten der Göttinnen von Anbeginn an nichts anderes als Akte der sexuellen Zurschaustellung waren.

Allerdings gibt es einen gravierenden Unterschied zwischen diesen vier Figuren: Tanya, die Venus und Mrs. Graham nehmen zwar die gleiche Pose ein wie die paphische Hetäre, doch verfügt diese über deutlich andere Körperproportionen.[4] Legt man das Kopfmaß zugrunde, ein Verfahren, das ich aus der bildenden Kunst übernehme – Bioanthropologen scheinen es niemals anzuwenden –, so liegen Brustwarzen, Nabel und Scham der Hetäre jeweils an den Referenzpunkten $1^3/_4$, $2^1/_2$ und 3 Kopf. Für die klassische abendländische Kunst von etwa 450 v. Chr. bis 1900 n. Chr. sind diese Proportionen viel zu kurz; und noch kürzer geraten, nämlich nur zwei Kopf lang, sind die Arme der Figur. Die Hetäre zeigt Bereitschaft, bietet sich ebenso dar wie ihre drei Schwestern, doch im Gegensatz zu ihnen verfügt sie nicht über die bevorzugten, »selektablen Proportionen«, wie ich es nennen werde. Bei der Venus, Mrs. Graham und Tanya liegen Brustwarzen, Nabel und Scham jeweils an den Referenzpunkten 2, 3 und 4 Kopf, und die Länge ihrer Arme plus Hände beträgt jeweils 3 Kopf. Das entspricht den Normen des abendländischen Kunstkanons und stimmt auch mit den üblichen Körpermaßen im Europa jener Zeit überein. Meine These lautet daher, daß die Kunst des Abendlandes die generell herrschende Vorliebe für diese Proportionen noch verstärkt hat.

Daraus ergibt sich eine Möglichkeit, die ich hier unterbreiten werde, obwohl ich ihr im Rahmen dieses Buches nicht gerecht werden kann: daß nämlich die Körper von Menschen der Bronzezeit – oder zumindest solche, die als sexuell begehrenswert, also selektabel dargestellt wurden – von größerer proportionaler Vielfalt waren als ihre heutigen Pendants. Mit anderen Worten: Mistress Tanya wäre gewiß nicht für ein Photo in *D-Cup Superstars* ausgewählt worden, hätte sie die Figur der Hetäre. Andererseits aber verkörperte gerade die Hetäre den Kult der Aphrodite, der Göttin der Liebe und Schönheit, und wurde als Symbol dessen, was eine Frau begehrenswert macht, geschaffen und verwendet.

Um es noch stärker zu pointieren: Vielleicht haben sich die Menschen unseres Kulturkreises durch entsprechende Partnerwahl im Laufe der vergangenen zwanzig Jahrhunderte sogar stillschweigend die Körperformen *an*gezüchtet, die wir bei der Venus Pudica, Mrs.Graham und Tanya finden, wohingegen die der Hetäre *ab*gezüchtet wurden. (Diese Frage wird in Kapitel 1 sowie zu Beginn und Ende von Kapitel 3 nochmals aufgegriffen.) Unser Kulturkreis hat also, wenn meine vorsichtig formulierte Hypothese richtig ist, in der Kunst und vielleicht sogar im Leben die statistische Häufigkeit von Körpern des paphischen Typs minimiert und die des Pudica-Designs maximiert. (Ich sollte hier anmerken, daß die in den folgenden Kapiteln erwähnten Proportionsmaße für Männer wie für Frauen gleichermaßen gelten.) Natürlich gibt es keine wirklich wissenschaftliche Möglichkeit, dies zu beweisen. Zumindest kann ich mir keine praktischen Experimente vorstellen, die dazu geeignet wären (siehe jedoch Kapitel 2). In Karl Poppers Sinne ist meine These also nicht falsifizierbar und deshalb »unwissenschaftlich«. Doch das heißt nicht, daß sie nicht dargelegt, diskutiert und erforscht werden kann – und im übrigen auch nicht, daß sie falsch sein muß.

Angesichts solcher Fragen kann dieses Buch sein Thema nur mit der Ehrfurcht des Zwerges vor dem Riesen angehen. Über Kunst und geschlechtliche Auslese, über Kunst und die Vermessung des Körpers, über Rassismus und Kunst, über biokulturelle Dekadenz und Reproduktionsziele und all die anderen Themenbereiche, die in der Inhaltsangabe aufgeführt sind, gäbe es noch sehr viel zu sagen. Ob Kultur generell biologische Veränderungen prägt oder wenigstens beeinflußt und ob die kanonischen Körpermaße des Medici-Typus tatsächlich Ergebnis solcher Adaptionen sind – darüber ließe sich lange diskutieren. Ich kann hier nur Anstöße zu diesen Fragen geben und werde es vermutlich nicht mehr erleben, daß die Antworten gefunden werden – sofern das je geschieht. Außerdem befaßt sich dieses Buch im Kern fast ausschließlich mit der Kultur der Antike, der Renaissance und des Barock. Doch diese Beschränkung bedarf im Grunde keiner Rechtfertigung, denn genau diese drei Epochen maßen dem kanonischen Körper als Objekt der Begierde die größte Bedeutung zu.

Zu anderen, in unterschiedlichster Weise körperbewußten Kulturen – beispielsweise Japan, dem hinduistischen Indien oder dem europäischen Mittelalter – gibt es wichtige Forschungsergebnisse, auf die ich hier nicht eingehen kann. Aber zumindest die Arbeiten von Caroline Walker Bynum sollen beispielhaft erwähnt sein,[5] denn die Körperkonzepte des Mittelalters stehen in einem faszinierenden und beredten Kontrast zu denjenigen, über die ich sprechen werde. Bynum schreibt: »Der modernen Gefühlswelt ist die Rolle, die [der Körper] in der mittelalterlichen Religiosität spielte, zutiefst fremd ... Mittelalterliche Darstellungen des Körpers haben weniger mit Sexualität als mit Fruchtbarkeit und Verfall zu tun. Die Beherrschung, Disziplinierung, ja selbst die Folter des Fleisches bedeutete in der Frömmigkeit des Mittelalters nicht so sehr die Ablehnung von Körperlichkeit als vielmehr deren Erhöhung – eine schreckliche und zugleich herrliche Erhöhung – als Mittel des Zugangs zum Göttlichen.«[6]

Auch die Denker und Künstler, mit denen ich mich hier beschäftigen will, haben den Körper vergöttert, allerdings nicht durch seine Unterwerfung, Folter oder Verfall. Ihnen ging es darum, seine Reize zu zelebrieren und das Charakteristische dieser Reize zu verstehen und darzustellen.

Sexuelle Auslese

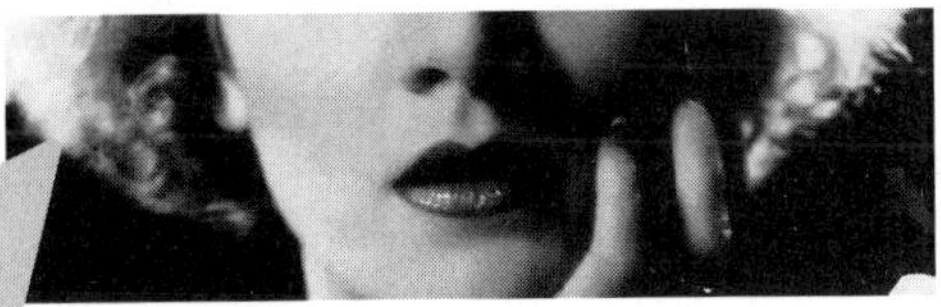

1

Erzeugten schöne Menschen schöne Bildsäulen, so wirkten diese hinwiederum auf jene zurück, und der Staat hatte schönen Bildsäulen schöne Menschen mit zu verdanken.

Gotthold Ephraim Lessing, Laokoon

Wie viele andere Tiere suchen sich auch Menschen ihre Geschlechtspartner gemeinhin selbst. Daher bedeutet die in der Biologie übliche Formulierung »sexuelle Zuchtwahl« – oder »sexuelle Auslese«, wie ich es nennen werde – nichts weiter, als daß sich zwei potentielle Partner gegenseitig begehrenswerter oder zumindest weniger abstoßend finden als andere Kandidaten und auf dieser Basis ihre Wahl treffen. Eine nicht unbedeutende Rolle spielen bei dieser Entscheidung der persönliche Stil und die Gesamterscheinung des anderen – Gesicht, Körper, Haar, Kleidung. In der Sprache dieses Buches heißt das, der Partner wird anhand des Körperdesigns und der Qualität seiner Lockmittel ausgesucht.

Auf der einfachsten Ebene geht es dabei ausschließlich um die Wahl eines Geschlechtspartners. Doch in der Evolution bedeutet sexuelle Zuchtwahl zugleich eine Entscheidung, die zu permanenter Veränderung beiträgt.[1] So gesehen müßte das oben angeführte Zitat aus Lessings »Laokoon« (weniger elegant) umformuliert werden: »Schöne Bildsäulen wirkten auf ihre Erzeuger zurück, und Menschen erwählten einander, wenn sie wie diese Bildsäulen aussahen. Diesem Verhalten waren schöne Kinder mit zu verdanken.« Darwin berichtet in seiner *Abstammung des Menschen*: »Mr. Winwood Reade teilte mir mit, daß die Jollofs, ein Negerstamm von der Westküste Afrikas, ›wegen ihrer gleichmäßig schönen Erscheinung auffallen‹. Einer seiner Freunde fragte ihn: ›Wie kommt es, daß jeder, dem man hier begegnet, so schön aussieht, nicht nur eure Männer, sondern auch eure Frauen?‹ Der Jollof antwortete: ›Das ist sehr leicht zu erklären: Es ist stets unsere Gewohnheit gewesen, unsere schlecht aussehenden Sklaven auszulesen und zu verkaufen.‹«[2]

Darwin erläutert nicht, wie sich bei den Jollofs der Status eines Sklaven zum Zuchtwert verhielt: Wurden schöne Sklaven in die Gemeinschaft aufgenommen und häßliche Mitglieder des Stammes als Sklaven verkauft? Oder waren ohnehin nur Sklaven häßlich? Jedenfalls scheinen sich die Jollofs ganz bewußt Schönheit angezüchtet zu haben. Wenn sie dieses Verfahren über mehrere Jahrhunderte beibehalten haben, müßten die Abstände zwischen den Geburten eines häßlichen Jollofs immer größer geworden sein. Somit wäre in diesem Falle tatsächlich sexuelle Auslese zum Zwecke der Schönheit betrieben worden.

Was aber hat sexuelle Auslese mit Kunst zu tun? Die Antwort läßt sich erneut aus Lessings Satz herausfiltern. Die bildende Kunst hat dazu beigetragen, daß wir wie die Jollofs nach Schönheit streben. Sie hat uns bestimmte Körpertypen als Ideal präsentiert und diese Idealvorstellung immer wieder verstärkt. Diese Körpertypen haben unsere bildlichen Vorstellungen von Göttern, Heiligen und Helden geprägt. In Kirchen, Museen, vor Denkmälern und in ihren Häusern haben Hunderte Generationen von Gläubigen die gemalten, gemeißelten, modellierten und gegossenen Gestalten betrachtet und zu ihnen gebetet. In der hohen Schule der Kunst hat dieses Körperideal mittlerweile ausgedient, aber die Gebrauchskunst und die Medien werden auch heutzutage noch von ihm beherrscht. Zwar entledigen wir uns nicht wie die Jollofs derjenigen, die unseren Standards nicht entsprechen, aber die Standards selbst bekräftigen wir weiterhin.

Der kulturelle Einfluß der Idealtypen hatte seine Licht- und Schattenseiten. Schönheitsköniginnen, Mr. Universums und dergleichen stehen für die eher harmlosen Auswirkungen. Ganz und gar nicht harmlos sind dagegen Schriftsteller wie Joseph Arthur de Gobineau, der Mitte des neunzehnten Jahrhunderts in seinen Werken die Schönheit antiker Statuen als Beweis für die Überlegenheit der europäischen Rasse anführte.[3] Knapp hundert Jahre später sollte Hitlers Rassentheoretiker Alfred Rosenberg etwas ganz Ähnliches behaupten (siehe Kapitel 8), und noch heute teilen viele diese Überzeugung.

In der abendländischen Geschichte hat man sich fast durchweg von einem idealen Äußeren zu Schlußfolgerungen über geistige und seelische Qualitäten verleiten lassen. Da es die Heiligen, Engel, Götter und Helden waren, die solche perfekten Körper bewohnten, wurden sie auch mit überlegenen geistigen und spirituellen Fähigkeiten gleichgesetzt.[4] Unabhängig von ihrem Wahrheitsgehalt sind solche Vorstellungen ein historisches Phänomen. Sie haben jahrhundertelang das Handeln von Menschen bestimmt, und deshalb sind sie für dieses Buch von Interesse.

Natürlich geht weder mit dem Faible für einen bestimmten Gesichts- oder Körpertyp noch mit einer Partnerwahl grundsätzlich der Wunsch nach Fortpflanzung einher. Viele Menschen sind zu Sex mit Partnern bereit, mit denen Kinder zu haben sie sich nicht einmal im Traum vorstellen könnten; und bei gleichgeschlechtlichen Partnern ist Fortpflanzung ohnehin kein Thema. Dennoch gehe ich davon aus, daß die Signale, die bei Mensch, Tier und den meisten Pflanzen von bestimmten Lockmitteln ausgehen, vor allem der Abschätzung des Fortpflanzungserfolgs dienen: Welche Art von Nachkommen würden aus dieser Vereinigung hervorgehen? Daß Lockmittel auch dann eingesetzt werden, wenn es nicht um Fortpflanzung geht, widerlegt nicht den Zweck des Lockmittels an sich, sondern beweist nur, daß es Verfeinerungen gibt. Darwin beschreibt zum Beispiel einen Pfau, der in Ermangelung von verführbaren Pfauhennen seine Vielzahl von Lockmitteln vor Hühnern und sogar Schweinen zur Schau stellte.[5]

Sexualität, die nicht der Fortpflanzung dient, kompliziert allerdings die Grundthese. Und noch komplizierter werden die Dinge, weil alles dafür spricht, daß Wählende und Ausgewählte während der längsten Zeit der Naturgeschichte nicht die leiseste Ahnung hatten, daß Sex und Fortpflanzung zusammenhängen. Auf welchem Bewußtseinsstand die Geschlechter einander auch begutachten, bewundern oder ablehnen mochten: Die Partnerwahl folgte im wesentlichen einem instinktiven Trieb. Insofern fallen zwei Menschen, die einander ohne Gedanken an Kinderzeugung wählen, schlicht und einfach in uralte, vormenschliche Verhaltensmuster zurück. Das »Reproduktionsziel«, von dem ich spreche, kann also vollständig oder größtenteils unbewußt bleiben.

Und noch etwas: Soziobiologen und anderen Wissenschaftlern wird oft vorgeworfen, daß sie Querbezüge und Analogien herstellen, die aufgrund der evolutionären Lücke zwischen den jeweiligen Gattungen oder Arten – beispielsweise Ameise und Mensch – unzulässig seien. Vielleicht trifft das zu. Wenn ich *dennoch* einen solchen Zusammenhang herstelle, dann, weil die Menschen selber ihre Lockmittel von entfernten Spezies entlehnen. Sie tragen Pfauenfedern und Lammfell- oder Bisammäntel. Sie schmücken sich mit Muscheln, Blumen und Blättern (echten oder unechten), imitieren die Flecken von Leopardenfellen und das Muster von Schlangenhäuten. Sie kreieren Schmuckstücke in Form von Insekten oder lassen sich von deren Nestern (etwa bei der Bienenkorbfrisur) inspirieren – überhaupt von fast jeder erdenklichen Pflanzen- und Tierart. In diesem Fall sind es also die Forschungsobjekte selbst, nicht die Forscher, die derartig speziesübergreifende Analogien herstellen. Mit anderen Worten: Die Analogie ist hier nicht der falsche Weg, den Gegenstand zu erforschen – die Analogie *ist* der Forschungsgegenstand.

Sexuelle Auslese ist eigentlich die Teilmenge zweier Prozesse: der natürlichen »geschlechtlichen Zuchtwahl«, wie sie Darwin definierte, und der künstlichen Selektion, wie sie seit Jahrhunderten von Züchtern betrieben wird. Die sexuelle Auslese tendiert dazu, bestimmte Eigenschaften zu betonen, zu perfektionieren und zu steigern. Deutlich ins Auge fallende Lockmittel signalisieren eine größere Überlebenstüchtigkeit. Wenn das erwählte Individuum eher symmetrisch als asymmetrisch gebaut ist, eher stark als schwach und so weiter, wird es auch eher Krankheiten überstehen, Angriffe auf Leib und Leben abwehren können und daher auch mit größerer Wahrscheinlichkeit tüchtige Nachkommen produzieren. Und wenn dasselbe Individuum auch noch überdurchschnittlich schön ist, werden diese Nachkommen ebenfalls eine größere Chance haben, schön zu sein und somit attraktiv für die überlebenstüchtigsten unter den zur Verfügung stehenden Geschlechtspartnern.

Dieses Prinzip trifft, in verschiedenen Variationen und oft auf raffinierte Weise, auf eine Vielzahl von Spezies zu, angefangen bei Blumen, über kleinste Insekten bis hin zum Menschen. Sexuelle Auslese ist fast immer mit Verschönerung, Werbung und Selbstdarstellung verbunden. Die Schönheit eines bunteren Federkleids, eines süßeren Gesangs, eines noch bezaubernderen Tanzes oder eines unwiderstehlichen Dufts soll Zuneigung erschmeicheln und zum Fortpflanzungsakt überreden oder verführen. Dazu werden Lockmittel abgeändert und manipuliert, und zwar auf vier verschiedene Arten: Vergrößerung, Entlehnung (oder Imitation), Übertragung und Austausch.

Vergrösserung

Vergrößerung ist die wichtigste Methode des sexuellen Werbens.[6] Die experimentelle Forschung hat beispielsweise herausgefunden, daß sich Weibchen nach der überdimensionalen künstlichen Vergrößerung eines Lockmittels über das natürliche Maß hinaus gewöhnlich trotz dieses völlig unbekannten Volumens etwa einer Schwanzfeder für das entsprechende Trägertier entscheiden.

Der Insektenforscher William G. Eberhard betont die Bedeutung, die vor allem auffällig große männliche Organe für das weibliche Geschlecht haben.[7] Er vertritt die These, daß es letztlich das weibliche Körperdesign gewesen sei, das zur Vorliebe für ausgeprägte männliche Genitalien führte, da weibliche Tiere aufgrund des immer ausgedehnteren physischen Kontaktbereichs auch nach immer ausgiebigerer vaginaler Stimulation strebten. »Genitale Extravaganzen« finden sich in der gesamten Natur, wenngleich nicht universell unter allen Spezies, und

Tabelle 1.1

Variation der Penislänge in verschiedenen Kunstwerken

(Verhältnis der Penislänge zur Gesamtgröße)

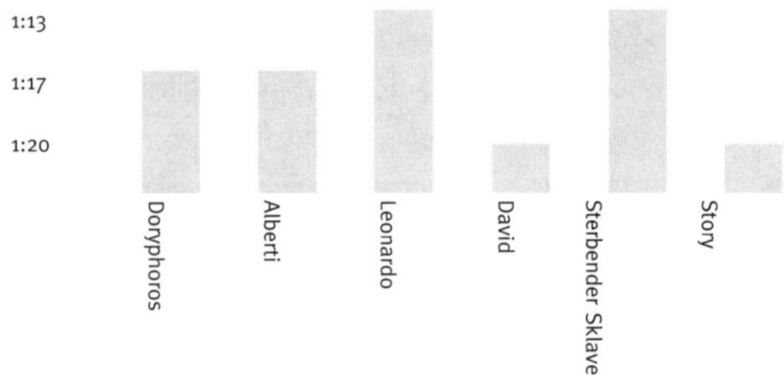

immer sind es männliche Genitalien, bei denen sich die Natur die größte Mühe gab, eine verrückte Formenvielfalt hervorzubringen; diese unterliegen kritischer weiblicher Beurteilung mindestens ebenso wie die Federn des Vogels, das Geweih des Elchs, der Stahlsporn des Kampfhahns – oder eben auch das Geld des Millionärs, der Verstand des Intellektuellen oder die Muskeln des Bodybuilders. Wenn nun manche dieser Strukturen dupliziert, vergrößert und an andere Körperstellen versetzt werden, wenn sie zu Waffen, Helmen oder Schmuck verändert werden, ja selbst wenn das eine Geschlecht die wirksamsten Lockmittel des anderen imitiert, dann geht es bei alledem um nichts anderes als den visuellen Vorgeschmack auf Stimulation durch Berührung.[8]

Entlehnung, Übertragung und Austausch

Natürlich kommen Lockmittel nicht nur im Tierreich zum Einsatz. Auch die Pflanzen, von denen der Mensch so vielfältige Ornamente als Mittel sexuellen Werbens entliehen hat, waren einem Ausleseverfahren unterworfen. Der Formenreichtum, die Farbenpracht und der Duft ihrer Blüten – all das hat sich aus reiner Fortpflanzungskonkurrenz entwickelt. Ziel dieser Verführungskunst sind Insekten und Vögel, die ja nicht einmal demselben Artenreich angehören. Auch hier wurden Lockmittel also von fremden Spezies für die sexuelle Auslese übernommen.

Eine bestechende Illustration für die Entlehnung von Lockmitteln bei Pflanzen ist Cecil Beatons Portrait von Marlene Dietrich. Beaton photographierte die »Köni-

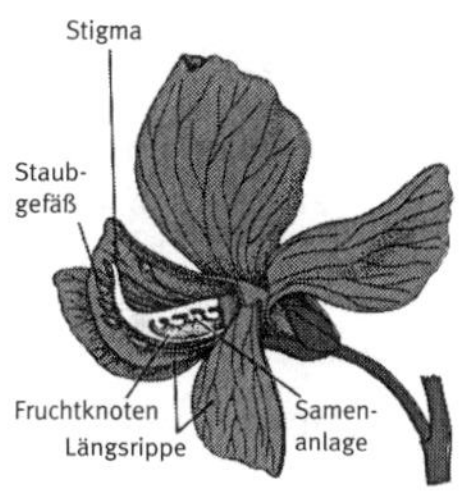

Abb. 1.1
Erbsenblüte. Querschnitt durch das Schiffchen mit den Geschlechtsorganen

Abb. 1.2
Cecil Beaton: Portrait Marlene Dietrich mit Orchidee, 1932

gin der Verführungskunst« als Anhängsel einer Orchidee (Abb. 1.2). (Übrigens verdanken Orchideen ihren Namen dem griechischen ὄρχις, das *menschliche* Testikel bezeichnet.) Die Wirkung, die vom Gesicht der Dietrich und vom Glorienschein ihres feinen Goldhaares ausgeht, ist durch Blütenblätter, Blütenstempel, Blütenkelch und die gesamte Prachtentfaltung der Orchidee im Vordergrund des Bildes geprägt. Die Blume transformiert Augen, Nase, Mund, die langen Wimpern und die nachdenklich an die Wange gelegten Finger der Diva zu Analogien ihrer eigenen Schönheitsfallen.

Wir werden noch anderen Beispielen für die Entlehnung von Lockmitteln begegnen. Was nun ihren Austausch und ihre Übertragung unter den Geschlechtern derselben Spezies anbelangt oder auch von einem Körperteil auf den anderen, so könnte man dies als einen Akt symbolischer Solidarität betrachten: beispielsweise wenn das Männchen Symbole sexueller Bereitschaft zur Schau stellt, welche die Symbole des weiblichen Geschlechts imitieren. Wolfgang Wickler illustriert das am Beispiel von Pavianen (Abb. 1.3), deren auffälligstes Selbstdarstellungsmittel das deutlich hervorgehobene Muster um die weibliche Klitoris ist. Dieses Muster hat sich nicht nur beim Weibchen auf die Brust übertragen; auch auf der einst unverzierten Brust des männlichen Affen hat sich eine entsprechende Zeichnung herausgebildet – ein rein dekoratives Element aus zwei pinkfarbenen, vertikal punktgenau gegeneinandergesetzten Dreiecken.[9]

Abb. 1.3
Übertragung von Lockmitteln bei Blutbrust-Pavianen (Dschelada): Geschlechtshaut des Weibchens (links), Weibchen von vorne (Mitte) und Männchen (rechts)

Ein weiteres Beispiel für Übertragung liefert J. H. Crook: Bei den roten und olivfarbenen Seidenaffen hat sich unter den Männchen und Weibchen eine »bemerkenswerte Hüftschwellung« ausgeprägt. Obwohl sie bei beiden Geschlechtern nahezu identisch ist, ist sie im einen Fall funktional und dient der Fortpflanzung, im anderen nichts als eine schmückende Attrappe (Abb. 1.4).[10] In der Symmetrie, den grellen Farben, Umrissen, kontrastierenden Gewebestrukturen und Kompositionen dieser Ornamentik unter Primaten kommen ähnliche genetische Triebe zum Ausdruck wie beim Menschen, wenn er seine Kleidung nach den Zielen der sexuellen Auslese gestaltet.

Der Samenwettkampf

Genauso häufig wie mit Verführung sind Sex und sexuelle Lockmittel mit Gewalt verbunden. Bei vielen Arten kämpfen die männlichen um die weiblichen Tiere, bevor sich letztere schließlich den Siegern zuwenden. Manchmal sind es nur einige wenige Männchen oder gar nur ein einziges, das alle Paarungschancen erhält. In anderen Fällen ist das Auswahlverfahren zwar demokratischer, unterliegt aber immer noch Wettbewerb und Wahl. Darwin nennt das »the law of battle«, das Gesetz des Kampfes.[11] Der Samenwettkampf selbst findet immer dann statt, wenn ein Weibchen das Ejakulat eines Partners bereits empfangen hat und ein anderer Partner versucht, diese Spermien durch seine eigenen zu ersetzen. Tatsächlich scheint dieser Prozeß Spermatozoen zu fördern, die – als wären es Individuen mit einem Bewußtsein – wild entschlossen sind, die Rivalen außer Gefecht zu setzen oder zumindest zu blockieren, sie aus der Vagina hinauszudrängen und so daran zu hindern, das Ei zu befruchten. Manche Experten sehen in Richard Dawkins' berühmtem »egoistischen Gen« das Äquivalent zu diesem egoistischen Spermatozoon. In der gesamten Natur hat dieser Samenwettkampf zu den unterschiedlichsten Entwicklungen des Paarungssystems geführt: Größe und Gestaltung der Geschlechtsorgane, Kopulationsverhalten, Verfahren der Vaterschaftsbestimmung, territoriale und elterliche Instinkte. Selbst liebliches Vo-

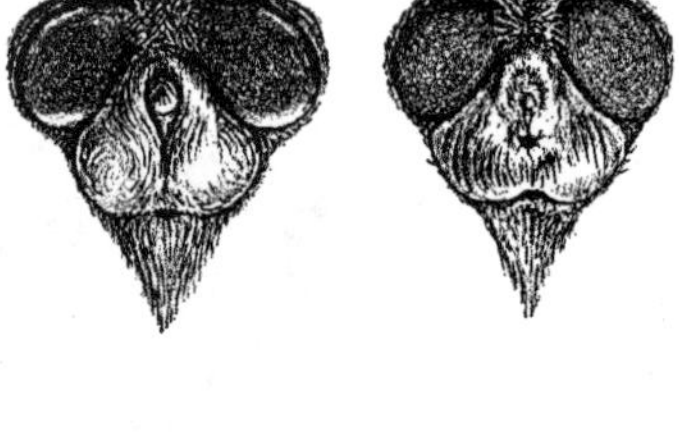

Abb. 1.4
Übertragung von Lockmitteln bei roten Seidenaffen: Das Gesäß des Weibchens mit genitaler Schwellung (links) und die Imitation dieser Schwellung im Leistenbereich eines jungen Männchens (rechts)

Abb. 1.5
Die gemeine Japanische Skorpionsfliege mit aufgestelltem Genitale

Abb. 1.6
Deutsche Turnierrüstung, um 1500

gelgezwitscher im Morgengrauen besteht, wie man herausfand, nur aus den Suchlauten der noch partnerlosen Männchen, aus der an Rivalen gerichteten territorialen Warnung bereits gepaarter Männchen oder aus den verführerischen Versuchen anderer, bereits vergebene Weibchen anzulocken. Seine Intensität aber erhält dieser Chor in der Dämmerung durch die Tatsache, daß die Weibchen zu dieser Stunde besonders fruchtbar sind und Warn- wie Lockrufe daher besonders drängend sind.[12] Ein wenig erinnert dies an Opernszenen von Rossini und Donizetti: Jeder Sänger versucht auf ganz gegensätzliche Weise, sein Innerstes zum Ausdruck zu bringen, und dennoch entsteht eine herrliche Harmonie.

Der Begriff des Wettkampfs rückt die männlichen Lockmittel in ein ganz neues Licht: Sie sollen nicht nur das weibliche Geschlecht faszinieren, sondern zugleich zur Ausschaltung von Rivalen dienen. Sogar der Penis kann dabei zur Waffe werden. Kein Wunder also, daß Hörner, Schwerter, Speere und ähnliche Kampfmittel so oft als Ersatzpenisse gelten. Gewöhnlich sind solche phallischen Gepränge sekundäre Geschlechtsmerkmale oder, im Falle des Menschen, Artefakte. Es gibt jedoch Organismen, die Geschlechtsrivalen direkt mit ihren erigierten Penissen bekämpfen. Die Skorpionsfliege beispielsweise (Abb. 1.5) verwandelt ihr auf dem Hinterteil aufgerichtetes Glied – ein schwarzglänzender, segmentierter Haken, der sich zwischen den Flügeln nach oben krümmt – in einen Rammbock, der etwa die Hälfte ihrer gesamten Körperlänge bedeckt. Sie duelliert sich mit anderen Männchen, indem sie damit gegen die Waffe ihres Feindes stößt und schlägt. Bemerkenswert ist, daß diese Waffe (zufällig?) der Form des Fliegenkopfes entspricht, obwohl sie natürlich weit größer und gefährlicher wirkt.[13] Also gibt es selbst unter der Gattung Mekoptera die Übertragung visueller Lockmittel vom Unterleib auf den Kopf.[14] Der deutsche Turnierharnisch aus dem sechzehnten Jahrhundert (Abb. 1.6) macht diese Art der Übertragung in bezug auf den Menschen deutlich. Der entsprechend ausstaffierte Ritter kämpft in einem höfischen Turnier um die Gunst einer Dame. Seine ohnehin einschüchternde Rüstung hat er mit Krummhörnern komplettiert, die ein anderes Säugetier bei seinen erotischen Duellen einsetzt. Nun haben diese Hörner aber zugleich die Form einer Lyra und kombinieren so die Todesdrohung mit Assoziationen an Musik – viele männliche Lockmittel sind derart doppeldeutig.

Säugetiere neigen sehr viel eher als andere Gattungen dazu, sich in ernsthafte Kämpfe einzulassen, sobald es um Sex geht.[15] Die hervorstechendsten Lockmittel des Mannes, seine relativ ausgeprägten Muskeln, haben sich vermutlich eher aus diesem Grund denn als Arbeitsinstrumente herausgebildet, wie auch Darwin feststellte.[16] Noch heutzutage haben ja in vielen Gesellschaften – ob traditionell oder modern – die muskulöseren, größeren und schwergewichtigeren Männer im Alltag weniger Kraftakte zu leisten als Frauen:[17] eine Tatsache, die noch deutlicher zum Ausdruck bringt, daß die sexuelle Auslese einst der potentiellen Kampfbereitschaft galt, während die Muskeln heutiger Bodybuilder reine Lockmittelfunktion haben, das heißt Artefakte des Samenwettkampfs sind (siehe Kapitel 9).

Kleidung als Geschlechtskartographie

Bei neueren Experimenten im Bereich der sexuellen Zuchtwahl wurden Tiere mit künstlichen Lockmitteln ausgestattet, um die Reaktionen beim anderen Geschlecht zu testen. Nancy Burley, die mit Zebrafinken arbeitet, wickelte rote oder grüne Bänder um die Beine der Männchen. Rote Bänder zogen die Weibchen an, grüne stießen sie ab. Die Männchen bevorzugten Weibchen mit schwarzen oder pinkfarbenen Bändern und lehnten hellblaue ab.[18] Anders Møller hat ähnliche Experimente mit Schwalben durchgeführt und kam zu dem Ergebnis, daß Vögel, deren Schwänze er mit zusätzlichen Federn verlängert hatte, schneller einen Partner fanden, mehr Nachkommen produzierten und häufiger außerplanmäßige Affairen hatten als Schwalben mit normalen Schwänzen.[19] Jakob Höglund und sein Team verstärkten die weiße Färbung der Schwanzfedern bei der männlichen Doppelschnepfe, was dazu führte, daß der Vogel mehr Weibchen zur Kopulation anlocken konnte.[20]

Durch das Hinzufügen von Federn, Farbe und Bändern haben diese Wissenschaftler nichts anderes getan, als die Vögel zu bekleiden und mit Make-up zu verschönern. Auch der Mensch bedient sich mit Kleidung und Make-up, die der

Abb. 1.7

Zwergschimpanse (Bonobo)

Abb. 1.8

Suzi Boobies, aus *D-Cup Superstars*, Februar 1992

Abb. 1.9

Aubrey Beardsley: Die Himmelfahrt der heiligen Rosa von Lima. Illustration aus Beardsleys Erzählung *Unter dem Hügel*, 1896

sexuellen Auslese dienen, der vier Manipulationsverfahren – Vergrößerung, Übertragung, Entlehnung und Austausch –, um Effekte zu verstärken.

Wenn wir uns in solche Kleidung hüllen – natürlich gibt es auch andere –, bedecken wir unseren Körper mit einer Kartographie unserer Geschlechtsorgane. Diese Karte kann die tatsächliche Lage unserer Genitalien wiedergeben, sie symbolisieren oder ihre Erscheinungsformen auf den Kopf, das Gesicht und andere Körperteile übertragen, wie wir es schon von den Pavianen kennen (Abb. 1.3). Der Mensch greift bei seiner Kleidung auf zusätzliche »Vektoren« zurück, auf ornamentale Zeichen, die auf primäre oder sekundäre Geschlechtsmerkmale hinweisen oder diese betonen. Wenn wir uns Ornamente von anderen Spezies leihen, dreht es sich dabei meistens um deren eigene Lockmittel. Und diese benützen wir dann, um unsere sekundären und primären Geschlechtsmerkmale – oder die anderer Lebewesen – nachzubilden, um ein Stück nackte Haut durch die Umrahmung mit Pelz oder anderen Accessoires zu dramatisieren oder sogar um den Entkleidungsprozeß noch aufregender zu gestalten. Man könnte ein ganzes Buch allein über die Kopfbedeckungen von Männern und Frauen schreiben, die übertragene und übertrieben vergrößerte Geschlechtsorgane darstellen.

Die sexuelle Zurschaustellung von Frauen war einst ganz alltäglich. Bei den Römern gab es den *ostentatio genitalium* genannten Brauch:[21] Frauen und Männer produzierten sich und imitierten dabei andere Primaten – beispielsweise das Pavianweibchen, dessen Klitoris sich während der Paarungsbereitschaft zu einem großen, pinkfarbenen Halbherz entwickelt (siehe Abb. 1.7). Bemerkenswert ähnlich verhalten sich Menschen auch heute noch, natürlich ohne sich bewußt zu sein, daß sie dabei Paviane imitieren oder antike Praktiken aufgreifen (Abb. 1.8). Fast ist man versucht, einen G-String-Tanga als instinktive Bemühung zu deuten, den Evolutionsnachteil auszugleichen, der bei Frauen aus der Entwicklung der inneren Klitoris entstand. Es gab und gibt natürlich auch weniger drastische Versionen, etwa Turnüren, Reifen und andere Gegenstände, die am oder über dem Gesäß befestigt werden; die Unterteile von Bikinis, vor allem wenn sie noch verziert sind; oder den Cul de Paris. Beardsleys Zeichnung der heiligen Rosa von Lima mit Christus (Abb. 1.9) plaziert das Symbol der namengebenden Blume genau dort, wo die äußere Klitoris eines Pavians sitzen würde; durch die Vektor-Girlanden am Kleidersaum der Heiligen wird diese Stelle noch betont. In der Antike fügte man der militärischen Kleidung häufig vergrößerte Lockmittel bei, die zugleich verführerisch und bedrohlich wirkten – wie es ja beim männlichen Geschlecht die Norm ist. Der griechische Helm wandelte sich von seiner ursprünglichen Form einer schlichten Lederkappe zu einem riesigen Prunkgebilde mit Hörnern, Geweihen und Federbüschen. Ein großer, gewöhnlich aus Roßhaar bestehender Kamm wuchs aus dem gerundeten Helm heraus. Genannt wurde er passenderweise *phalos* (aber: mit einem *l*).

»Doch der Atreide [Menelaos] zückte das Schwert, das silberbeschlagene,
Holte aus und schlug auf des Helmes Bügel [phalos]; das aber
Barst daran dreifach und vierfach entzwei und fiel aus der Hand ihm.« (*Ilias*)[22]

Die klassische Rüstung, eine Art hohle Statue, in die man hineinschlüpfen konnte, bot ein schmeichelhaftes Abbild ihres Trägers, vor allem durch die Überzeichnung der Muskulatur. Bei Homer sind die Wörter für Körperpanzerungen fast immer von Adjektiven der Schönheit begleitet. Die altgriechischen Begriffe für die Teile der Rüstung entsprechen oft denen für die Körperteile, die sie bedecken. Ein Krieger legt sich keine Beinschienen an, keinen Brustharnisch oder Schulterriemen, er bekleidet sich mit seiner »schönen Wade«, seiner »glänzenden Brust«

Abb. 1.10
Krater des Euphronius (Ausschnitt). Vasenmalerei, um 515 v. Chr. Hypnos, Gott des Schlafes, hilft den Leichnam des Sarpedon in die Unterwelt zu bringen.

Abb. 1.11
Augustus von Primaporta, um 20 v. Chr.

Abb. 1.12
Phidias: Drei weibliche Statuen aus dem Ostgiebel des Parthenons (die sogenannten Tauschwestern). Mitte 5. Jh. v. Chr.

Abb. 1.13
Sandalenlösende Nike. Ballustrade des Athene-Nike-Tempels auf der Akropolis, spätes 5. Jh. v. Chr.

und seinen »ruhmreichen Schultern«. Man beachte, wie riesig der Kopf des Hypnos in seinem kammgeschwollenen Helm wirkt (Abb. 1.10): das menschliche Äquivalent des als Lockmittel dienenden tierischen Federkamms. Zudem hat der Maler die Falten der göttlichen Tunika entlang den Oberarmen und Oberschenkeln wie einen Besatz aus hängenden Phalli dargestellt. Diese Darstellung ist also beispielhaft für mehrere Manipulationsarten: Vergrößerung, Vervielfachung und Übertragung.

Römische Brustharnische (Abb. 1.10) waren noch anatomischer geschmiedet als griechische. Die künstliche Bauchmuskulatur des Augustus ist jedoch zusätzlich mit politisch und mythologisch sinnfälligen Szenen verziert; diese extrem verkleinerten Figuren sind Beispiele für eine weitere Art der Vergrößerung, nämlich für die Übertreibung der Muskulatur durch einen kontrastierenden Besatz. Auch hier ist der Genitalbereich durch den mächtigen Faltenwurf des Umhangs über dem Becken stark vergrößert. Zu diesem Komplex zählen ebenso die vielen Pendants an den Oberschenkeln des Kaisers – ein exzellentes Beispiel für Lockmittel, die Machtdemonstration (das Imperium!) mit der Faszination verbinden, der alles Geschlechtliche unterliegt.

Nichtmilitärische Bekleidung wurde in der griechischen Kunst oft nicht weniger drastisch dargestellt. Allerdings haben wir uns an Deutlichkeit, die nichts zu wünschen übrigläßt, derart gewöhnt, daß uns die Botschaft kaum mehr erreicht. Betrachten wir die drei Göttinnen vom Ostgiebel des Parthenons, gewöhnlich als Leto, Artemis und Aphrodite bezeichnet (Abb. 1.12): Das Meer aus dekorativen Falten wird zum Abbild der Körper darunter, umhüllt Knie, Schenkel, Brüste und Bäuche wie mit einem schaumleichten Nichts. Bei Aphrodite (rechts) treten Schultern und Brüste unter dem Gewand hervor, als perle der Stoff wie Wasser

Abb. 1.14
Francesco Solimena:
Der Auferstandene zeigt sich der Jungfrau Maria, um 1710, Ausschnitt

an ihnen ab. Gleich darunter beginnt der Faltenwurf schwungvoll abzufallen und gewinnt sofort wieder an Fülle und Bewegung, um durch eine Raffung die Zartheit der Taille zu betonen. Im Schoß aller drei Figuren fließen die Falten dann zu wahren Strudeln zusammen. In ausgeprägter V-Form umspielen sie Aphrodites Becken, während kontrastierend dazu schmale, vertikale Wellen über den Bauch hinweg in diese Falten gleiten. Schließlich beruhigt sich das Tosen mit der Straffung des Stoffes über den Unterschenkeln. All dies – die Wiederholungen, Umrahmungen und die Konturierung des Faltenwurfs – schafft einen bleibenden Eindruck: Das offene Oval der göttlichen Genitalien wird optisch deutlich vergrößert.

Ganz in der Nähe, nur ein Stück westlich des Parthenons, steht der etwas ältere Athene-Nike-Tempel. Hier gab es einen Fries, auf dem die Göttin gerade den Riemen ihrer rechten Sandale löst (Abb. 1.13). Athenes Brüste und Bauch sind durch den dünnen, fließenden Stoff vollkommen sichtbar. Den Beckenbereich und deutlicher noch den Schoß betonen tiefe, konzentrische Ovale, die sich im bodenlangen Fall des Stoffs allmählich vergrößern und ausschwingen. Kein Gewand könnte die Kartographie des Geschlechts deutlicher über den gesamten Körper ausbreiten – auch hier mit Hilfe des sich vergrößernden Ovals, also durch die Steigerung von Größe und Vorkommen.

Seit der Antike tauchte dieser Faltenwurf mit seinen übertriebenen, aber faszinierend mitteilsamen Wellenbewegungen immer wieder auf.[23] In der Kunst des Barock sehen wir jedoch, daß bodenlange Hüllen nicht unbedingt durch etwas Geheimnisvolles – eine Brise oder eine andere Art Hauch – bewegt werden muß-

Abb. 1.15

Agnolo Bronzino: Bildnis

Lodovico Capponis, 1555 – 1559

Abb. 1.16

Robert Mapplethorpe:

Man in Polyester Suit, 1980

ten, um den Körper darunter zu verraten (Abb. 1.14). Francesco Solimenas Christus entblößt sich vor seiner Mutter, um seine Auferstehung und damit seine Rolle als König des Himmelreichs und die ihre als Himmelskönigin zu bestätigen. Ein umfangreicher dreieckiger Vektor vor seinem Becken ist die zentrale Form in dem fahnenartigen, als Bekleidung kaum noch zu erkennenden Stück Stoff. Steif, kompliziert, mit starker Schattenbildung wickelt es sich um seinen Unterleib und kommt unter seiner rechten Achsel wieder zum Vorschein. Wir werden noch sehen, daß das Dogma der Fleischwerdung diese von Solimena gewählte höchst irdische Darstellung zur Genüge rechtfertigt.

Weniger häufig, dafür mit um so größerem Erinnerungswert wurde ein großes und offensichtlich erigiertes männliches Glied – oft im Zusammenhang mit einem kostbaren Gewand – dargestellt, um die Selektabilität einer Person hervorzuheben. Das bekannteste Bekleidungsstück dieser Art ist die sogenannte Schamkapsel, eine aus Stoffen simulierte permanente Erektion, die am Schlitz von Kniebund- oder Pumphosen getragen wurde.[24] (Zu Ritterrüstungen gehörten häufig metallene Schamkapseln in den ausgefallensten Formen, die heute üblicherweise getrennt von der Rüstung ausgestellt werden.) Lodovico Capponi in Bronzinos Portrait (Abb. 1.15) trägt eine solche von plissiertem weißem Satin umhüllte Schamkapsel.[25] Die gesamte Kleidung ist darauf ausgerichtet, dieses Detail hervorzuheben. Die vertikalen Säume des schwarzen Wamses leiten den Blick direkt zum Becken, das wiederum durch hochglänzende, aufgebauschte

Hosen betont wird. Sogar die silberweißen Ärmel, zur Vortäuschung immenser Muskeln wattiert und gesteppt und in kontrastierend schwarze Epauletten eingefaßt, wirken phallisch. (Vermutlich war eine solche Schamkapsel ein absolutes Muß für einen männlichen Capponi, Träger eines Namens mit dem Wortstamm *cappone – Kapaun.*)

Derartige Renaissance-Portraits waren – vielleicht unbewußt – auch Vorbilder für Robert Mapplethorpes Photographie *Man in Polyester Suit* (Abb. 1.16). Nicht nur die Geste der linken Hand, durch die der Penis gleichsam eingerahmt wird, und der leuchtend weiße Akzent des Hemdzipfels gegen die schwarze Halberektion (dieselben Farben wie bei Bronzino, nur umgekehrt) erinnern an das Gemälde aus der Frick-Collection; es entsteht auch dasselbe Schockmoment, ausgelöst bei beiden Portraits durch die Kombination aus formeller Kleidung, dreister sexueller Protzerei und die scheinbare Hin- und Herbewegung zwischen Fingern und Penis. Die eigentliche *Spannung* beim Vergleich dieser Portraits ergibt sich jedoch durch die Gegensätze: Schwarz versus Weiß, echter Penis versus falschen, Capponis prächtige Seide versus Kunststoffanzug auf der Photographie – steif, schlüpfrig und doch gesetzt und formell.

Die Schamkapsel ist im wesentlichen eine Art Gliedwächter. Sie schützt und verbirgt den Penis, während sie ihn gleichzeitig überdeutlich betont. Solche Dinge eignen sich ausgezeichnet zur Übertragung auf andere Körperteile. Wenn die Schamkapsel wandert, wird sie zum Horn, Hut oder sogar zum Brustschmuck für Frauen. Die griechische *mitra* wurde in homerischen Zeiten als verzierter Gliedwächter geboren (wie wir aus dem *Thesaurus Linguae Graecae* wissen), dessen Karriere ein gutes Beispiel für die Wanderung eines Genitales als bleibendes sexuelles Motiv an andere Körperstellen ist. Laut Herodot ist auch der persische Name für Aphrodite »Mitra«,[26] was ein äußerst angemessener (wenngleich etymologisch vielleicht anders einzuordnender) Name für die Beschützerin des Penis war, Geliebte der Götter Phallos und Priapus und selbst aus Uranus' gigantischem Penis erschaffen. In christlicher Zeit wurde aus der *mitra* dann die Mitra der Bischöfe.[27]

Machen wir nun einen Sprung ins viktorianische Zeitalter. Der vielleicht größte Vorteil einer Selbstdarstellung mittels Kleidung im Gegensatz zu natürlich gewachsenem Fell oder Federn ist, daß sie den Trägern mehr Kontrolle über die Botschaft erlaubt, die sie mit dem erwählten Lockmittel aussenden möchten. Der viktorianische Biostatistiker Francis Galton schreibt:

Abb. 1.17
Charles Dana Gibson, aus *Sketches and Cartoons*, New York, 1898

»Würde die Pfauhenne es sich in den Kopf setzen, daß Streifen auf den Schwanzfedern ihres Gatten schöner wären als Augen, könnte sie einfach nicht bekommen, was sie will. Es bedürfte Hunderter von Generationen, während deren sich alle Pfauhennen auf denselben Geschmack einigen müßten, bevor geschlechtliche Zuchtwahl Einfluß auf die gewünschte Veränderung haben könnte. Das weibliche Pläsier, jeder Laune in Fragen des Schmucks nachgeben zu können, ist ein Luxus, der dem weiblichen Geschlecht in der Tierwelt versagt bleibt, und das Gesetz, welches den Wandel des Geschmacks regiert, kann nur ermittelt, wenn überhaupt studiert werden, indem man den Wechsel der Mode in zivilisierten Gemeinschaften beobachtet.«[28]

Über Galtons Worte sollte man etwas länger nachdenken. Der Satz über die weiblichen Launen in Schmuckfragen klingt zunächst einmal wie ein Hinweis auf den Wunsch der Frauen, *sich selbst* zu schmücken. Doch das kann Galton nicht gemeint haben. Er spricht vielmehr davon, daß Frauen ihren Launen in Schmuckfragen nachgeben, *indem sie das Erscheinungsbild der Männer beurteilen*. Denn Männer, so Galton, können im Gegensatz zu Pfauen dazu gebracht werden, jede Art von Kleidung zu tragen, die auf sie oder ihre Frauen eine gesteigerte erotische Anziehungskraft ausübt. Galton lebte zu einer Zeit, in der Bekleidung genau diese Funktion hatte – wovon ja auch Darwin sprach, als er die europäische Praxis verurteilte, Männer nach Intelligenz, Stärke et cetera auszusuchen und Frauen nach Schönheit.[29] Die Kleidung eines Mannes betonte seinen Kopf und seine Hände,[30] die der Frau ihre Geschlechtsorgane (obwohl Kopf und Hände für den Liebesakt doch so wichtig sind). Die eigentliche Attraktion der Männer war ihre Fähigkeit, Frau und Kinder zu ernähren. Und genau in diesem Sinne sind Kopf und Hände primäre Lockmittel. Entsprechend finden wir im typischen viktorianischen Schlips-und-Kragen-Ensemble – diesem steifen, dicken Krawattenpenis, der unter ein paar Kragentestikeln hängt – das übertragene und vergrößerte Geschlechtsorgan, eine Analogie zwischen Kopf/Geist und Geschlecht. Häufig wird dieser Effekt noch durch einen Bart oder durch andere künstliche Haar-, Haut- und Mundmuster verstärkt, welche die Strukturen des Schambereichs imitieren. Vielleicht geht diese Analogie ja auf den uralten Glauben zurück, daß das Spermium im Kopf entsteht.

In Abbildung 1.17 sehen wir viktorianische Kleidung in Reinform. Die Herren tragen Abendanzug mit vergrößerter und erweiterter Jackenöffnung, die es dem Schlips-und-Kragen-Komplex erlaubt, sich schneeweiß vom dramatischen Schwarz des Anzugs abzuheben. Damit wird die durch Jacke und Weste V-förmige Ausrichtung auf den Genitalbereich zusätzlich verstärkt. Die junge Dame entleiht sich ihre Lockmittel aus der bisexuellen und doch so weiblichen Welt der Blumen. Der Kegel ihres geradlinigen, steifen Rocks formt den Sockel für ihre Brüste, die wie ein Gesims die Vasenform krönen, welche durch ihre enggeschnürte Taille entsteht. Als primärgeschlechtliches Signal hält sie ein mit Schleifen gebundenes, loses Rosenbouquet vor ihr Becken. Das Rosenmotiv symbolisiert das Geschlechtsorgan und wiederholt sich in der Stickerei um ihre Brust und in den Puffärmeln – somit noch mehr Rosen und zusätzliche Brüste suggerierend, vor allem mit den Mitteln der Kunst, also duch die locker gerundeten Parallellinien, mit welchen der Künstler beides andeutet. Der Vater der Dame ist gerade gefragt worden, ob er dieses Jahr bei der Pferdeschau ausstelle, und antwortet: »Ja, ich schicke meine Tochter.« Man hofft, daß sie an einem solchen Ort der Brautschau, wo sich Frauen vor einer Männerjury produzieren müssen, einen Partner finden wird, der dem außerordentlichen Fortpflanzungserfolg gerecht wird, welchen ihre Kleidung prophezeit.[31]

»Geschlechtliche Zuchtwahl«, wie sie erstmals von Darwin definiert und in jüngster Zeit erneut erforscht wird, spielt eine herausragende Rolle in der Natur. Sie hat bei uns, wie bei den meisten anderen Lebewesen, dazu beigetragen, Aussehen, kulturelle Errungenschaften und die Unterschiede zwischen den Geschlechtern zu bestimmen. Oder, wie Darwin schreibt:

»Wer das Prinzip der geschlechtlichen Zuchtwahl anerkennt, wird zu der merkwürdigen Schlußfolgerung kommen, daß das Nervensystem [Darwins Euphemismus für den sexuellen Trieb] nicht nur die meisten der jetzigen Funktionen des Körpers reguliert, sondern indirekt auch die fortschreitende Entwicklung verschiedener körperlicher Bildungen und gewisser geistiger Eigenschaften beeinflußt hat. Mut, Kampflust, Ausdauer, Kraft und Größe des Körpers, Waffen aller Art, musikalische Organe, sowohl vokale als auch instrumentale, schöne Farben und ornamentale Anhänge, dies alles ist indirekt von dem einen oder dem anderen Geschlecht erlangt worden, und zwar durch die Ausübung einer Wahl, den Einfluß der Liebe und Eifersucht, und die Würdigung des Schönen in Klang, Farbe und Form.«[32]

Die hier abgebildete Kleidung illustriert Darwins Worte. Sie stellt sexuelle Bereitschaft und Fortpflanzungswunsch zur Schau, ganz in Darwins Sinne einer ständigen indirekten Beeinflussung der Evolution. Eine solche Kleidung ist das Gegenteil von asexueller Bekleidung, deren Botschaft oft ebenso deutlich Nichtbereitschaft und Fortpflanzungsverweigerung ist. Die Botschaft der Selektabilität wird noch besser verstanden, weil es auch diese kontrastierende Bekleidung mit entgegengesetzter Bedeutung gibt. Der zölibatäre Priester, der die sexuell pointierte Selbstdarstellung des weltlichen Mannes ablehnt, wird einen römischen Kragen tragen – das heißt, er umgeht vielsagend den Geschlechtsvektor und die phallische Krawatte und zieht aus demselben Grund vielleicht sogar ein Käppchen dem Priesterhut vor. Eine Frau im Iran muß nicht nur ihren Körper verhüllen, sondern auch all jene Fortpflanzungsmetaphern vermeiden, die die westliche Kleidung so gerne zur Schau stellt. Sexuelle Nichtverfügbarkeit wird nicht nur durch das Verhüllen der Geschlechtsorgane selbst proklamiert, sondern auch durch den völligen Verzicht auf metaphorische Übertragung an andere Körperstellen oder auf Vergrößerung und Abwandlung der Genitalienform. Ein figurbetonender Zuschnitt ist ebenso unzulässig wie eng anliegende Ärmel und Hosen, spiralförmige, zentrifugale Frisuren, Hüte oder sichtbare Demarkationslinien zwischen Ober- und Unterkörper. Im Gegensatz dazu ist die der sexuellen Auslese dienende Kleidung, wie sie Lodovico Capponi in Bronzinis Portrait trägt – übrigens ein Bildnis, das im Salon des Familienpalazzos hing –, in fast jeder Hinsicht mit einem sich anbietenden Primaten bedeutungsgleich. Und ist sie auch noch künstlerisch verewigt, kann sie sogar der Nachwelt die hervorragende Selektabilität der Capponis versichern.

Fleischgewordener Christus und begehrenswerte Heilige

2

Das Christentum und die sakrale Kunst haben von jeher ungeheuren Einfluß auf die sexuelle Auslese im Abendland gehabt. Mit der bildenden Kunst vereinnahmte der römische Katholizismus ein Medium, das schon immer darauf spezialisiert gewesen war, selektable Personen darzustellen. Das Christentum selbst hat diesem Prozeß seit dem Neuen Testament nur neue Impulse gegeben: Die Apostel Petrus und Paulus forderten von Timotheus, lebendiges Vorbild für die Gläubigen zu sein (1. Tim. 4,12), und von den Ältesten wünschten sie, ihre Gemeinden nicht zu beherrschen, sondern ihrer Herde als Vorbilder zu dienen (1. Petr. 5,3).

Die Inkarnation

Natürlich bezogen sich diese Forderungen auf die geistige Haltung. Doch die Idolisierung des Geistes war durch das Dogma der Inkarnation stark mit einer Idolisierung des Körpers verbunden. Inkarnation heißt Fleischwerdung: Dem Dogma zufolge ist Gott Mensch geworden in Jesus Christus, einem absolut göttlichen und zugleich absolut menschlichen Wesen, das alles Leid des menschlichen Lebens auf sich nimmt und durch seine Inkarnation zum Retter der Menschheit wird.

Ein Aspekt dieser Inkarnation Gottes manifestiert sich in den Vorstellungen von menschlicher Körperlichkeit: Der Gläubige, der während der Messe die heilige Kommunion empfängt, ißt vom Leib Christi, trinkt dessen Blut und nimmt damit den fleischlichen Körper Christi in sich auf. Der Körper des Gläubigen, so die tiefere Bedeutung, verwandelt sich damit wenigstens zu einem Teil in den Körper Christi.

Aus der Auffassung, daß Christus von Gott erschaffenes Fleisch ist, ergeben sich logische Folgen, die weitgehend unausgesprochen blieben: In gewisser Hinsicht trieben die Heiligen und Helden ihre Anbeter noch stärker zu einem Ausleseverfahren als selbst Aphrodite und Apollo. Denn sie wirkten nicht einfach nur physisch attraktiv und faszinierend auf die Gläubigen, sondern versetzten sie geradezu in Verzückung. Und auch die Beziehungen der Angebeteten untereinander waren oft weit weniger keusch, als es den Anschein hatte; sogar inzestuös konnten sie sein. Die Jungfrau Maria war (wie Ischtar und Astarte und die meisten anderen Göttinnen des Vorderen Orients, von denen ihre Herkunft abgeleitet werden kann) sowohl Christi Mutter als auch seine Gefährtin. Doch sie war weder seine einzige noch seine Traumpartnerin. Berühmt ist die Auslegung von Maria Magdalena als Geliebte Christi, wobei ihre Schönheit und *grande tenue* eher als Synonyme ihrer geistigen Haltung verstanden wurden.[1] Auch Katharina von Alexandria, seine mystische Verlobte, wird als seine Geliebte betrachtet. Und bei Figuren wie dem Evangelisten Johannes, dem Lieblingsjünger, oder dem verwundeten Eros, dem heiligen Sebastian, klingt sogar ein Hauch von Homoerotik an.

Obwohl die meisten Heiligen unverheiratet waren und das Keuschheitsideal in der christlichen Heldenkaste allgegenwärtig blieb, war ihre Einlassung mit der Fleischlichkeit und damit auch der sexuellen Auslese nur bedingt eingeschränkt. Keuschheit mag der wahre Weg für Heilige, Mönche und Priester sein; doch letztlich sind es diese keuschen Priester, die als Beichtväter, Pastoren, Autoren und Prediger die Partnerwahl in ihrer Herde überwachen. Selbst wenn sie üblicherweise keine Geschlechtspartner für sich selber suchen, so tun sie es doch für andere – nicht anders als jeder Züchter oder als die Dorfältesten in Gesellschaften mit Zwangsehe.

Die Fleischlichkeit Christi feiert die bildende Kunst fast immer in Form eines göttlich schönen männlichen Körpers. Und wie Leo Steinberg betonte, unterlag Christus in seiner Menschlichkeit allen möglichen menschlichen Leidenschaften und Sehnsüchten, auch der sexuellen Begierde.[2] Wie die Jungfrau Maria war auch er, in der Sprache der päpstlichen Bulle zur Unbefleckten Empfängnis, *Ineffabilis Deus*, durch Erbsündefreiheit nicht automatisch »von Konkupiszenz und anderen Erbsündefolgen« verschont, also zwar vor Sünde, nicht aber vor Begierde ge-

Abb. 2.1
Hans Baldung Grien: Die heilige Anna selbdritt mit dem heiligen Joseph in Landschaft, um 1511

Abb. 2.2

Maerten van Heemskerck: Der Schmerzensmann, um 1525

Abb. 2.3

Priapus salbt seinen Penis, Bronzestatuette, 1. Jh. n. Chr.

schützt.[3] Einige der von Steinberg veröffentlichten Darstellungen zeigen Christus mit einer Erektion. Im ersten Moment mag das schockierend wirken – aber was wäre denn die Tugend des Verzichts, gälte dieser einer Versuchung, in die man gar nicht geführt wurde? In der Vergangenheit haben sich Theologen sehr ausführlich mit diesem Thema auseinandergesetzt. Johann Landsberger schrieb in seiner erstmals 1532 veröffentlichten *Pharetra divini amoris*, die Versuchung »steigert den Wert des Lohnes, denn der Mensch, der in Versuchung gerät und diese überwindet, indem er ihr widersteht, ist lobenswerter als der, welcher gar nicht erst in Versuchung gerät«.[4]

Bei einem Mann ist jede Art von sexueller Versuchung eine Angelegenheit, die die bildende Kunst im Gegensatz zu verbalen Ausdrucksformen nicht einfach wegdeuten oder übergehen kann, doch die Formel »geschützt vor Sünde, aber nicht vor Begierde« hat vermutlich auch für die Kunst ihre Gültigkeit bewahrt. Baldung Grien porträtierte das nackte Christuskind (Abb. 2.1) in den Armen der Jungfrau Maria, während die heilige Anna mit zwei Fingern seinen Penis bearbeitet, was heute ganz klar als Kindesmißbrauch gelten würde. Die drei Erwachsenen auf dem Bild, Maria, Anna und (hinter der Mauer) Joseph, betrachten in aller Ruhe ein offensichtlich lohnendes Objekt der frommen Anbetung.

Sogar am Kreuz wird Christus manchmal mit einer Erektion dargestellt, womit nicht nur Leben und lebensspendender Samen über den Tod hinaus und himmlische Wonnen suggeriert werden, sondern auch die Inkarnation des Gottessohnes bis in alle Ewigkeit. Wie Steinberg darstellte, zeigt Heemskercks *Schmerzensmann* (Abb. 2.2) einen Christus, der seine physischen Wunden der

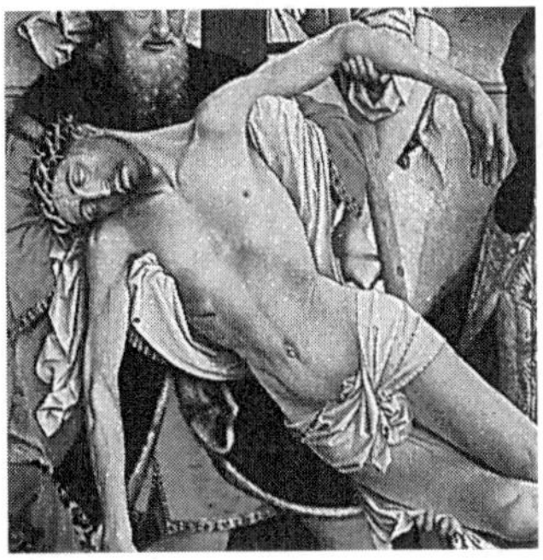

Abb. 2.4
Rogier van der Weyden:
Die Kreuzabnahme, um 1435,
Ausschnitt

Abb. 2.5
Peter Paul Rubens:
Die Kreuzaufrichtung,
1609 – 1611, Ausschnitt.

Menschheit präsentiert und gleichzeitig mit seiner Erektion beweist, daß er, wie Paulus schreibt, »versucht ist allenthalben gleichwie wir, doch ohne Sünde« (Hebr. 4,15).[5] Heemskercks priapischer Christus soll natürlich auch den selektablen Erlöser darstellen, Christus den Leitstern, der uns das ultimative Zeichen der Zeugungskraft offenbart.

Indem er die Formel einer mit Stoff verhüllten Erektion aufgriff, lehnte sich Heemskerck natürlich an die zeitgenössische Vorliebe für Schamkapseln an. Doch zugleich folgte er damit einer heidnischen Tradition, wie sie in der Statuette des Priapus zum Ausdruck kommt (Abb. 2.3). Die Tunika des Gottes fällt in eleganten Wellen den Rücken hinab auf seine Unterschenkel, während im Kontrast dazu ein enorm aufgerichteter Phallus nach oben strebt, um mit geweihtem Öl beträufelt zu werden. Wie Christus war auch Priapus ein religiöses Symbol für erneuertes Leben, Wiederauferstehung und Freude.[6] Auch Priapus war eine Inkarnation des Göttlichen. In mehreren Texten taucht er als »Schöpfer-Gott« auf, dessen Samen uns alle zeugte.[7]

Muskeln, vor allem natürlich die des Mannes, sind Lockmittel. Das wird auch aus vielen Kunstwerken der Renaissance und des Barock ersichtlich. In Rogiers berühmter *Kreuzabnahme* (Abb. 2.4) – entstanden etwa siebzig Jahre, bevor Heilige allenthalben muskulös gemalt wurden –, sehen wir noch eine viel ältere Tradition: das Portrait eines hageren, beinahe skelettierten Christus. Die ganze Betonung liegt auf Rippen und Knochen, während die Muskeln dünn, ausgezehrt und im einzelnen unkenntlich sind. Rubens hingegen kultivierte bei seinem Christus (Abb. 2.5) das neuartige Bild einer überbetonten Muskulatur. Selbst im Zustand der Entspannung sind Delta-, Bauch-, Oberschenkel- und Wadenmuskeln deutlich ausgeprägt, während der Körper am Kreuz aufgerichtet wird. Gerade die in der Entspannung entstehenden, ineinander verflochtenen Muskelhalbmonde und inselartigen Hügel, die sich unter der Haut zusammenziehen, illustrieren eine Hingabe und einen Verzicht auf Macht, wie es keinem knochigen Körper des Quattrocento gelungen wäre.

Maler wie Rubens scheinen menschliche Muskeln als Elemente eines Diskurses verstanden zu haben, der überzeugen und bekehren wollte: Muskeln als bildliches Gegenstück einer sprachgewaltigen Rhetorik. Weil der Betrachter den Schmerz nachempfinden können sollte, wurde der leidende Körper anatomisch so detailgetreu wie möglich dargestellt. Es gab aber noch andere Gründe für die Darstellung von Heiligen und religiösen Gestalten als muskulöse Schönheiten: Für die Gläubigen des Barock lebten die guten Menschen der Bibel und der christlichen Tradition im Himmel weiter wie einst auf Erden, nun jedoch im Stand der Gnade. Mit anderen Worten: Sie hatten durch Christi Opfer die Unschuld vor dem Sündenfall und die Nacktheit des Paradieses erlangt bzw. zurückgewonnen. Der heilige Roberto Bellarmino schrieb, daß die größte Sinnenfreude im Himmel der Anblick schöner menschlicher Gestalten sein werde. Selbst Narzißmus scheint dort vollkommen unschuldig zu sein. Denn wenn die errettete Seele in das Königreich der Seligen eingeht, »wird sie sich als erstes an der Herrlichkeit und Schönheit ihres eigenen Körpers erfreuen« und erst dann am Anblick der Körper von Märtyrern, deren Wunden, wie Bellarmino sagte, sich zu Juwelen wandeln. Das größte Glück der neu aufgenommenen Seele aber werde die Schönheit des Leibes Christi sein, unbekleidet am Kreuz.[8]

So wurde aus Christus ein sexuell attraktiver Mann, ohne daß er seine Rolle als lebendiges Vorbild für die Menschen verlor. In einer modernen Studie über das Klosterleben heißt es, der Zweck dieser Institution sei, den Mönch in eine lebende »Ikone oder ein Abbild göttlicher Schönheit« zu verwandeln.[9] Neben Christus selbst, dem bedeutendsten aller Vorbilder, dessen Gesicht mehr als jedes andere das innere Wesen widerspiegelt, steht die Jungfrau Maria.[10] Der Marienkult wird von modernen Theologen vor allem als Imitationskult gesehen, der sich weniger auf Mariens Autorität gründet als auf ihre Faszination, wie sie es nennen. So wird beispielsweise behauptet, daß sich das lebendige Bild der Madonna jeder christlichen Seele als visuelle Inkarnation einpräge und die erfolgreichen Gläubigen beobachten könnten, wie ihre Körper und Gesichter nun Schritt für Schritt die Züge der Madonna annähmen.[11] Zwar wurde oft genug dementiert, daß sich die Imitation auch auf den Körper und nicht nur auf den

Geist beziehen könne, doch in der bildenden Kunst überschneidet sich dies unweigerlich.

Die Tradition der *imitatio* ist auch in der kunstvollen Predigt wirksam, die sich typischer Beschwörungsformeln bedient: »Seht das Gesicht dieser Heiligen! Seht die Trauer in diesem lieblichen Antlitz! Seht die Wunden und den ausgezehrten Körper! Ist sie (oder er) es etwa nicht wert, bewundert und nachgeahmt zu werden? Sollten wir nicht danach streben, dieser wunderbaren Person in Aussehen wie Verhalten gleich zu werden?« Oft bezieht sich der Prediger dabei auf ein ganz bestimmtes Bild oder eine bestimmte Statue, die er dann den Gläubigen vorhält. Wenn wir ein solches Abbild näher betrachten, werden wir in der Tat feststellen, daß es ein Wesen von überirdischer Schönheit zeigt, einer Schönheit, die trotz aller Entstellungen durch Folter, Leid und Alter – oder vielleicht gerade deshalb[12] – nicht geschwunden ist.

Die Unbefleckte Empfängnis

Abgesehen vom Dogma der Inkarnation und der leiblichen Anwesenheit Christi in Hostie und Wein der Eucharistie ist das Dogma der Unbefleckten Empfängnis das wirksamste Ventil für den Geschlechtstrieb. Diesem umstrittenen und häufig mißverstandenen[13] Dogma kommt hier große Bedeutung zu, da es mit einer Reihe von Fortpflanzungskonzepten in Zusammenhang steht, die im Heidentum nicht zu finden sind.[14] Üblicherweise bezieht sich der Begriff nicht nur auf den Glauben, daß Christus »unbefleckt« empfangen wurde – bei den meisten christlichen Konfessionen steht das außer Frage –, sondern auch auf die Unbefleckte Empfängnis Mariens im Leib ihrer Mutter Anna – eine Lehre, die im wesentlichen von der katholischen Kirche vertreten wird.

Die Unbefleckte Empfängnis wahrt die Jungfräulichkeit der Mutter. Das Ei wird ohne Geschlechtsverkehr befruchtet, was biologisch bedeuten würde: entweder ohne Spermien (ungeschlechtliche Fortpflanzung) oder, wie bei Blumen, durch Selbstbefruchtung, wobei die Mutter mit Eizelle wie mit Spermium ausgestattet ist. Für die Umstände von Mariens wie Christi Unbefleckter Empfängnis hat ein anderes Erklärungsmuster große Bedeutung erlangt: Der Transport der Spermien in den Mutterleib wird an Spermatophoren übertragen – so wie Bienen den Pollen von den Staubgefäßen einer Blume auf die Samenanlage einer anderen tragen. Bei Mariens Befruchtung mit dem Samen Gottes wurde diese Funktion verschiedentlich Überträgern wie dem Engel und der Taube, Sinnbild des Heiligen Geistes, zugeschrieben. Mit botanischen Analogien argumentierte auch einer der frühesten Theoretiker der Unbefleckten Empfängnis, der Theologe Eadmer, im zwölften Jahrhundert: Maria sei nicht unter den unangenehmen Bedingungen einer gewöhnlichen Geburt aus Annas Leib geschlüpft, so behauptete er, sondern eher wie eine Kastanie aus ihrer stachligen Schale, süß duftend, makellos und daher »unbefleckt«.[15]

Jedenfalls war eine gewöhnliche Empfängnis durch gewöhnlichen Geschlechtsverkehr Sünde, denn zum einen war dieser mit Lust verbunden und zum anderen, wichtiger noch, wuchs damit ein Fötus heran, der der Erbsünde Adams unterliegt. Erst die Taufe befreit ein Kind von dieser Last; bis dahin trägt die Mutter monatelang ein Wesen in ihrem Körper, das von der Erbsünde infiziert ist. Noch heute müssen Mütter bestimmter Glaubensrichtungen nach einer Geburt rituell gereinigt, »ausgesegnet« werden.[16]

Paradoxerweise aber wurde die Jungfrau Maria trotz der Unbefleckten Empfängnis immer wieder als Nachfolgerin der unreinen Aphrodite betrachtet. Dahinter steht die Vorstellung, daß die geweihte Liebe eine Weiterentwicklung der profanen ist, ein Triumph über sie, ohne jedoch deren Fallen ganz entronnen zu sein. Mariens Unbefleckte Empfängnis bewahrte sie vor der Erbsünde, nicht jedoch »vor der Begierde«[17]; also muß man sie als Frau sehen, die, wie auch Christus, normalen menschlichen Trieben unterlag und diese in anderen sogar erwecken konnte. Allerdings tritt das wieder einmal mehr in der Kunst als im geschriebenen Wort zutage. Wenn Maria beispielsweise – was durchaus üblich ist – als vollständig bekleidete Venus Pudica dargestellt wird, erhält die antike Pose damit eine völlig neue Bedeutung: Anstatt ihre Nacktheit zu verbergen und den Betrachter als Voyeur zu tadeln, gibt sie mit sittsam gewandelter Geste zu verstehen, daß ihre Lenden und Brüste von keinem sündhaften Akt befleckt wurden. Sie bestätigt, daß das Christuskind, die Verkörperung der Reinheit schlechthin, durch *diese* Lenden von einer unbefleckt empfangenen Mutter unbefleckt empfangen wurde und mit *diesen* Brüsten genährt werden wird. Dennoch bleibt die Jungfrau ein Synonym für sexuelle Auslese. Denn Christus wird der Welt als Reproduktionsmodell dienen, damit sich die Menschheit hochzüchten und schließlich das himmlische Königreich erreichen kann.

Am unfaßbarsten an diesem unfaßbaren Dogma ist jedoch die Behauptung, daß Maria bereits lange vor ihrer eigenen Geburt für die hohe Ehre der Unbefleckten Empfängnis auserkoren worden sei, vor der heiligen Anna, sogar vor Eva, ja bereits vor der Erschaffung der Welt. Die Jungfrau der Unbefleckten Empfängnis sei der allerälteste Gedanke Gottes.[18] Die Unbefleckte, dargestellt als personifizierte Schönheit und Reinheit, steht demnach für nichts weniger als die Empfängnis allen Seins – des Himmels, von dem sie herabstieg, und der Erde, auf die sie ihren Fuß setzte. Hier werden wir wieder einmal an Aphrodite und ihre epische Reise vom Himmel auf die Erde erinnert; auch sie bringt ja eine Religion der Schönheit und Liebe mit sich und dient demselben Zweck: durch Verbesserung der sexuellen Auslese das Göttliche in der menschlichen Natur hervorzubringen.[19]

Die bildende Kunst ging auf ihre Weise mit all diesen verworrenen Glaubenssätzen um.[20] Die meisten Künstler betonen in ihren Darstellungen, daß Gottes erster Schöpfungsgedanke dem Akt der Unbefleckten Empfängnis galt. Die Jungfrau sehen wir zumeist allein, als junge Frau. Sie steigt vom Himmel auf die Erde herab. Eine Gloriole aus zwölf Sternen schwebt über ihrem Kopf. Ein Fuß steht auf einer Mondsichel, manchmal auch auf einer Schlange. Ihre Arme hält sie ausgestreckt, oder sie faltet die Hände zum Gebet. Manchmal preßt sie sie auch an ihr Herz. Das Gebet gilt dem gesamten Schöpfungszyklus, dem Sündenfall wie der Erlösung, die sich aus ihrer Ankunft unter den Menschen ergeben wird. Ihr Blick senkt sich auf die Erde unter ihr. Oft ist sie auch von Engeln und manchmal sogar von Passionswerkzeugen umringt, um zu beweisen, daß der Tod am Kreuz und die Himmelfahrt Christi von Anbeginn prophezeit waren. Häufig wird die Bibel zitiert, beispielsweise das Hohelied Salomos: »*Tota pulchra es, amica mea, et macula non est in te* – Du bist allerdings schön, meine Freundin, und ist kein Flecken an dir.« Sogar Symbole aus dem Hohelied werden auf die Unbefleckte übertragen: der verschlossene Garten, der Quell, der Brunnen lebendigen Wassers, die Zeder, der Olivenbaum, die Lilie, die Rose oder auch der makellose Spiegel, der Turm Davids, die Stadt Gottes und das Himmelstor. Andere Attribute stammen aus der Apokalypse – eine Perlenkette, Sterne, die Sonne, der silberne Halbmond und jener Morgen- oder Abendstern, den sich Maria mit Venus teilt.[21]

Mit der Darstellung dieser Symbole werden nun ganz gegensätzliche Vorstellungen auf höchst seltsame Weise miteinander verwoben. Einerseits findet man eine Passage aus der Apokalypse (12,1) zitiert, *mulier amicta sole*, »ein Weib mit der Sonne bekleidet, den Mond unter ihren Füßen und auf ihrem Haupt eine Krone von zwölf Sternen«. Sie gebiert ihr Kind allein, unter Schreien und Qualen, während sie vom Himmel herabsteigt. Andererseits finden wir Symbole der Liebenden aus dem Hohenlied, die sich ja unzweifelhaft und nahezu ausschließlich als Sexualobjekte betrachten. Wie die Jungfrau Maria waren auch sie nicht vor Begierde geschützt – ganz und gar nicht. »Er küsse mich mit den Küssen seines Mundes« (Hohelied 1,2), fleht die Geliebte, »seine Frucht ist meiner Kehle süß« (2,3). Sie bittet ihn, sie zu entkleiden und ihre Füße zu waschen. Später erinnert sie sich: »Mein Freund steckte seine Hand durchs Riegelloch, und mein Innerstes erzitterte davor« (5,4). Er hingegen schwärmt: »Dein Schoß ist wie ein runder Becher, dem nimmer Getränk mangelt« (7,3), »Dein Wuchs ist hoch wie ein Palmbaum und deine Brüste gleich den Weintrauben. Ich sprach: Ich muß auf den Palmbaum steigen« (7,8; 7,9).

Wie die segensreiche Jungfrau selbst ist auch die Frau im Hohenlied Objekt der Faszination. Ihre Augen sind »wie Taubenaugen«, ihre Brüste »wie zwei junge Rehzwillinge, die unter den Rosen weiden«. Der Geliebte vergleicht ihre natürlichen und erworbenen Schönheitsattribute auch mit Waffen: wie der »Turm Davids« ist ihr Hals, »und das Haar auf ihrem Haupt ist wie der Purpur des Königs, in Falten gebunden«. Vermutlich trug die Geliebte im Hohenlied die besungenen Tiere und andere Vergleichsobjekte am Körper in Form von Ringen, Ketten und Armbändern oder in die eingelassenen Steine ihres Schmucks geschnitten. Die Unbefleckte ist also Nachfolgerin der Geliebten aus dem Hohenlied und der Aphrodite, mit Lilien, Rosen, Wolken, Mond, Sternen et cetera, aber ohne Bräutigam. Denn dieser ist die abwesende Anwesenheit, Gott, dessen erster Gedanke dieser erstaunlichen Erscheinung galt.

Die meisten Autoren, die sich mit den widersprüchlichen Rollen der Jungfrau in diesen Darstellungen beschäftigt haben, weisen auf Verbindungen zwischen ihr

Abb. 2.6
Guido Reni: Die unbefleckte Empfängnis, 1627

Abb. 2.7
Sandro Botticelli: Die Geburt der Venus, um 1485, Ausschnitt

und früheren Göttinnen hin. Es bestreitet auch keiner den »evolutionären« Firnis, mit dem diese Verbindungen überzogen wurden, im Gegenteil. Die viktorianische Ikonographin Anna Jameson argumentiert darwinistisch (allerdings ohne endgültige Beweise), daß die Jungfrau Maria die perfekte Endversion einer Reihe von nicht ganz so makellosen Vorgängerinnen sei: »Da Männer mit ältesten hebräischen Sitten und heidnischem Aberglauben ihre Spuren im Alten Testament hinterlassen haben, wurden sogar die Halbgötter des Heidentums zu anerkannten Vorbildern für die Person Christi; entsprechend haben einige Gelehrte auch die Eva der mosaischen Geschichte, die Astarte der Assyrer ... Aschtoret ... die den Horus stillende Isis der Ägypter, die Demeter und die Aphrodite der Griechen oder die Freyja der Skythen [!] als Vorbilder der göttlichen Mutterschaft beschrieben, als Vorbotinnen der jungfräulichen Mutter Christi.«[22]

Auch wenn Jameson darüber kein Wort verliert, muß man hier einfach erwähnen, daß diese Göttinnen mit ihrer Sinnlichkeit, Unbarmherzigkeit und Untreue, ganz zu schweigen von ihrer Mordlust, wirklich seltsame Vorgängerinnen für die sanfte und absolut keusche Jungfrau Maria sind. Aber gerade diese sündige Durchtriebenheit läßt ja die moralische Regeneration, welche die Mutter Christi mit sich bringt, in um so hellerem Licht erscheinen. Logischerweise muß dann auch Mariens Kind der Gegenpol zu solchen Vorläufern wie Evas Kindern Kain und Abel, Astartes Tochter Semiramis oder Aphrodites Söhnen Eros und Äneas sein.

Jameson behauptet sogar in Anlehnung an Dante, daß die Jungfrau Maria all ihre Vorgängerinnen und Nachfolgerinnen erhöhe – und dadurch auch alle Männer, die vor und nach ihr gelebt haben und leben (was mir eine weit schwierigere Aufgabe zu sein scheint).[23] Mit dieser »Entwicklung« von, sagen wir, Isis bis zur Jungfrau Maria hat sich also die reinste evolutionäre Landkarte gebildet.

Auf Guido Renis Gemälde *Die unbefleckte Empfängnis* (Abb. 2.6) erscheint die Jungfrau in einem majestätisch fließenden Oval, die Hände zierlich vor ihrer Brust zum Gebet gefaltet, die leuchtenden Augen zu einem letzten Blick gen Himmel gerichtet, während sie zur Erde herabsteigt. Ihr Körper ist in einen weiten Umhang gehüllt. Dieser schwere Überwurf bildet innerhalb des Ovals der Silhouette eine Öffnung, die Mariens Brüste und Bauch umrahmt und ein auffälliges V aus hellem Stoff über ihrem Unterleib formt. Darunter fließt das Gewand, einem Wasserfall gleich, in vertikalen Linien aus, unter dem die Fußspitzen hervorlugen.

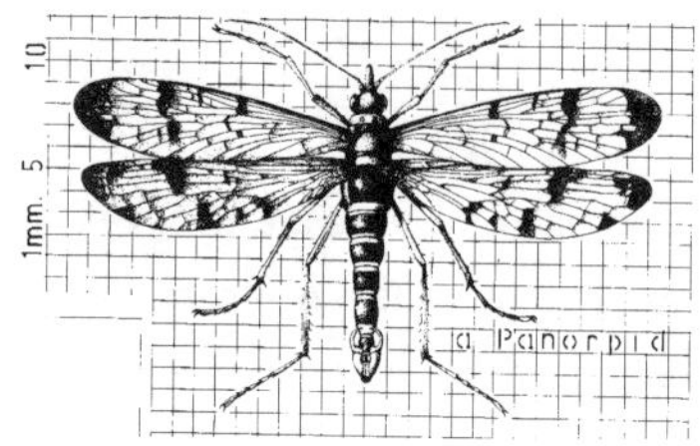

Abb. 2.8
Männliche Skorpionsfliege (Panorpida)

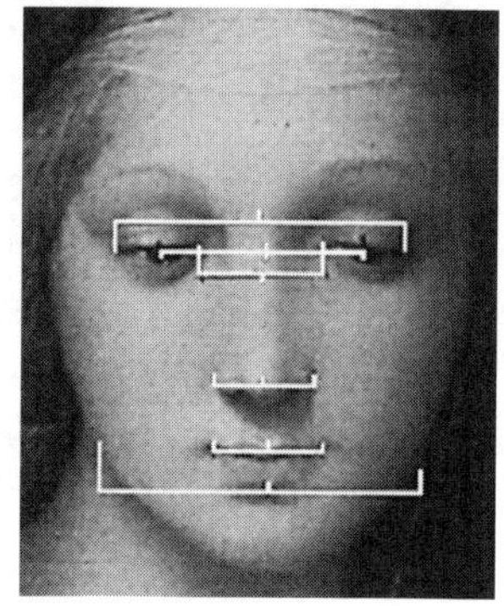

Abb. 2.9
Raphael: Madonna del Granduca, um 1504, Ausschnitt. In das Gesicht der Madonna sind die Abmessungen der horizontalen Symmetrie nach dem Thornhill-System eingezeichnet. Die vertikale Achse wurde begradigt.

Das Haar wird nicht, wie das einer Aphrodite, vom Wind zerzaust (so bei Botticellis *Venus*, Abb. 2.7), dafür flattern die Enden des Schleiers, der in ihr Haar geflochten ist, lose zur Seite. Ein konzentrisches Wolkenoval aus Engelsköpfen oder Eroten rahmt die Gesamtkomposition ein. Ganz deutlich erscheint die Immaculata auf diesem Gemälde, wie übrigens auch auf den meisten anderen Jungfrauenbildern, in die Formen von Ei und Gebärmutter eingebettet. Zu beiden Seiten schweben im unteren Bildteil Engel mit symmetrischen Flügeln, die Arme in ehrfürchtiger Anbetung vor der Brust gekreuzt. Die Jungfrau selbst steht auf einem Halbmond, dem hornförmigen Symbol der Vaterschaft, der ihr von drei Engeln entgegengehalten wird – wir erleben hier, so wird dadurch suggeriert, das Eindringen von Gottes Samen in das Ei der Jungfrau.

Vergleicht man Renis *Immaculata* mit Botticellis *Venus*, erkennt man sofort, wie und weshalb die Jungfrau die Körperhaltung ihrer heidnischen Vorgängerin verändert hat. Man könnte sagen, daß hier eine Venus Medici ihre Hände von Brust und Scham weggezogen hat, um zu beten. Die sexuelle Selbstoffenbarungsgestik (*dieses* Becken, *diese* Brüste!) wurde in eine Geste demütigen Flehens verwandelt. Oder auch: Reni hat Botticellis Venus mit dem Mantel verhüllt, welcher der Göttin in Botticellis Gemälde am rechten Rand dargeboten wird. Aus Botticellis heidnischen Wesen – hier Flora und der Windgott – wurden Renis Engel; und die Muschel wurde zur Mondsichel. Aus dem auf die Erde – ihre künftige Heimat – gerichteten Blick der Venus wurde der nach oben – Ort ihrer Herkunft bei Gott – gewandte Blick der Jungfrau. Die bildende Kunst betont deutlich den Aspekt des Fleisches und der Fleischwerdung an jenen Texten, auf die sich das Dogma der Unbefleckten Empfängnis stützte. Damit wendet sie sich direkt gegen die alte, ausschließlich verbale Tradition, die jede erotische Färbung dieser Visionen einfach leugnete – beispielsweise gegen die Behauptung, daß der Geliebte aus dem Hohenlied, wenn er die Brüste seiner Liebsten als Ruhestätte preist, damit das Alte und Neue Testament meine; oder daß sich seine lange Nacht der Freuden auf die Zeit beziehe, die man dem Studium der Heiligen Schrift widme.[24]

Es gibt auch biologische Deutungsmöglichkeiten von Madonnenbildern. Neueste Theorien über die sexuelle Auslese besagen, daß Tiere auf höchst unterschiedlichen Evolutionsstufen ihre Partner anhand von deren körperlicher Symmetrie auswählen. Mehrere Forscher beschäftigen sich zur Zeit überdies mit der »fluktuierenden Asymmetrie«, also mit dem bei einzelnen Individuen auftretenden Mißverhältnis von üblicherweise symmetrisch angelegten Körperteilen wie Flügel, Flossen, Hände, Füße, Augen oder Ohren. Nach diesen Untersuchungen erleben Frauen, deren Geschlechtspartner nahezu symmetrische Maße aufweisen, ungeachtet von deren sexueller Attraktivität, mehr Orgasmen als mit Partnern, deren Hände, Ohren et cetera unter fluktuierender Asymmetrie leiden.[25] Natürlich wurde Symmetrie schon seit langem mit Schönheit und Attraktivität gleichgesetzt. Evolutionstheoretiker betrachten solche Attribute allerdings nur als Untergruppe der Kennzeichen, die auf Überlebenstüchtigkeit schließen lassen. Skorpionsfliegen (Abb. 2.8) haben sich beispielsweise als um so geschickter bei der Nahrungssuche erwiesen, je symmetrischer sie gebaut waren.[26] Was nun die Überlebenstüchtigkeit betrifft, so ist gewiß richtig, daß viele Bewegungsabläufe wie Laufen, Greifen oder Kauen leichter und effektiver sind, wenn die entsprechenden Körperteile gut zueinander passen.

Welche Rolle also spielt die Symmetrie bei der Darstellung der Madonna, der vollkommensten aller Frauen? Nur wenige menschliche Gesichter sind vollkommen symmetrisch. Sogar Raphael, der Meister des makellosen Gesichts (Abb. 2.9), verleiht der Madonna – gemessen mit einem System, das von Randy Thornhill und anderen entwickelt wurde – leicht asymmetrische Züge. Doch Thornhills System berücksichtigt nicht die Schlüsselmaße für Symmetrie/Asymmetrie, wie zum Beispiel die Rundung der Wange, des Kinns und der Stirn. Bei Raphaels Madonna sind Kiefer, Nase und Augen symmetrisch zentriert, doch die äußere Wölbung des Kopfes links und rechts verläuft unterschiedlich. Auch das linke Auge liegt in einem etwas abweichenden horizontalen Winkel. Also leidet sie an einem sehr leichten Fall von fluktuierender Asymmetrie. Dafür aber weist ihr Gesicht alle Anzeichen für eine hohe Östrogenausschüttung auf: volle Lippen und einen zarten Kiefer.[27]

Magdalena und Theresa

Viele weibliche Heilige sind ausgesprochen selektabel dargestellt und signalisieren, wie Raphaels Jungfrau, eine ungewöhnlich hohe Östrogenausschüttung. Die bekannteste ist sicher Maria Magdalena, die zum Bindeglied zwischen der starken Betonung der Sexualität im Heidentum und den keuschen, aber noch immer erotischen Idealen des Christentums wurde. Auf dem Gipfel ihres Ruhms, im Barock, als sich in Italien, Spanien und Frankreich wieder eine stark sexualisierte Religiosität durchsetzte, wurde Maria Magdalena eine besonders attraktive Ausstrahlung verliehen. Im Gegensatz zu den meisten anderen Heiligen galt sie als nur allzu menschlich – schließlich war sie als Prostituierte der Versuchung mehr als nur einmal erlegen. Auch als Heilige, die ihrem alten Leben abgeschworen hatte, wurde sie oft ausgesprochen sinnlich dargestellt. Wie bei vergleichbaren Christusdarstellungen sollte damit verdeutlicht werden, daß ihre Umkehr eine große Entsagung war. Doch Magdalena verzichtete nicht gänzlich auf ihren alten Lebensstil und seine Insignien. So wurde sie zur Patronin des Parfums, der Kosmetik, des Schmucks und der Mode – vor allem aber der Friseure. (Jameson zitiert einen ungenannten französischen Priester, der Magdalena vor allem ihrer Aufmachung wegen zum Vorbild für alle Frauen erhob und behauptete, die Kunst, Männern zu gefallen, sei im alten Israel ebenso hoch angesehen gewesen wie jede andere.[28])

P. Le Moyne veröffentlichte 1671 in seinen *Œuvres poétiques* ein Sonett über die *Bekehrte Magdalena* von Guido Reni, in dem er die Verwandlung ihres äußer-

Abb. 2.10
Tizian: Die Heilige Magdalena, um 1565

Abb. 2.11
Guercino: Die büßende Maria Magdalena mit zwei Engeln, 1622

lichen Glanzes in Zeichen des neuen Glaubens preist. Man könnte es eine Hymne auf sakralisierte Lockmittel nennen: Ihre Rubine strahlen nun im Feuer religiöser Inbrunst, ihre Perlen sind zu »den Tränen ihrer Augen« geworden. All die erprobten Verführungskünste, die »Flammen und Liebespfeile«, bleiben wirksam, wenn auch unter neuen Vorzeichen.

So wetteifert Magdalena mit Aphrodite, und gegen ihre Anziehungskraft sind nicht nur Menschen und die himmlischen Mächte machtlos, sondern auch Christus, ihr »verliebter Richter«.[29]

Die Legende der Magdalena entstand aus drei biblischen Marien: aus der Maria von Magdala und der Maria von Bethanien, Schwester der Martha und des Lazarus. Die dritte Maria (die in der Heiligen Schrift nur als *peccatrix,* »Sünderin«, auftaucht) erscheint auf dem Fest von Simon, dem Pharisäer (Lukas 7,37). Eine vierte, jedoch weniger sichere Quelle ist jene Maria, die gemeinsam mit der Jungfrau Maria der Passion beiwohnt. Die »Magdalena« auf Simons Fest kommt mit einem Alabastergefäß, gefüllt mit wohlriechendem Öl, und ist so berührt von Christi Worten, daß sie in Tränen ausbricht, die sich über seine Füße ergießen. Sie kniet nieder und trocknet sie mit ihrem Haar. Christus, der weiß, daß sie eine Sünderin ist, sagt: »Ihr sind ihre vielen Sünden vergeben, weil sie so viel Liebe gezeigt hat.« Jene Magdalena aber, die in der späteren Überlieferung als reuige Prostituierte auftaucht, wurde den Zweiflern, die sich zu sehr an Vorbestimmung klammerten, als Beweis vorgehalten, daß wahre Reue und freiwillige Buße nicht nur zur Erlösung, sondern sogar zu höchster Heiligkeit führen könne. Magdalenas Rolle in der Kunst ist die einer schönen, bußfertigen und scheinbar ergebenen Jüngerin. Doch es steckt ein ungestümes Potential in ihr. Ihr Leben als Dirne mag vorüber sein, aber ihre leidenschaftliche Natur hat sie – zumindest in der Kunst – nicht überwunden.

Maria Magdalena wurde Teil der nachbiblischen Legendenbildung. Nach der Wiederauferstehung Christi reiste sie nach Südgallien, wo sie sich in eine Höhle nahe Marseille namens Sainte-Baume (Heilige Grotte) zurückzog.[30] Dort büßte sie ihre Sünden, dort erschienen ihr die Dornenkrone und die Nägel, mit denen Christus ans Kreuz geschlagen worden war – Visionen, die für sie ein Zeichen weiterer Vergebung waren. Manchmal erschien ihr sogar der Erlöser am Kreuz.

In der Kunst wird Magdalena fast immer als anbetungswürdig dargestellt. Doch selbst als Büßerin ist sie gewöhnlich mit dem ganzen Arsenal ihrer früheren Verführungskunst ausgestattet, häufig in entsprechendem Ambiente, umringt von Juwelen und Salbgefäßen. Moderne Autoren haben solche Darstellungen als absurde Versuche verspottet, Pornographie als geistliche Erbauung zu verpacken. Nicht selten verkennen sie dabei, welche Rolle die Sexualität in der sakralen Kunst der Renaissance und des Barock spielte. Die meisten von uns wurden vom jüdisch-christlichen Puritanismus des neunzehnten Jahrhunderts geprägt und sehen zwischen Religion und Sexualität einen absoluten Gegensatz. Doch die Fleischlichkeit der Magdalena, die Erektion des Christus, die Erotik der unbefleckten Maria und die vieler anderer Heiliger zeigen nichts anderes als die Fleischwerdung in all ihren Dimensionen – denn selbstverständlich bezieht sie sich auf den menschlichen Zustand in seiner Gesamtheit, also auch auf alle menschlichen Triebe.

Tizian zeigt die *Heilige Magdalena* im Gebet vor ihrer Höhle (Abb. 2.10). Doch noch immer – und obwohl sie sich hier im Freien befindet – sieht man sie in der Pose einer Kokotte bei der Toilette. Sie trägt ein Negligé aus weißem, spitzenartigem Stoff und eine buntgestreifte Stola, die ihre Schultern unverhüllt lassen. Neben dem Totenkopf und dem Buch, über das sie offensichtlich nachsinnt, steht ihr Schminktiegel. Beim Betrachten dieses Gemäldes erinnert man sich, daß der Balsam, mit dem sie Christi Füße salbte, zu den Lockmitteln gehört, die sie als Prostituierte verwandte – wie auch ihr Haar, mit dem sie seine Füße trocknete (Christus selbst hob die Tatsache, daß sie seine Füße gesalbt und geküßt hat, als Zeichen ihrer Reue und Umkehr hervor; Lukas 7,45ff). Irdische Liebe hat sich in himmlische gewandelt, aber wenigstens ein paar Utensilien und Sehnsüchte dieser irdischen Liebe hat Magdalena zurückbehalten. Und obwohl sie rigoros fastet, wirkt sie im Gegensatz zu anderen Eremiten gesund und voller Leben. Das, will man uns glauben machen, sei damit erklärt, daß Engel sie regelmäßig in den Himmel entführten, wo himmlische Freuden all ihre körperlichen und geistigen Bedürfnisse befriedigten.[31]

Tizian verleiht Magdalena die Pose der Venus Medici, mit Ausnahme der Hand, die in der klassischen Version die Brust bedeckt; hier ist sie zum Herzen gewandert und suggeriert damit, daß Magdalena nun von der Liebe Christi durchdrungen ist und diese die von Aphrodite beschworene körperliche Liebe ersetzt hat. Der Ausdruck auf Magdalenas rundem, eindringlich trauerndem Gesicht ist von jener Hoffnung geprägt, die auf Vergebung folgt. Ihr goldenes Haar lockt sich um Kopf und Nacken, um schließlich, wie von seligmachender Gnade aufgeladen, über ihre Brust zu fallen.

Abb. 2.12

Gianlorenzo Bernini: Die Verzückung der heiligen Theresa, 1646.

Abb. 2.13

F. Basan: Stich nach Correggios *Jupiter und Antiope*, 1520, Ausschnitt

Auch die himmlischen Entführer Magdalenas tauchen häufig auf Gemälden auf. Betrachten wir Guercinos Bild (Abb. 2.11): Der Unterleib der Heiligen wird von Stoffbahnen in vaginaartigem Faltenwurf verhüllt, ihr Oberkörper ist entblößt. Sie kniet vor einem Steinaltar, die Hände gefaltet, das Gesicht mit den großen, ovalen Augen geneigt, das Haar weich über Schultern und Brüste fallend. Der Engel in der Bildmitte deutet auf zwei andere Engel in den rötlich getönten Wolken. Sie symbolisieren nicht nur Magdalenas himmlische Gastgeber, sondern auch die Evolution von irdischer zu himmlischer Liebe.[32] Alle Dargestellten betrachten die Nägel und die Dornenkrone, mit der Christus am Kreuz »geschmückt« worden war. Einer der Engel überreicht Magdalena sogar einen Nagel: Der Weg in den Himmel führt durch die Passion. Und doch erinnert das gesamte Ensemble an die Darstellung einer Frau in ihrem Boudoir.

Wie so viele andere Heilige hat also auch Magdalena verschiedene heidnische Prototypen. Die nach ihr wohl berühmteste unter den selektablen weiblichen Heiligen ist Berninis *Heilige Theresa*. Und das aus gutem Grund. Bei genauerer Betrachtung wird man unwillkürlich an eines der bekanntesten erotischen Gemälde von Correggio erinnert: *Jupiter und Antiope*. Die Bezeichnung des Bildes, das heute im Louvre hängt, ist irreführend, denn dargestellt sind eigentlich Venus, Cupido und ein Satyr (Abb. 2.13). Im Schlaf bemerken die Göttin und ihr Sohn nicht, daß ein Satyr ihre Decke gelüftet hat und sie mit zärtlicher Faszination betrachtet. Sein Interesse ist nur allzu verständlich, denn immerhin betrachtet er hier die Inkarnation der körperlichen Liebe. Mit demselben Ausdruck blickt der Engel in Berninis gefeierter Skulptur auf die heilige Theresa. Solche

Szenen verschmelzen wieder einmal die christlichen Vorstellungen von himmlischer und irdischer Liebe: das vergeistigte Fleisch der Inkarnation in heiliger Verzückung.

Der Pfeil, der das Herz von Berninis Theresa durchdringen wird, ist der Liebespfeil Christi, gestoßen von einem Engel von transzendenter Schönheit, der zärtlich auf die Heilige herablächelt, während diese sich leidenschaftlich aufbäumt. Man beachte die gegensätzlichen Faltenwürfe beider Figuren und die entblößten Stellen am Körper des Engels. Wie eine dunkle Flamme züngelt ein Schatten auf seine Scham zu, während er sich auf Theresas Wolkenbett niederkniet. Mit seiner linken Hand beginnt er, sanft den sie umhüllenden, gewaltigen Umhang zu heben. Wir müssen also annehmen, daß er ihre Brust entblößen wird, um den Pfeil hineinzustoßen. Was er dann zu sehen bekommt, wird sich vermutlich nicht sehr von der schlafenden Venus in Correggios Gemälde unterscheiden. Aber im Gegensatz zu der des Engels läßt Theresas Kleidung keine Rückschlüsse auf ihre Geschlechtsmerkmale zu. Sie verschweigt Theresas Anatomie und begräbt den geschwächten Körper wie ein Lavafluß. Nur die bewegte Struktur des Mantels läßt die Gestalt darunter erahnen – erhitzt und durchdrungen vom heiligen Feuer, Venen und Muskeln vom pulsierenden Blut durchströmt. Nun ist diese Art von Erotizismus keine Erfindung Berninis, sondern aus jener Tradition hervorgegangen, über die hier bereits gesprochen wurde, und nicht zuletzt auch aus den Schriften der heiligen Theresa. William James schreibt: »Ihre Vorstellung von Religion scheint die eines endlosen sinnlichen Flirts zwischen – wenn man das ohne Respektlosigkeit sagen darf – dem Gläubigen und Gott gewesen zu sein.«[33]

Künstler der Renaissance haben wie die vieler anderer Epochen sich selbst oder Verwandte als Modelle für die Darstellung christlicher Idole gewählt. Daran läßt sich erneut aufzeigen, wie stark die Kunst göttliche Vorbilder vermenschlicht hat und, um auf meine Ausgangsthese zurückzukommen, wie stark sie überhaupt Reproduktionsziele abendländischer Gesellschaften mitgeprägt hat. Man stelle sich zum Beispiel ein kleines, mittelalterliches Dorf mit einer stabilen Einwohnerschaft vor, in dem es ein bis zwei Altarbilder gab, die einen ganz bestimmten Gesichts- und Körpertypus favorisierten. Oder genauer: Stellen wir uns ein Dorf in der belgischen Provinz Hennegau vor, in dem ein Altar von Robert Campin steht (vermutlich derselbe Künstler, der auch als Meister von Flémalle bekannt wurde). Bevor im sechzehnten Jahrhundert durch die Entdeckung des Buchdrucks Bilder massenhaft über Medien Verbreitung fanden, waren solche Altar-

Abb. 2.14
Meister von Flémalle (Robert Campin?): Anbetung des Kindes, Ausschnitt: Jungfrau Maria

Abb. 2.15
Ders.: Mérode-Altar, Ausschnitt aus der Verkündung, 1425 – 1430

bilder die nahezu einzigen bildlichen Darstellungen des Menschen, die die Dorfbewohner kannten. Generationen von Gläubigen waren angehalten, sich wie die auf diesem Altarbild idealisierten Heiligen und Engel zu verhalten und deren Glauben zu folgen. Da wäre es doch überraschend, hätten sie nicht auch versucht, wie diese Heiligen auszusehen, und hätten sie nicht Partner gewählt, die dasselbe versuchten.

Über Generationen, ja sogar über Jahrhunderte hätte man sich also an den umschatteten, runden Augen auf diesen Bildern orientiert, an der langen Nase und den rosigen, prallen Lippen, der hochgewölbten Stirn und dem sanft hervortretenden Kinn, der hohen, schmalen Taille, dem zarten Oberkörper und den elegant geschwungenen Armen und Schenkeln (Abb. 2.14, 2.15). Resultat einer derart durch die Kunst geprägten sexuellen Auslese wäre ein Dorf gewesen, dessen Bewohner sich einen künstlerischen Phänotyp angezüchtet hätten. Entspräche das nicht genau der Art und Weise, wie sich Christen das lebendige Abbild der Madonna in ihre Seele einprägten und hofften, ihr Körper und ihr Gesicht würden sich allmählich der Gestalt Mariens angleichen?

Natürlich darf man eine gewisse Rückwirkung nicht außer acht lassen: Den Malern von Altarbildern hatten ja vermutlich Menschen mit privilegiertem Gesicht und Körper Modell gesessen. Die Gene für die erwünschten Phänotypen waren also wahrscheinlich bereits in der Bevölkerung vorhanden. Doch das bedeutet in Wirklichkeit nichts anderes als reziproke Auslese: Indem sie in die Rolle von Heiligen schlüpften und als Heilige portraitiert und angebetet wurden, wurden die Modelle zu lebendigen Verkörperungen der Reproduktionsziele. Sie waren auserkoren worden, weil sie durch ihre Gestalt bereits als Ebenbilder von Heiligen galten.

Es gab also ein gewisses Maß an Rückwirkung oder gegenseitiger Beeinflussung unter den von der Kunst dargestellten Heiligen, den Menschen, die Modell gesessen hatten, und den Gläubigen, die sich an diesen Heiligen orientieren sollten. Die in Gemälden und Statuen verewigten Heiligen stellten demnach häufig nicht nur sich selbst dar, sondern real existierende Personen. Ein Beispiel dafür findet man im Appartamento Borgia im Vatikan: Dort hat Pinturicchio in einem Fresko die Geliebte Papst Alexanders VI., Giulia Farnese verewigt, und zwar als Jungfrau Maria bei der Verkündigung; neben ihr kniet Alexander selbst in vollem Ornat, als eine Art zweiter Gabriel.[34] So wie hier haben viele Künstler Verwandte oder Geliebte in Heilige verwandelt und ihnen beträchtliche erotische Ausstrahlung verliehen. Im fünfzehnten Jahrhundert tobte Savonarola gegen Florentiner Darstellungen der Madonna als sinnliche, mit Gold und Juwelen behängte Blondine, mit schamlos unbedecktem Haupt und den Zügen berühmter oder berüchtigter Damen der Gesellschaft. Sogar über sexuelle Auslese – oder eher seine Ablehnung alles Sexuellen – ließ sich der Mönch aus: Wüßten die Maler nur um den Einfluß solcher Gemälde auf die Pervertierung einfacher Gemüter, würden sie ihre eigenen Werke voller Schrecken und Abscheu betrachten.[35] Damit klingt er genauso wie Max Nordau (siehe Kapitel 7). Savonarolas Scheiterhaufen für die weltlichen Eitelkeiten kann man nur als Versuch interpretieren, die Stadt ihres Bestandes an attraktiven, aber degenerierten Reproduktionsvorbildern zu berauben.

Die Praxis der Renaissance-Künstler, ihre Partner, Kinder oder Eltern als Modelle für Christus, die Madonna und die Heiligen zu nehmen, läßt sich bis in die Antike zurückverfolgen. So standen zum Beispiel die schönsten Mädchen in Kroton für Zeuxis Modell, wenn er ein Bildnis der Helena von Troja malen wollte.[36] Andrea del Sarto portraitierte jedesmal seine eigene Frau Lucrezia, wenn er den Auftrag bekam, eine Heilige zu malen. »Aufgrund dieser Gewohnheit«, schreibt Vasari, »sehen seine Frauenköpfe alle gleich aus.« Sarto verlieh diesen lebensechten Bildnissen dann makellose Körper.[37] Die offenbar untreue Lucrezia posierte passenderweise auch für ein Gemälde der Magdalena.[38] Auch sich selbst stellte Sarto als Heiligen dar: Auf dem Gemälde *Mariä Himmelfahrt* ist er unter den Aposteln zu finden (und Lucrezia als Jungfrau Maria).[39] Auch Rubens und Francesco Albani haben ihre Ehefrauen gemalt, so wie Alessandro Allori und Van Dyck ihre Geliebten. Und das beschränkte sich nicht nur auf Kopf und Gesicht. Domenichinos schöne Frau Marsibilia Barbetti berichtete nach dem Tod ihres

Abb. 2.16

Domenichino: Fresko der Justitia, 1628 – 1630, Ausschnitt. Rom, San Carlo ai Catinari

Mannes, daß er kaum je ein Bild gemalt habe, ohne ihre Hände und Füße zu studieren.[40] Also haben die Künstler in ihrer Malerei genau die Gestalten verherrlicht, die sie als Ehemänner und Geliebte erwählt oder als Väter gezeugt hatten.

Die Abbildung 2.16 zeigt ein Detail aus dem Fresko der Justitia in San Carlo ai Catinari in Rom, das Domenichino ein paar Jahre nach seiner Heirat mit Marsibilia schuf und in dem er uns zwei sehr ähnliche allegorische Frauenfiguren darbietet: zwillingsgleich mit ihren breiten, symmetrisch ovalen Gesichtern, den runden, umschatteten Augen mit den großen, sehr dunklen Pupillen, dem aschblonden, ondulierten Haar, den langen Nasen und schmalen Nasenflügeln, den kleinen, vollen und klar konturierten Lippen, den weichen, fleischigen, schmalknochigen Gliedern und stark gerundeten Gelenken, den breiten Taillen und kleinen, weit auseinanderliegenden Brüsten, bis hin zu den Händen mit ihren biegsamen Fingern. Des Malers Gattin wird den Gläubigen hier gleich in doppelter Ausführung als Verkörperung der Tugend präsentiert.

Nochmals: Die Gläubigen wurden gedrängt, den Heiligen nachzueifern, sich wie sie zu verhalten und – anhand von Kunstwerken – sogar wie sie auszusehen. Vor allem Christus und der Jungfrau Maria sollten sie sich angleichen, wobei Christus zugleich Mensch und Gott ist, empfänglich für sexuelle Reize wie seine Mutter, und ebenso wie sie sogar Auslöser sexueller Reize. (Allerdings, was sie selbst betrifft, ohne zu sündigen.) Die Heiligenbilder waren ihrerseits oft Abbilder real existierender Menschen. Also entstand ein sich wechselseitig verstärkender Prozeß: Bestimmte Typen von Männern und Frauen waren heilig, weil sie wie Heilige auf bereits existierenden Gemälden aussahen, während diese Gemälde ihrerseits den jeweiligen Auslesekanon einer Gesellschaft wiedergaben.

Der kanonische Körper

3

Abb. 3.1
Die Venus von Willendorf, 30 000 – 21 000 v. Chr.

Abb. 3.2
Lucian Freud: Evening in the Studio, 1993. Der Ausschnitt ist um 90 Grad gedreht.

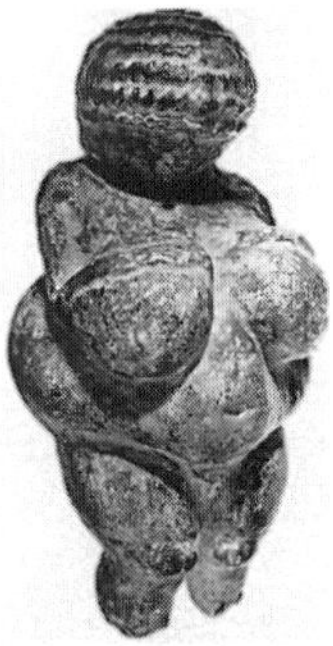

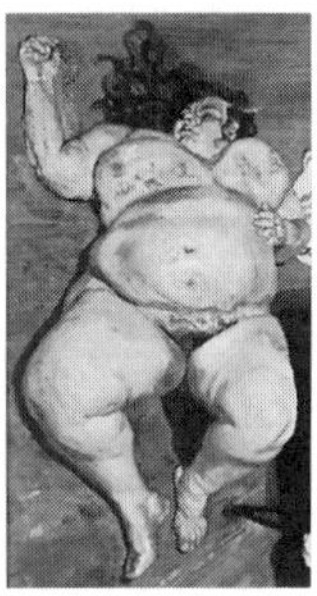

Die Standardisierung des Körpers begann vor knapp zweieinhalb Jahrtausenden mit dem griechischen Bildhauer Polyklet. Bis dahin war das Abbild des Menschen in der Kunst jahrtausendelang von einem Variationsreichtum gewesen, der über die natürlichen Proportionen weit hinausging. Die berühmte Venus von Willendorf (Abb. 3.1) mit ihren wollüstig gerundeten Schenkeln, dem extrem ausladenden Becken, dem runden Bauch und der schlundartigen Vulva entspricht kaum den Anforderungen des klassischen Körperkanons. Obwohl Brüste und Bauchnabel an den Referenzpunkten 2 und 3 Kopf liegen – was später zum Standard werden sollte –, erreicht sie mit einer Länge von schätzungsweise 6 Kopf nicht das polykletische Ideal von 7½ bis 8½ Kopf (siehe Tab. 3.2), geschweige denn die seit Michelangelo gültigen Maße, die längere Beine voraussetzten (siehe zum Beispiel Abb. 3.8).

Solche Abweichungen tauchten erst wieder in der Kunst des Mittelalters auf und erneut mit dem Anbruch der Moderne, die sich mehr oder weniger von den polykletischen Vorbildern löste. Die liegende Frau in Lucian Freuds 1993 geschaffenem Gemälde *Evening in the Studio* (Abb. 3.2; das Bild wird hier hochkant abgebildet, um einen Vergleich mit der Venus von Willendorf zu ermöglichen) ist dafür ein bezeichnendes Beispiel. In ihrer Statur gleicht sie stark der prähistorischen Figur, was aber auch an der verkürzenden Perspektive liegt. Es gab auch das andere Extrem: beispielsweise die stockdürren Figuren aus dem vordynastischen Ägypten oder die 12 Kopf langen Figuren der spanischen Felsmalerei aus der mittleren Steinzeit (Abb. 3.3), deren Proportionen von Künstlern der Moderne (mit etwa 10 Kopf) wieder aufgegriffen wurden (Abb. 3.4). Angesichts dieser Formenvielfalt, die in der langen Zeit vor Polyklet und während des bislang noch

Tabelle 3.1

Vier männliche kanonische Körper

	Ägypter*	Polyklets *Doryphoros*	Leonardo	Michelangelos *David*
Brustwarzen	2	2	2	2
Nabel	3	3	3	3
Scham	4 ½	4	4	4
Knie	5	5 ½	5	5
Ferse	7 ½	7	7 ½	7
				Integralkanon

* Basiert auf Whitney Davis, *The Canonical Tradition in Ancient Egyptian Art*, Abb. 2.7. Ich füge dies wegen der großen Ähnlichkeit zwischen der ägyptischen und der polykletischen Tradition hinzu.

Abb. 3.3

Mittelsteinzeitliche Jagdszene. Höhlenzeichnung aus Valltorta, Spanien

Abb. 3.4

Alberto Giacometti: Der Platz, 1948. Bronze

kurzen Nachspiels zu finden ist, herrschte in der Epoche des klassischen Körperkanons von 450 v. Chr. bis 1900 n. Chr. eine bemerkenswerte künstlerische Stagnation.

Was ist überhaupt ein Körperkanon?[1] Die ursprüngliche Bedeutung des Wortes »Kanon«, griechisch κανών, bezog sich auf ein Schilfrohr der Gattung Canna, das mit Markierungen versehen und als Maßstab benutzt wurde. Im Laufe der Zeit erweiterte sich der Begriff. Er wurde nun auch auf Riemen angewandt, die ein ledernes Schutzschild in Form hielten, oder auf den Webstab, an dem die Kettfäden befestigt waren. Auch Seile hießen so, die mit Kalk eingerieben und über eine glatte Unterlage gepeitscht wurden, um exakte Linien für einen Zuschnitt oder einen Farbanstrich zu erhalten. Ein Kanon konnte ein Pfahl oder eine Stange sein, die Pfeifen einer Windorgel, Fenstersprossen oder das Monochord, ein einsaitiges Instrument, das die Zusammenhänge zwischen Tonhöhe und Saitenlänge bestimmbar machte. In der Architektur ist Kanon ein langer Sims, der die Triglyphen und Metopen im dorischen Gebälkfries stützt. Die lateinische Übersetzung ist *regula*, »Regel, Richtmaß«. Entsprechend bezeichnet Kanon in der Literatur eine grammatikalische Regel, ein Schema, das alle denkbaren Vers-

Tabelle 3.2

DREI WEIBLICHE KANONISCHE KÖRPER (UND MICHELANGELOS *STERBENDER SKLAVE*)

	AMAZONE SCIARRASCHER TYP	MATTEI-AMAZONE*	VENUS MEDICI	MICHELANGELOS *STERBENDER SKLAVE*
Brustwarzen	2	2	2	2
Nabel	3	3	3	3
Scham	4	4	4	4
Knie	5 1/2	5	5	6
Ferse	7 1/2	7	8	8
		Integralkanon		

* Ich habe einen kleineren Kopf berechnet als den übergroßen, den man der Skulptur nun aufgesetzt hat.

formen festlegt, eine Tabelle oder allgemeingültige Regeln der Dichtung. Doch selbst damit ist die Bedeutung dieses Wortes noch nicht erschöpft. Heutzutage ist es vor allem im Bereich von Literatur und Kunst gebräuchlich, und zwar als Bezeichnung jener Liste von mustergültigen Autoren und Schlüsselwerken, die jeder gebildete Mensch kennen sollte – Klassiker also, an denen man andere Arbeiten (nicht zuletzt die eigenen) messen kann.

Das Wort »Kanon« impliziert demnach Begriffe wie Vorschrift, Abgrenzung und sorgfältige Vorbereitung. In den meisten Fällen geht es dabei um Zahlen und Meßwerte. Der Kanon legt fest, was anderenfalls strukturlos geblieben wäre. Er ist sozusagen das Gitternetz, anhand dessen die Symmetrie der Skorpionsfliege oder des Menschen beurteilt werden kann. Denn nicht nur die traditionelle Kunst des Abendlandes wurde von kanonischen Körpern beherrscht, auch wir als Menschen messen uns und andere immer wieder daran.[2]

Polyklet und Praxiteles

Das einflußreichste menschliche Proportionierungssystem der abendländischen Kunst wurde vom griechischen Bildhauer Polyklet im fünften Jahrhundert v. Chr. begründet.[3] Als seine Meisterwerke gelten eine lebensgroße Bronzestatue, heute *Doryphoros* (Speerträger) genannt,[4] und die für den weiblichen Körperkanon beispielhafte Statue *Verwundete Amazone*. Über seinen *Doryphoros* soll Polyklet ein Buch mit dem Titel *Kanon* geschrieben haben, wie auch der Name der Statue selbst gelautet hatte. Man sagt, es sei die erste uns bekannte Schrift eines Künstlers über sein eigenes Werk.[5] Leider sind sowohl das Buch als auch die Originale des *Doryphoros* und der *Verwundeten Amazone* verloren. Geblieben sind uns aber diverse antike Marmorkopien beider Statuen.

Wie viele seiner Zeitgenossen glaubte Polyklet, daß die menschliche Gestalt von Zahlen bestimmt werde; Zahlen und rationalen Zahlenfolgen wohne, so glaubte man, eine sittliche, ja magische Kraft inne. Diese Kraft wurde auch »Symmetrie« genannt; in der Antike war damit jedoch nicht die spiegelbildliche Gleichheit zweier Seiten gemeint, sondern »Kommensurabilität«. Symmetrie in diesem Sinne beruht auf einer bestimmten, dem Objekt eigenen Maßeinheit, von der sich seine Abmessungen als ganze Zahlen ableiten lassen.[6] »Die Schönheit des Körpers besteht aus Symmetrie; nicht aus seinen Elementen [d.h. seinen chemischen Substanzen], sondern aus seinen Zahlen«, erklärte Galen, der griechischrömische Mediziner, im zweiten vorchristlichen Jahrhundert. In anderen Schriften wiederholt er diese Bemerkung mit dem Zusatz, es gebe Idealproportionen für Finger, Hände und Arme, wie im Kanon des Polyklet dargelegt.[7]

In der Antike setzten sich die von Galen beschriebenen numerischen Symmetrien jedoch nicht nur aus rationalen und ungebrochenen Zahlen zusammen, sondern diese Zahlen ergaben wiederum arithmetische, geometrische, harmonische und andere Zahlenreihen. Deshalb glaube ich, daß Galen mit seiner oben zitierten Bemerkung zwei Dinge meinte. Erstens: Ein Arm, dessen Maß – gerechnet beispielsweise im Verhältnis zur Handlänge – eine ganze Zahl ergibt, ist einfach schöner. Hat ein Arm exakt die dreifache Länge seiner Hand, ist er ideal geformt. Bei $3^1/_2$- oder $2^1/_2$-facher Länge ist er unproportioniert oder, wie man in der Antike gesagt hätte, asymmetrisch.[8] Zweitens: Die diversen Körpermaße – Hand-, Armlängen et cetera – sollten eine rationale Zahlenreihe ergeben, also ebenfalls in ganzzahligem Verhältnis zueinander stehen. Denn das würde der von Plutarch formulierten Regel entsprechen, daß die individuellen Zahlenwerte eines Körpers – beispielsweise die der Hände, des Kopfes und anderer Körperteile – zu καιρός, einem »richtigen Verhältnis« führen müssen.[9]

Vielleicht aber wollte Galen uns sogar verdeutlichen, daß auch der unmittelbare Reiz, den wir beim Anblick eines schönen Körpers empfinden, quantifizierbar ist, weil Schönheit sich in Zahlen darstellen läßt. Diese Idee ist bis heute wirksam geblieben, bedenkt man, welche Bedeutung die Maße einer Schönheitskönigin oder der Muskelumfang eines Bodybuilders haben können (siehe Kapitel 9). Doch Galens Überlegung hätte es vermutlich eher entsprochen, die Proportionen anhand der jeweils eigenen Kopf-, Hand- oder sogar Daumenlänge (also in Zoll) zu ermitteln, als Standardwerte dafür anzusetzen. Doch haben sich die Künstler auf bestimmte Zahlen und Formen konzentriert und alle abweichenden Bilder verworfen, so daß sich bald ein Kanon aus wenigen Körpertypen herausbildete, der, wie ich zeigen möchte, seither die Auswahlkriterien der sexuellen Auslese bestimmt.

Die wohl beste antike Nachbildung des verlorenen *Doryphoros* von Polyklet steht im Museo Nazionale in Neapel (Abb. 3.5).[10] Die Muskeln der Marmorskulptur sind deutlich ausgebildet, der Brustkorb ist kräftig. Es scheint, als schlendere der junge Mann vor sich hin, seinen (fehlenden) Speer in der linken Hand. Sein Gesichtsausdruck ist gelassen, doch sein Körper zeigt gespannte Bereitschaft. Der Überlieferung zufolge handelt es sich um Achill.[11]

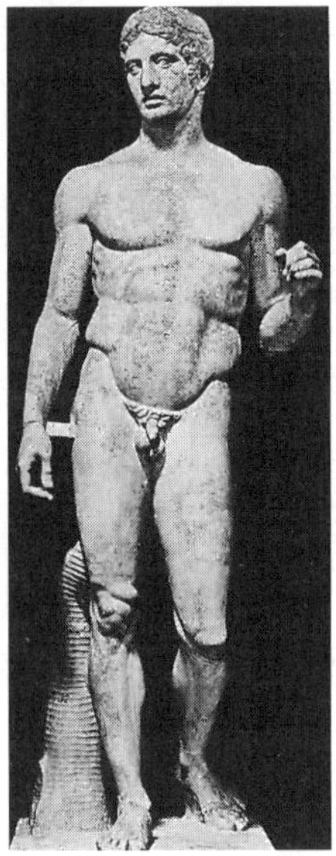

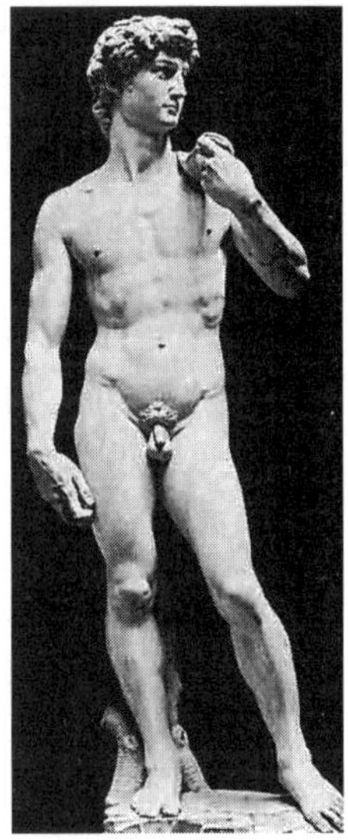

Abb. 3.5

Polyklet: Doryphoros (Speerträger), 450 – 440 v. Chr. Römische Kopie

Abb. 3.6

Michelangelo: David, 1501 – 1504

Abb. 3.7

Römische Kopie von Polyklets Amazone (sciarrascher Typ), Original um 430 v. Chr.

Diese und die anderen antiken Kopien des Speerträgers haben nicht nur den Kanon im allgemeinen geprägt. Einigen Skulpturen haben sie als direktes Vorbild gedient – so vermutlich dem *Augustus von Primaporta* (siehe Abb. 1.11). Auch die Ähnlichkeit mit Michelangelos *David* ist groß (Abb. 3.6). Die neapolitanische Kopie von Polyklets Statue wurde zwar erst im achtzehnten Jahrhundert entdeckt, und die anderen Versionen hatte man in der Renaissance noch nicht als Kopien des *Doryphoros* erkannt. Doch Pose, Gestik und Ausstrahlung der Originalstatue wurden bereits in klassischen Texten beschrieben, ihre Proportionen hatte Leonardo zwischen 1485 und 1490 nachberechnet (siehe Abb. 3.9), etwa zwanzig Jahre vor Michelangelos *David*.

Ebenso Polyklet zugeschrieben wird eine kanonische Frauenstatue, vermutlich eine Amazone. Auch von ihr existieren Nachbildungen (Abb. 3.7), die jedoch viel stärker voneinander abweichen als die *Doryphoros*-Varianten. Die Kriegerin streckt den angewinkelten rechten Arm in einer erschöpft wirkenden Geste über ihren Kopf, um einen Pfeil in den Köcher an ihrer linken Seite zurückzustecken. Ihr Gewand fließt in Hunderten schmalen Falten eng um ihren Körper. Der Stoff dient nur dazu, die sexuellen Zentren zu betonen und einzurahmen. Unterhalb des Gürtels wiederholt sich, Oberschenkel und Knie hervorhebend, mehrfach das Geschlechtsoval, während lange, schlingenartige Falten am Oberkörper die eine

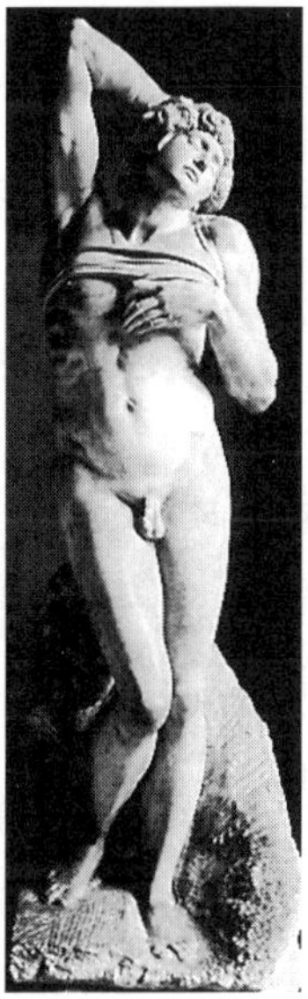

Abb. 3.8
Michelangelo: Sterbender Sklave, begonnen 1513. Eigentlich liegt die Figur.

bedeckte Brust ins Blickfeld rücken. Möglicherweise war diese Statue eine Art Siegestrophäe, wie sie bei Frauenspielen vergeben wurde (beispielsweise im Heraion in Olympia). Über den Typus dieser *Verwundeten Amazone* wurde viel diskutiert.[12] Michelangelo pries eine der Kopien als »die schönste Sache Roms«, und offenbar nahm er ihre ziemlich männliche Anatomie wie auch die etwas femininere Gestik als Vorbild für seinen berühmten *Sterbenden Sklaven* (Abb. 3.8), der ursprünglich für das Grabmal von Papst Julius II. bestimmt war. Aus der Geste, mit der Polyklets Bogenschützin ihren Pfeil zurücksteckt, wurden bei Michelangelo die Bemühungen des Sklaven, seine Ketten im Nacken zu lockern. Beibehalten hat er den Ausdruck von Erschöpfung, ja Entkräftung. Hier die Ermüdung der Siegreichen, dort die Ermattung des Besiegten – ein exzellentes *concetto*.

Polyklets Amazone ist einem breiteren Kontext von Frauendarstellungen zuzurechnen, vor allem jenen seines großen Zeitgenossen Praxiteles, dem Schöpfer der *Aphrodite von Knidos*. Die Koren – jene bereits erwähnten weiblichen Figuren der archaischen Periode – hatten mit ihrer kantigen Muskulatur eher wie ihr männlicher Gegenpart, die Kuroi, gewirkt.[13] Anders als die Männer wurden sie jedoch meist bekleidet dargestellt. Praxiteles' Aphrodite war in ihrer Nacktheit daher etwas völlig Neues – ein Manifest des weiblichen Körpers, »eine Figur, die in ihren Proportionen, ihrer Struktur, in Haltung und Ausdruck ganz und gar dazu bestimmt war, ein Ideal des weiblichen Prinzips zu illustrieren«, schreibt Robertson.[14] Leider sind die unzähligen Kopien von Praxiteles' Meisterwerk, der wohl berühmtesten Statue der Antike, alle etwas plump geraten. Doch ein entfernter Nachfahr, die *Kapitolinische Venus* (siehe Abb. 0.1), ist ja eine wunderbare Bestätigung für Robertsons Aussage.

Kanonische Zahlenmagie: Vitruv und die Renaissance

Will man dem kanonischen Prinzip gerecht werden, muß man allgemeine Beobachtungen in genaue Werte übertragen. Tabelle 3.1 gibt die Größe des polykletischen *Doryphoros* im Kopfmaß an. Ich greife nun ein wenig vor und füge Leonardos Interpretation dieser Statue sowie Michelangelos *David* (Abb. 3.6) hinzu. In bezug auf Rumpf und Beine herrscht allgemeine Übereinstimmung, doch bei der »Galenischen Symmetrie« – beispielsweise bei der Kommensurabilität von Arm und Hand – gibt es deutliche Unterschiede. Die Armlänge des neapolitanischen *Doryphoros* beträgt $2\frac{1}{2}$ Kopf, bei Leonardo ist sie $3\frac{1}{2}$, und *David* hat ausgesprochen große Hände, so lang wie seine Unterarme. Im Sinne Galens und Polyklets befindet sich nur Michelangelos Statue proportional im Einklang mit sich selbst. Nur bei ihr ergibt die Messung der natürlichen Körperunterteilungen im Verhältnis zum Kopf eine Reihe von ganzen Zahlen – 2:3:4:5:7. Noch besser wäre natürlich eine arithmetische Reihe, aber es fehlt die Sechs, die hier der Mitte des Schienbeins entspräche, also keiner natürlichen Unterteilung.

Bei den weiblichen Figuren (Tabelle 3.2) stimmt Polyklets Amazone in der Kopfmaßberechnung fast völlig mit dem *Doryphoros* (Tabelle 3.1) überein. Der Venus-Medici-Typ kommt wie der *David* beinahe auf eine reine Rationalzahlenreihe und ist mit knapp 8 Kopf von proportional höherem Wuchs. Die Schulterbreite entspricht etwas weniger als einem Viertel der Gesamtgröße, und Brustwarzen, Nabel und Scham befinden sich, ganz in polykletischer Tradition, exakt und absolut kanonisch an den Referenzstellen 2, 3 und 4 Kopf. Michelangelo ging noch weiter und verlängerte den Unterkörper seines *Sklaven* (Abb. 3.8) ebenso radikal wie bei seinem *David*, nur etwas anders proportioniert.

Man nimmt an, daß einige der Zahlenwerte aus Polyklets verlorenem Buch in Vitruvs *De architectura* übernommen wurden. Darin beschreibt er seinen *homo bene figuratus*, »wohlgeformten Menschen«, dem er die in Tabelle 3.3 dargestellten Proportionen verlieh.[15] Die Nenner der Brüche im ersten Abschnitt (sie sind in der von Vitruv gewählten Reihenfolge dargestellt) bilden die arithmetische Reihe 10:8:6:4. Andrew Stewart zeigt anhand verschiedener Quellen auf, daß der ursprüngliche polykletische Kanon zu vergleichbaren arithmetischen Reihen führte, nämlich zu 1:2:3:4, 1:3:5:7 und 2:4:6:8.[16] Das makellose Gesicht muß nach Vitruv in drei horizontale Drittel teilbar sein, wohingegen der Gesamtkörper in spezifische Viertel gegliedert werden kann: unterer Abschnitt ab Sohle, Unterarmlänge, Umfang oder Höhe des Brustkorbs und Entfernung von Brustkorbmitte bis Scheitel. Der Fuß und der Abstand von Kehle bis Scheitel sollen wiederum genau ein Sechstel der Gesamtkörpergröße messen. Der wohlgeformte männliche Körper muß also aus solchen kommensurablen oder »symmetrischen« Maßen bestehen – und diese beruhen, abgesehen vom Gesicht, auf den Zahlen 4, 6, 8 und 10.

Damit wird deutlich, was offenbar nicht alle erkannten, die sich mit Vitruvs polykletischen Maßen beschäftigt haben: Er stellt keinen Kanon auf, der die wichtigsten Referenzpunkte des Körpers im Verhältnis zur Gesamtgröße festlegt. Er

Tabelle 3.3

Körpermasse nach Vitruv

	Verhältnis zur Gesamtgrösse
Gesichtslänge	1/10
Handlänge	1/10
Kopfgröße	1/8
Kehle bis Haarwurzeln	1/6
Brustmitte bis Scheitel	1/4
Kinn bis Nasenwurzel	1/3
Nasenwurzel bis Augenbrauen	1/3
Augenbrauen bis Haaransatz	1/3
Unterarmlänge	1/4
Brustbreite	1/4
Fußlänge	1/6

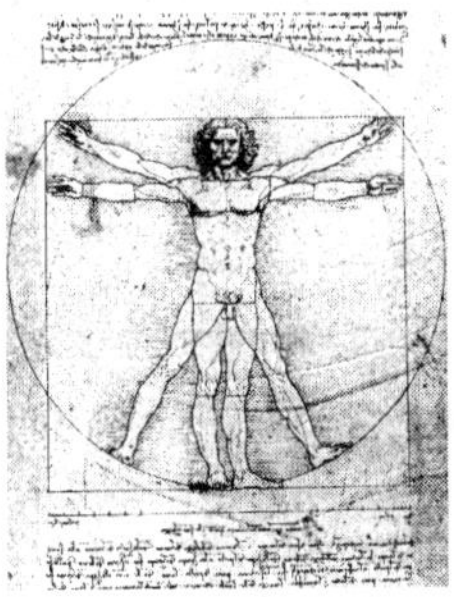

Abb. 3.9
Leonardo da Vinci: Kanon der Proportionen, um 1485 – 1490

schreibt nicht vor, wo Brustwarzen, Nabel, Scham und Knie sein sollten. Dergleichen läßt sich aus seinen Ausführungen nicht einmal erschließen. Zwar mögen seine Werte polykletisch sein, doch sind sie viel zu unvollständig, als daß man damit wirklich einen *homo bene figuratus* »konstruieren« könnte. Nicht zuletzt darum wurde ja auch weiterhin so intensiv nach einer genauen Regel gesucht – von Künstlern wie von Wissenschaftlern.

Auf Vitruvs Beschreibung des wohlgeformten Menschen folgt eine noch berühmtere Passage: Wenn man diese Figur liegend, mit angehobenen Armen und zu einem offenen Dreieck gespreizten Beinen darstelle, könne ein Kreis um die von Fingerspitzen und Füßen gebildete Peripherie gezogen werden. Der Nabel bilde den Kreismittelpunkt. Zeichne man nun die Beine wieder aneinanderliegend und die Arme horizontal gestreckt, lasse sich hingegen um die ausgestreckten Glieder und den Kopf ein Quadrat zeichnen (Abb. 3.9).[17]

Der erste, der sich in der Renaissance wieder ernsthaft mit dem Körperkanon beschäftigte, war meiner Kenntnis nach Leone Battista Alberti.[18] Er entwarf und konstruierte sogar Maschinen zur detaillierten Vermessung menschlicher Modelle. Seine Ergebnisse hat er um 1450 in dem Buch *De statua* niedergeschrieben, zu dem uns als Kopien auch zwei Originalillustrationen einer kanonischen Männerfigur überliefert sind (Abb. 3.10).[19] Diese Zeichnungen vermitteln uns sehr

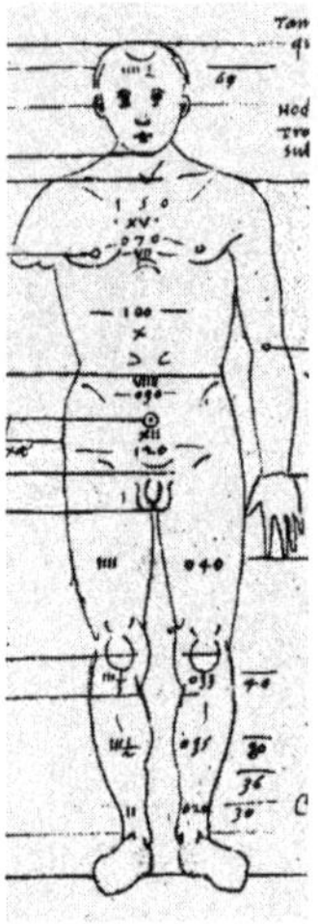

Abb. 3.10
Proportionierter Mann, Kopie aus Alberti, *De statua*. Das Originalmanuskript ist verschollen.

viel genauere Daten als Albertis Ausführungen selbst.[20] Anhand von Tabelle 3.4 lassen sich seine Vermessungen zu Vitruvs Brüchen und Leonardos Zeichnungen ins Verhältnis setzen. In Tabelle 3.5 werden die relevanten Werte beim *Doryphoros* und von Alberti verglichen.[21] Die deutlichste Differenz tritt beim Kopfmaß der Körpergröße auf. Bei Polyklet und Alberti beträgt es 7, bei Vitruv und Leonardo 8. Da eine Körpergröße von 8 Kopf in der frühen Renaissance äußerst selten war, zeigt diese Übereinstimmung wohl vor allem, wie stark sich Leonardo an Vitruv orientiert hat. Eine andere Abweichung ist der mit $^1/_4$ ausgesprochen breite Brustkorb bei Vitruv.

Polyklets *Doryphoros* und Albertis Zeichnung entsprechen sich in allen Abmessungen, auch in der Körpergröße (Tab. 3.5), nur bei Brustkorb, Kopf-Brust-Partie und Fußlänge gibt es geringe Unterschiede. Anders das Verhältnis zwischen dem Speerträger und Leonardos Kanon: Brustkorb, Brust-Scheitel-Distanz und Körpergröße weichen deutlich voneinander ab. Daher vermute ich, daß Vitruvs System eine ganz eigenständige Variante des Kanons ist, der im *Doryphoros* zum Ausdruck kommt.[22]

Trotz all dieser Abwandlungen fordert der polykletische Kanon, wie ich ihn definiere, eine strikte Einhaltung der Parameter, gestattet jedoch bei der relativen Körpergröße ein Maß von 7 wie von 8 Kopf.

Albrecht Dürer war fasziniert von diesem Kanon und seinen Vertretern und arbeitete wiederholt an der Darstellung eines ideal proportionierten Körpers. Zu diesen Werken wird allgemein seine *Nemesis*, besser bekannt unter dem Titel

Tabelle 3.4

Übereinstimmungen zwischen Vitruv, Alberti und Leonardo

	Verhältnis zur Gesamtgrösse		
	Vitruv	Alberti	Leonardo
Brustbreite	1/4	‹1/4	›1/4
Unterarm und Hand	1/4	1/4	1/4
Brust bis Scheitel	1/4	1/4	1/4
Fußlänge	1/6	1/6	›1/6
Kehle bis Scheitel	1/6	1/6	1/6
Kopfgröße	1/8	1/7	1/8
Handlänge	1/10	1/10	1/10
Gesichtslänge	1/10	1/10	1/10

Übereinstimmung ‹ kleiner als
grobe Übereinstimmung › größer als
keine Übereinstimmung

Tabelle 3.5

Übereinstimmungen zwischen *Doryphoros* und Alberti

	Verhältnis zur Gesamtgrösse	
	Doryphoros	Alberti
Brustbreite	1/5	‹1/4
Unterarm und Hand	1/4	1/4
Brust bis Scheitel	›1/4	1/4
Fußlänge	‹1/6	1/6
Kehle bis Scheitel	1/6	1/6
Kopfgröße	1/7	1/7
Handlänge	1/10	1/10
Gesichtslänge	1/10	1/10

Übereinstimmung ‹ kleiner als
grobe Übereinstimmung › größer als
keine Übereinstimmung

Abb. 3.11
Albrecht Dürer: Nemesis (Das große Glück), 1501 – 1503. Kupferstich

Abb. 3.12
Albrecht Dürer: Adam und Eva (A. & E.), 1504. Kupferstich

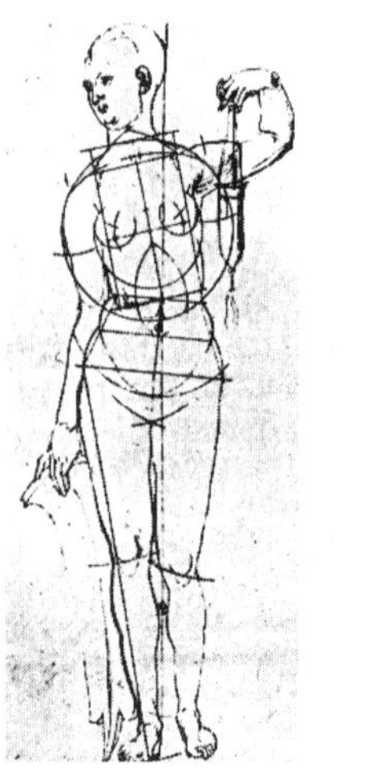

Abb. 3.13
Albrecht Dürer: Nackte Frau mit Schild (Proportionsfigur), um 1500. Zeichnung

Das große Glück (Abb. 3.11), gerechnet.[23] Doch die Maße dieser Figur harmonieren ganz und gar nicht (Tab. 3.6, Spalte 1). Bei dem Kupferstich *Adam und Eva* (Abb. 3.12) dagegen, etwa ein Jahr später entstanden, sind sie stimmig – beide Gestalten entsprechen exakt den Werten von Michelangelos *Sterbendem Sklaven* (Tab. 3.2, Spalte 4).

Dürer war jedoch nicht nur an Kopfmaßberechnungen und vitruvischen Brüchen interessiert. Er legte auch die Achsen von Rumpf, Becken und Beinen fest, indem er die entsprechenden Körperteile aus geometrischen Figuren, meist Trapezen entwickelte. Manchmal überlappen sich diese Figuren. Beispielsweise zeichnete er aus einem großen Kreis einen Frauenoberkörper (Abb. 3.13), während Brüste und Bauch aus den Bögen kleinerer Kreise gebildet sind. Die wichtigsten Referenzpunkte wurden mit einem Zirkel ermittelt, wie bei architektonischen und technischen Zeichnungen in der Renaissance üblich. Panofsky betont, daß Dürers System zwar polykletisch war, sich aber offenbar auch an mittelalterlichen Zeichnern wie Villard de Honnecourt orientierte.[24] Allerdings ist die Symmetrie der Antike und Renaissance bei Honnecourt nicht zu finden.

In anderen Skizzen unterteilte Dürer den Körper mit horizontalen Linien in Abschnitte, wie sie auch in Leonardos Polyklet-Zeichnung zu erkennen sind, jedoch ohne klare Markierung. Die für Michelangelo so typische Sequenz 2:3:4:6:8 mißt man auch bei Dürer häufig, doch sklavisch hielt er sich nicht daran. Für seine geplante Abhandlung über die menschlichen Proportionen entwarf er beispielsweise einige Figuren von $7^1/_2$ Kopf Körpergröße. Die Gesichter aber entsprechen normalerweise einem Zehntel der Körpergröße, die Schulterbreite einem Viertel.

Tabelle 3.6

Drei Kanons nach Dürer

	Nemesis	Adam	Eva	Frau	Mann
Brustwarzen	1 3/4	2	2	2	2
Nabel	2 3/4	3	3	3	3 1/4
Scham	3 1/2	4	4	4	4
Knie	5	6	6	6	6
Ferse	7	8	8	8	8 1/2
		Integralkanon			

Der Mailänder Neuplatoniker und Maler Gian Paolo Lomazzo, ein Schüler Leonardos, stellte in seinen Abhandlungen ziemlich gewagte Spekulationen über Körpermaße an.[25] Unglücklicherweise erblindete Lomazzo, noch während er seine Illustrationen vorbereitete, und so stecken seine Formeln voller Fehler. Doch es gelang ihm, faszinierende Zusammenhänge zwischen menschlichen Proportionen und musikalischen Intervallen herzustellen. Darüber hinaus beschäftigte er sich mit der Frage, wie Geschlecht, Temperament und Astrologie sich auf die Konstitution eines Menschen auswirken. Lomazzo war meines Wissens der erste Kunsttheoretiker, der solche Überlegungen anstellte und verschiedene menschliche Phänotypen dem Einfluß von Sternen, Göttern, Temperamenten und anderen Faktoren zuordnete. Demnach stehen Mars, Jupiter, Venus, der Mond et cetera für ganz charakteristische Körpertypen: Den martialischen oder dem Mars zugeordneten Typus stellte er sich beispielsweise ausgesprochen schlaksig vor, mit einer dem 10fachen Gesichtsmaß entsprechenden Gesamtgröße.

Ausführlich hat Lomazzo auch den weiblichen Körper beschrieben. Als Standardgröße nennt er 10 Gesichtslängen, 10 Kopf-, 9 Gesichts-, 9 Kopf- oder 7 Kopflängen. Die schönste unter diesen Varianten sei das 10fache Gesichtsmaß. Ehrfurchtgebietende Frauentypen wie Matronen, Jägerinnen und Amazonen sollten einen im Verhältnis größeren Kopf, also einen insgesamt kürzer proportionierten Körper erhalten. Lomazzo stellt einen Zusammenhang zwischen bestimmten weiblichen Körpertypen und architektonischen Elementen her, die ja schon immer Analogien zum Menschen, vor allem zu Frauen, hervorgerufen haben. Auch wenn er selbst kein Diagramm (»Affinitätstabelle« im Jargon der Neuplatoniker)

Tabelle 3.7

KÖPERMASSE NACH LOMAZZO, VERBUNDEN MIT VERSCHIEDENEN GOTTHEITEN, TEMPERAMENTEN, SÄULEN UND CHARAKTEREN

GRÖSSE	GOTTHEIT	TEMPERAMENT	SÄULE	CHARAKTER
10 Gesichtslängen				
10 Kopf	Venus	freundlich	korinthisch	Mädchen
9 Gesichtslängen	Juno, Jungfrau Maria	ernst	ionisch	Königin
9 Kopf	Minerva, Diana	wild	dorisch	Amazone
7 Gesichtslängen	Vesta			Mutter Erde

entwickelte, bietet sein Text genügend Anhaltspunkte, um die magischen Verbindungen zwischen weiblicher Statur, Temperament, Gottheit und Charaktertyp zu systematisieren (Tab. 3.7). Nur auf den schönsten Körper, den mit 10facher Gesichtslänge, geht er nicht näher ein.

Übrigens stellte Lomazzo eine These auf, die in ähnlicher Form noch andere nach ihm vertreten haben: daß nämlich Künstler immer die planetarischen Typen wiedergeben, die ihrem eigenen Körperbau und Temperament entsprechen. Lediglich Michelangelo habe diese Schwäche überwunden, wohingegen Raphael ständig Variationen seines eigenen Körpers von 9 Kopf Größe darstellte, ebenso Leonardo, ein 8 Kopf großer Sonnentyp. (Vielleicht hat er deshalb Vitruvs 8-Kopf-Formel angenommen?) Mantegna habe, so Lomazzo weiter, nach seinem eigenen Vorbild meist merkurische Körper geschaffen, und bei Tizian sei es der Mondtypus gewesen, beide 9 Kopf groß. Doch all diese Messungen erweisen sich als falsch, wenn man sie an den Arbeiten der genannten Künstler überprüft. Ohnehin sind Lomazzos Maße recht ungenau, denn er setzte keine Referenzpunkte für seine Kopf- und Gesichtsmaße fest. Wollte man beispielsweise nach seinem System eine Venus von 10 Kopf Körpergröße zeichnen, hätte man nicht die geringste Ahnung, wo Brustwarzen, Nabel, Scham und Knie plaziert werden müßten.

Jedem Körpertyp ordnete Lomazzo ein bestimmtes Temperament zu (wie später auch Kretschmer und Sheldon; siehe Kapitel 5). Menschen mit einem martialischen Körper seien zum Beispiel ungestüm, cholerisch, grausam, kriegslüstern, streitsüchtig, dreist, unbesonnen, mit einem Wort: ein Ärgernis. Physiologisch sei das durchaus logisch, so Lomazzo, da sie lange Knochen hätten, die von vergleichsweise wenig Fleisch ummantelt seien. Viel Fleisch aber dämpfe den Ärger, da dieser in den Knochen sitze. Den Künstlern schlug er vor, martialische Menschen mit geblähten Nasenflügeln, aufgerissenem Mund und geweiteten Augen darzustellen – buchstäblich so, als ließen sie Dampf ab. Sein Zuordnungssystem der Temperamente wandte Lomazzo nicht nur auf Menschen, sondern auch auf über- und unterirdische Wesen wie Engel, Dämonen und Götter an.

Zahlreiche andere Forscher haben sich ebenfalls mit den Proportionen der Idealfigur beschäftigt. Die gleichen Zahlentabellen und manchmal sogar die gleichen phantastischen Querverbindungen zu den Planeten, den vier Elementen und den vier Temperamenten tauchten vom sechzehnten bis Ende des neunzehnten Jahrhunderts in den Arbeiten von Lorenzo Ghiberti, Petrus Bungus, Vincenzo Danti, Carel van Mander, Gérard Audran, Gérard de Lairesse, Gottfried Schadow und vielen anderen Künstlern und Schriftstellern auf. Die meisten Maßangaben blieben relativ konstant. Das polykletische Ideal wurde weiterentwickelt, aber nicht ersetzt.[26] Einen eher kuriosen Beitrag zu dieser Lehre leistete der schottische Schriftsteller David Hay, Autor mehrerer Bücher über die Proportionen des Menschen. In *The Natural Principles of Beauty in the Human Figure* (1852)[27] analysierte er den weiblichen Körper, indem er ihn in ein dichtes Netz aus Achsen und Ellipsen hüllte und dann in beispielloser Detailliertheit seine geometrische Schönheit herausarbeitete (Abb. 3.14).

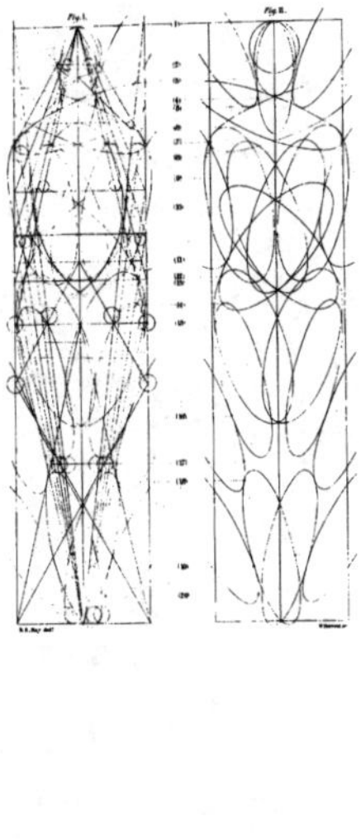

Abb. 3.14
David D. R. Hay:
Ideale Frauenfigur. Illustration aus *The Natural Principles of Beauty in the Human Figure*, 1852

William Wetmore Story und Salomos Siegel

Überraschend veröffentlichte der amerikanische Bildhauer William Wetmore Story 1864 ein interessantes Kompendium der vielen vorangegangenen Versuche, Körpermaße zu reglementieren: sein Handbuch *The Proportions of the Human Figure, According to a New Canon*.[28] Bei diesem »neuen Kanon« ging es allerdings nicht um neue Formen oder Proportionen, sondern vielmehr um eine neue geometrische Konstruktionsweise des traditionellen polykletischen Körperbaus. Ganz im Geiste Lomazzos und anderer Neuplatoniker glaubte Story, daß die Formeln seines Systems a priori mathematische Verhältniswerte und mystische Prinzipien enthielten.

Der Autor schreibt: »Hier wird ein neues System vorgeschlagen, mit dem alle Teilmengen ohne Bezug zu der Figur selbst exakt ermittelt und bestimmt werden können.«[29] Storys Hauptquellen waren Alberti, Dürer und Lavater,[30] deren Formeln er zu vergleichenden, geringfügig voneinander abweichenden Tabellen umformte. (So wie Künstler Proportionen und Posen voneinander abschauten, schrieben Anthropometriker voneinander Tabellen ab.) Wie schon Hunderte andere vor ihm vermaß auch Story den Belvedere-Apollo, den riesigen Antinoos im Vatikan, die Venus Medici und die Venus von Milo. Dabei kam er zu dem Ergebnis, daß sie unisono mit seinem »neuen Kanon« übereinstimmten.

Storys Werk enthält drei Tafeln, zwei zum männlichen und eine zum weiblichen Körper (Abb. 3.15, 3.16., 3.17). Sie zeigen, wie sein Schema – das sich auf frühere stützt und sich daher auch aus den alten, auf den Maßen einzelner Körperteile

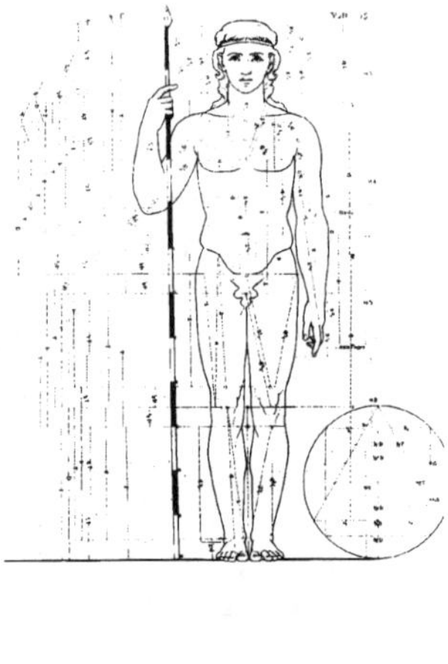

Abb. 3.15
William Wetmore Story:
Männliche Figur. Illustration aus
The Proportions of the Human Figure, 1864

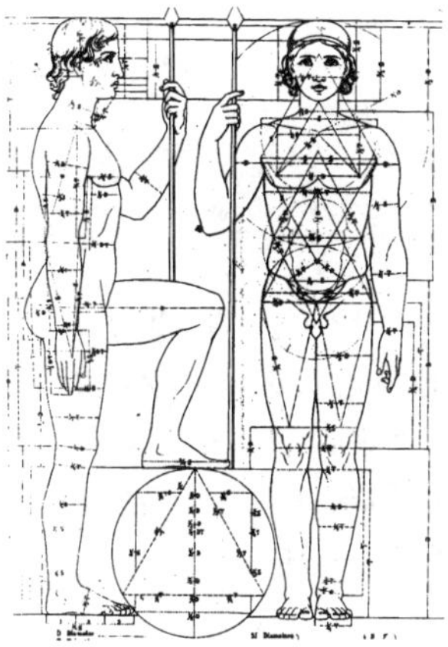

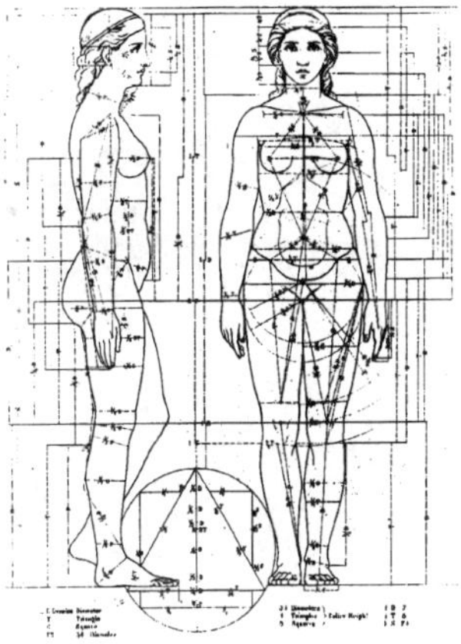

Abb. 3.16
William Wetmore Story: Zweite männliche Figur. Illustration aus *The Proportions of the Human Figure*, 1864

Abb. 3.17
William Wetmore Story: Frauenfigur. Illustration aus *The Proportions of the Human Figure*, 1864

(Kopf, Hand, Fuß, Daumen) basierenden Brüchen ableitet – auf ein einziges geometrisches Gebilde reduziert werden kann: auf einen Kreis, in den ein Quadrat und ein gleichseitiges Dreieck eingezeichnet sind. Das ist natürlich nichts anderes als Vitruvs Kreis und Quadrat unter Hinzufügung eines Dreiecks. Bereits bei Leonardo war ein solches Dreieck zwischen den gespreizten Beinen der Figur angelegt (er erwähnte es zwar im Text, zeichnete es jedoch nicht ein). Story kehrt nun die traditionelle Vorstellung um. Bei ihm heißt es nicht: Aus dem Menschen ergeben sich Quadrat und Kreis, sondern: Quadrat und Kreis (plus Dreieck) ergeben den Menschen. Ergo hat sich Story hier auf Dürers Seite geschlagen.

Aber das ist noch nicht alles. Story vergleicht das Diagramm eines in einen Kreis eingezeichneten, gleichseitigen Dreiecks mit Salomos Siegel. Addiert man, so Story, den Kreisdurchmesser zu Salomos Siegel und der sich aus dem äußeren Quadrat ergebenden Zahl, erhält man eine Konstruktion, die dem unerreichba-

Tabelle 3.8

Körpermasse nach Story

	Männliche Figur	Zweite männliche Figur	Frauenfigur
Brustmuskeln	2	2	2
Nabel	3	3	3
Scham	4	4	4
Knie	6 1/2	6	6
Ferse	7 1/2	8	8
		Integralkanon	

ren mathematischen Ziel der Quadratur des Kreises am nächsten kommt.[31] Er zählt die mystischen Eigenschaften auf, die dem Quadrat in der pythagoräischen und biblischen Symbolik zugeschrieben werden, und erklärt, weshalb es das Wesen aller Dinge sei, wieso es Anzahl und Symbolik der Cherubim im Tempel von Jerusalem verkörpere und vieles mehr. Storys Ideen finden sich durchaus auch in jüngeren Phänomenen wieder, beispielsweise in jenem Zahlenmystizismus, welcher Le Corbusiers Proportionssystem, dem »Modulor«, zugrunde liegt, oder in den geometrischen Vorstellungen frühmoderner Avantgardegruppen wie der Section d'Or.

Storys männliche Figur (Abb. 3.14), $7^1/_2$ Kopf hoch, entspricht weitgehend den Werten in Tabelle 3.4. Das salomonische Kreis-Dreieck-Quadrat taucht in jeder von Storys Tafeln auf. Daraus abgeleitet werden die Werte D (Kreisdurchmesser), T (Seitenlänge des gleichseitigen Dreiecks) und S (Kantenlänge des Quadrats). Die Körpergröße beträgt entweder $3^1/_2$ D, 4 T oder 5 S. Diese drei Strecken werden dann als Netz über den gesamten Körper gelegt – beispielsweise von der Penisspitze zur Kniescheibe, von der Mitte der Kniescheibe zur Peniswurzel, von der Peniswurzel zum Schlüsselbein et cetera –, wobei sie immer an den Referenzpunkten beginnen und enden. Oft verlaufen die Strecken entlang den Schrägachsen, zum Beispiel vom Boden über die Kniescheibe zum inneren Sprungbein (eine Strecke von $^3/_5$ D). Die zahlreichen vertikalen Achsen zur Linken der Figur, gemessen von einem Punkt des Körpers zum anderen, ergeben alle rationale Zahlenreihen von D, T und S oder deren Brüchen, welche grundsätzlich $^3/_5$, $^1/_2$ oder $^1/_4$ betragen.

Die zweite männliche Figur, dargestellt in der Vorderansicht und im Profil, illustriert zwei weitere Prinzipien. Bei der Profilzeichnung geht es vor allem um die Stärke der einzelnen Körperteile (um Durchmesser, nicht um Volumen oder Umfang). Für das Bein gibt es sogar acht Stärkenberechnungen, für den Arm vier. Und wieder werden diese Strecken als Brüche von D, T oder S dargestellt, alle abgeleitet von Salomos Siegel.

Der Vorderansicht liegen dieselben kanonischen Maßeinheiten zugrunde, arrangiert als ein Netz sich überschneidender Dreiecke. Manche davon sind gleichseitig wie das Originaldreieck des Siegels, beispielsweise zwischen Brustwarzen und Kinn. Andere bilden unterschiedliche rautenförmige Muster. Aber alle überschneiden sich an den Referenzpunkten.

Die weibliche Figur (Abb. 3.16) hat Story auf vergleichbare Weise berechnet. Wie die zweite Männergestalt ist auch sie 8 Kopf groß. Doch ihre Schulterbreite entspricht $^2/_9$ ihrer Gesamtgröße, ihre Hüften $^4/_9$, wodurch sich ihr Körperbau deutlich von den anderen hier besprochenen unterscheidet.

Aus Storys System ergeben sich mehr rationale Werte als aus den von ihm analysierten Zahlenreihen der Antike. Die weibliche Seitenansicht liefert beispielsweise Maße für das Profil als auch für die Stärke der Gliedmaßen – natürlich alle wieder in D, T und S und den erlaubten Brüchen berechnet. Die Vorderansicht ist, ähnlich wie die der männlichen Figur, von geometrischen Formen à la Dürer überzogen. Allerdings dominiert hier der Kreis an Stelle des Dreiecks – wieder wie bei Dürer. Story markiert den ganzen weiblichen Körper mit Kreisen und Halbkreisen, die um die Körpermitte einen Rahmen bilden, wobei sie sich in überlappenden kleineren Kreisen um die Schamregion konzentrieren, entsprechend den Rhomben bei der männlichen Figur. Die kanonische Zahlenkunde führt auch hier wieder zu einer Reihe von Geschlechtsspezifika: zu typisch männlichen und typisch weiblichen Zahlenwerten und geometrischen Formen.

Polyklet und Praxiteles haben einen Körperkanon erschaffen, der über Jahrtausende beibehalten wurde. Während sich das Mittelalter von diesen Idealen entfernte, wurden sie in der Renaissance wieder aufgegriffen und weiterentwickelt. Bis heute wird mit den Proportionen des *Doryphoros*, der *Amazone* und der von Praxiteles erschaffenen *Aphrodite von Knidos* gearbeitet. Sie spiegeln sich in der Kunst, aber natürlich auch im Leben, denn meiner Meinung nach wurden zunehmend Menschen aus Fleisch und Blut, Helden und Heldinnen, Ehemänner und Ehefrauen, anhand dieser kanonischen Prototypen ausgewählt. Nicht nur die *Idee*, daß Körperformen mathematisch berechenbar sind, sondern auch die allgemeingültigen Zahlen, Proportionen und Vergleichswerte, die sich daraus ergaben, wurden zum Schlüssel der Körperkanons.

Noch heute, ein Jahrhundert nachdem die Moderne die polykletische Tradition über Bord geworfen hat, wird jeder, der einen Malkurs besucht, in »Körpersymmetrie« unterrichtet – er lernt, Körpermaße in Kopf, Hand, Unterarm et cetera zu berechnen, diese Formeln anhand eines lebenden Modells umzusetzen und die natürlichen Proportionen sogar zu »korrigieren«, wenn sie nicht den Normen entsprechen.

Um noch einmal auf den Beginn dieses Kapitels zurückzukommen: Es wäre interessant, von der Wissenschaft zu erfahren, ob die extremen Körperformen der prähistorischen Kunst in irgendeiner Weise auf die Proportionen der Menschen zur Zeit ihrer Schöpfung zurückzuführen sind. Denn nur so könnte man feststellen, ob Kunst und Leben einander beeinflußt haben, ob sich der Mensch während der »polykletischen« Periode dem Kanon angeglichen oder untergeordnet hat. Jedenfalls entsprach die überwältigende Mehrheit der Somatotypen, die Sheldon und seine Anhänger noch bis 1992 klassifiziert haben (siehe Kapitel 5), diesem Ideal.

Arier und Semiten

4

Mit William Wetmore Story sind wir in das Zeitalter der modernen Bioanthropologie eingetreten. Diese Wissenschaft befaßt sich im Gegensatz zu den polykletischen Formeln mit der gesamten Bandbreite menschlicher Erscheinungsformen, sie erforscht den menschlichen Körper in all seinen Varianten. Trotz dieser Verpflichtung zur Objektivität gaben die Bioanthropologen kanonischen Formen den Vorzug. Oft wiesen sie verschiedenen Körpertypen bestimmte Temperamente oder sogar magische Eigenschaften zu und traten damit, wenn auch vielleicht nur unbewußt, in Lomazzos Fußstapfen.

Der Arierkult

Diese noch immer gültigen Präferenzen haben mehrere Ursprünge. Einer der wichtigsten war der Kult des Ariertums, besonders in seiner zwischen 1845 und 1945 gepredigten und praktizierten Form. Er stellte nicht nur Parameter für den Idealkörper und das Idealgesicht auf, er setzte sich auch mit sehr viel mehr Nachdruck als jede Theorie der Renaissance oder des Barock dafür ein, diese Ideale zum Reproduktionsziel zu erheben. In diesem Kapitel soll es vor allem um den Arierkult im viktorianischen England gehen; hier nahm er zuerst künstlerische Formen an, und hier entstanden auch die Reproduktionsvorbilder, die später in der NS-Kunst Verbreitung finden sollten.

Bevor Houston Stewart Chamberlain und sein geistiger Protegé Hitler das »Arische« zur Parole des weltanschaulichen Rassismus erhoben, hatte der Begriff »Arier« ganz unterschiedliche Bedeutungen.[1] Im Sanskrit heißt arya »edel« und ist in erster Linie der alte hinduistische Name einer noch heute in Nordindien lebenden Bevölkerungsgruppe. Von kleinem Wuchs und dunkler Hautfarbe, entsprechen diese Arier – oder *Arya*, wie sie genannt werden – ganz und gar nicht dem nordischen Ideal der Nationalsozialisten.[2] Der Begriff »arisch« wurde auch auf jene Sprachen angewandt, die man heute als indo-europäisch bezeichnet. Man ging davon aus, daß alle wichtigen eurasischen Sprachen beziehungsweise Sprachgruppen – Sanskrit, Persisch, Griechisch, Lateinisch, die slawischen, keltischen, germanischen und romanischen Sprachen –, also so gut wie jede in Europa gesprochene Sprache mit Ausnahme des Ungarischen, Baskischen und Finnischen, von der ursprünglichen, inzwischen ausgestorbenen arischen Sprache abgeleitet waren, die vor Jahrtausenden von den Arya Nordindiens gesprochen wurde.

Die Rassentheoretiker des neunzehnten Jahrhunderts glaubten, daß im zweiten Jahrtausend v. Chr. eine wilde Horde von der Schwarzmeerküste aus durch Mesopotamien und Kleinasien gezogen und um 1500 v. Chr. schließlich in Indien eingefallen sei. Mit seinen Streitwagen sei dieses hochgewachsene, blonde und zähe Nomadenvolk über die Bergpässe gejagt und über die unglücklichen Bauern in den Tälern hergefallen. Die unterworfenen Kulturen habe es teils vernichtet und teils absorbiert, wie fast alle Eroberer es tun. Ein Loblied auf diese Urarier und ihre Lebensweise findet sich in der Weda, der heiligen Schrift des Hinduismus, deren erste Version aus dem ersten Jahrtausend v. Chr. stammt.[3] Beschrieben wird eine Gesellschaft, deren Kriegerklasse sich durch überlegenen Körperbau auszeichnete und auf Jagd und Eroberung spezialisiert war, während Ackerbau und Knechtschaft den Nichtariern unter ihnen überlassen blieb. Nachdem sie einen großen Teil Indiens erobert hatten, drangen diese wedischen Arier auch in fast alle europäischen Volksstämme ein. Die Forscher des neunzehnten Jahrhunderts waren überzeugt, daß diese Klasse oder Rasse – eine omnipräsente Rasse innerhalb anderer Rassen – nahezu alle großen Helden hervorgebracht und die meisten herausragenden Ereignisse in der europäischen Geschichte herbeigeführt habe. Die ethnologische Grundaussage der Ariertheorie lautet also: Es gibt unter uns eine Heldenrasse, die an bestimmten physischen Schlüsseleigenschaften zu erkennen ist.

Zu den frühesten Schriften des Arierkults gehören die Texte von Joseph Arthur Comte de Gobineau. In seinem *Versuch über die Ungleichheit der Menschenrassen* (1854; das französische Original erschien 1853) leitet er das Wort »Arier« vom griechischen »Archaia« und lat. »Argivi« her, verbindet es aber auch mit dem deutschen Begriff »Ehre«. Nach seiner Theorie hatten alle dunkelhäutigen oder dunkelhaarigen Rassen blonde, hellhäutige Götter, womit er es als bewiesen ansah, daß minderwertige Körpertypen durchweg die Überlegenheit von Ariern anerkannten. Die Götter des Olymps waren für ihn wie alle Gestalten der griechischen Mythologie vorzügliche Prototypen der arischen Rasse. Das aber traf letztlich auf alle Götterwesen zu. Denn welcher Mythologie sie auch angehören mochten: Die ihnen zugeschriebenen Wundertaten waren nichts weiter als Ausdruck der Überlegenheit einer einzigartigen arischen Rasse, die stets die europäische Geschichte bestimmt habe.[4]

Ein anderer früher Propagandist solcher Ideen war der deutsche Historiker Ernst Curtius.[5] Ihm zufolge waren die Arier außerhalb Indiens zuerst in Griechenland in

Erscheinung getreten, ja die griechische Kultur habe überhaupt erst zur Blüte kommen können, nachdem sich die Heldenrasse mit den minderwertigen Ureinwohnern vermischt habe. Die so entstandenen arisch-balkanischen Völker nannten sich dann nach ihrem legendären Stammesvater Hellen »Hellenen«, welche Curtius mit beinahe Nietzscheanischen Begriffen beschwört: »Hellen und seine Söhne geben Anstoß und Bewegung, mit ihrem Kommen beginnt die Geschichte.« Diese Hellenen setzten nun ihren Eroberungszug fort. Sie »gingen den Landweg durch das alte Völkerthor des Hellesponts; sie zogen durch Thracien in das nordgriechische Alpenland und bildeten dort in Bergcantonen ... ihr eigenthümliches Gemeindeleben aus ... unter dem [neuen] Namen Dorier.« Inbesitznahme von Land, Herrschaft über minderwertige Völker mit dem Recht der Eroberer und die ständige Änderung ihres eigenen Namens scheinen zu den charakteristischsten Merkmalen der Arier zu gehören.

Ihr größter Schatz aber war ihre Sprache – mittlerweile das Griechische: »Die gesamte Sprache gleicht dem Leibe eines kunstmäßig durchgeübten Ringers, an dem jeder Muskel, jede Sehne zu vollem Dienste ausgebildet ist; nirgends Schwulst und träge Masse. Alles Kraft und Leben.«[6] In den Menschen, die durch diese Sprache geprägt wurden, in ihren Körpern und Gesichtern entdeckte Curtius Meisterwerke der biologischen Reproduktion, bestätigt vor allem durch die bildende Kunst:

»Apollon und Hermes, Achill und Theseus, wie sie in Stein oder Farbenzeichnung uns vor Augen stehen, sind doch nur verklärte Griechen und die edle Harmonie ihrer Glieder, die milden und einfachen Linien des Gesichts, das grosse Auge, die kurze Stirn, die gerade Nase, der feine Mund gehörten dem Volke an und waren die natürlichen Kennzeichen desselben. Das Massvolle ist ein Hauptcharakter auch ihrer körperlichen Natur. Die Grösse überschritt selten das richtige Mittel. Ebenso selten waren zu fleischige und zu fette Körper. Sie waren freier als andere Geschlechter der Sterblichen von dem, was die geistige Bewegung hemmt und belastet. Sie theilten mit den glücklich wohnenden Völkern des Südens die manigfaltige Gunst des Klimas, die frühe und gefahrlosere Entwickelung des Körpers, den leichteren Übergang von der Kindheit zur Mannesreife. Die Nähe der Natur, der sie sich ungestörter und vertraulicher hingeben konnten als die Kinder des Nordens, das freiere Leben in der Luft und Sonnenlicht machten ihre Lungen gesünder und kräftiger, die Glieder elastischer, die Muskeln geübter, der ganze Organismus gelangte zu einem freieren Gedeihen.«[7]

Um dieses Übermaß an physischer Schönheit zu bewahren, mußte man zu biologischen Maßnahmen greifen. Wer unter den Hellenen als Krüppel geboren wurde, hatte laut Curtius alle ererbten Titel und Ehrenrechte aufzugeben. Der wahre arische Geist, die unvergleichliche Persönlichkeit eines Ariers konnten nur in einem edlen Körper wohnen. (Der blinde Homer, der plumpe Sokrates und Perikles mit seinem deformierten Schädel[8] müssen wohl Ausnahmen gewesen sein. Curtius erwähnt sie jedenfalls mit keinem Wort.) Daher war Häßlichkeit im antiken Griechenland ebenso selten wie andernorts Schönheit.[9] Vor Curtius hatte ja schon ein anderer die Wohlgestalt des hellenischen Körpers in überschwenglichen Worten gepriesen. Gemeint ist Lessings Laokoon-Zitat, das ich dem ersten Kapitel voranstellte: »Erzeugten schöne Menschen schöne Bildsäulen, so wirkten diese hinwiederum auf jene zurück, und der Staat hatte schönen Bildsäulen schöne Menschen mit zu verdanken.«[10]

Nach Curtius' Definition waren die Arier also keine Rasse im heutigen Sinn, denn sie wiesen keine statistisch bedeutsamen Übereinstimmungen bei Haar, Augenfarbe, Hautfarbe, Körpertyp, Blutgruppe et cetera auf. Arier konnten von jeder Farbe und Gestalt sein: untersetzt und dunkelhäutig wie die indischen Arya, von mittlerer Größe wie Curtius' Hellenen oder hochgewachsen wie Gobineaus Arier. Die »Alpiniden« Perikles und Karl der Große, die »Italiker« oder »Mediterraniden« Cäsar, Lorenzo de' Medici und Napoleon – laut Sir Frederick Leighton, dem Maler und Rassentheoretiker, waren sie allesamt Arier.[11] Wie um das Ganze noch zu komplizieren, wurden sogar biblische Gestalten dazu gerechnet, sofern sie von wahrhaft heroischer Statur waren – beispielsweise Moses. Gobineau behauptete, afrikanische Arier in Kamerun entdeckt zu haben.[12] Der Begriff »arisch« umfaßte also ursprünglich eine ganze Bandbreite ethnologischer Varianten, die sich in vieler Hinsicht mit den Begriffen »indo-europäisch« und «hellenisch« überschnitten. Gobineau schreibt:

»Um davon vollkommen überzeugt zu sein, genügt es, die mannigfaltigen über den Erdball verstreuten Typen zu vergleichen; dann sieht man, daß von dem gewissermaassen rudimentären Bau und Gesicht des Australnegers und Petscherähs [Petschenegen? Ein nomadisches Turkvolk im südrussischen Steppengebiet] bis zu dem hohen Wuchs und edlen Ebenmaaß Karls des Großen, bis zu der geistvollen Regelmäßigkeit der Züge Napoleons, bis zu der Ehrfurcht gebietenden Hoheit, die in dem königlichen Antlitze Ludwigs XIV. lebt, eine Stufenreihe vorliegt, nach welcher die Völker, die nicht vom Blute der Weißen sind, sich der Schönheit wohl nähern, sie aber nicht erreichen.«[13]

Man muß sich bewußt machen, daß Gobineau solche Schlußfolgerungen letztlich nur aus der Kunst ziehen konnte. Im übrigen fand er, daß die zweitschönsten Menschen nach reinrassig Weißen solche mit schwarzen Vätern und weißen Müttern seien. Deren Schönheit sei um ein Vielfaches edler als die der weiß-asiatischen Russen und Ungarn. Kein Slawe könne je die Schönheit eines Radschputen erreichen. Doch sogar bei den arischen Europäern stellte er deutliche Unterschiede fest. So seien Italiener schöner als Deutsche, Schweizer, Franzosen und Spanier, und englische Körper fand er allenfalls den minderwertigen nichtarischen Slawen überlegen.

Die unterste Kategorie aber bildete die semitische – und die war groß. Denn für Gobineau zählten dazu fast alle europäischen Kulturen: die Thraker, die griechischen Kolonien, Gallier, Italiker, Etrusker, die Ureinwohner Roms. Dennoch war er der Meinung, daß sich die »abendländische Kultur« aus den Slawen und »deutschen Ariern« gebildet habe, die in Rom eingefallen waren und sich mit der einheimischen semitischen Bevölkerung vermischt hatten. Die Spanier sah er als eine Mischung aus Semiten und Schwarzafrikanern (*mélanienne)* an, was auch die große Affinität zwischen den spanischen Eroberern und den amerikanischen Ureinwohnern erkläre, deren Herkunft Gobineau, wie so viele andere, von afrikanischen Rassen ableitete.

Mit Gobineaus Vorstellungen deckt sich Leightons Theorie vom Gegensatz zwischen arischer und semitischer Kunst, über die wir noch sprechen werden. Doch für das viktorianische England war Friedrich Max Müller, ein aus Dessau gebürtiger Sprachwissenschaftler in Oxford, von noch größerer Bedeutung.[14] Müller hatte eine Reihe von populärwissenschaftlichen Büchern über die arische Sprache und ihren indischen Kontext verfaßt, und obwohl er jeglichen anthropologischen Aspekt des Arierkults bestritt, wurde er von Verfechtern des Arierkults wie Thomas Carlyle und dessen Schüler James A. Froude ständig als Autorität zitiert.[15] Unter Müllers Ägide wurde eine Reihe von Sanskrit-Texten übersetzt, um die Zeitgenossen mit dem arischen Gedankengut vertraut zu machen.[16] Darin spiegelten sich zwar tatsächlich gewisse Charakteristika der viktorianischen Gesellschaft, allerdings in einem etwas seltsamen Licht. Das arische Gesetz befaßt sich beispielsweise vor allem mit dem komplizierten Prozeß, dem sich ein Erwählter unterziehen muß, um zu höchster Reife zu gelangen. Und ausschließlich im Dienste dieses Prozesses verrichteten Angehörige niederer Kasten – Abhisastas, Sudras et cetera – die Knechtsarbeiten in der Gesellschaft.[17] Der arische Held muß sich in jedem Stadium seines Lebens schweren Läuterungsprüfungen unterziehen, um auf eine höhere gesellschaftliche Stellung in einer späteren Inkarnation hoffen zu können. Die höchste Erfüllung war »die Geburt in eine vornehme Familie, eine schöne Gestalt, ein schöner Teint, Kraft, Lernfähigkeit, Weisheit, Wohlstand und die Gabe, den Gesetzen seiner Kaste zu entsprechen«.[18] Kleidung und persönliche Reinlichkeit waren dabei von enormer Bedeutung. Nach vielen aufeinanderfolgenden (man möchte fast sagen »evolutionären«) Inkarnationen findet schließlich die Wiedergeburt als wahrer Arya statt. Die Parallelen zum Klassensystem im viktorianischen England und in anderen europäischen Ländern liegen auf der Hand. Francis Galtons Mehrklassenanalyse der britischen Gesellschaft sollte noch weitere Ähnlichkeiten zutage fördern. Doch ein entscheidender Unterschied war nicht wegzudefinieren: Im englischen ›Kastenwesen‹ gab es keine Reinkarnation und daher auch keine postumen Aufstiegsmöglichkeiten.

Der wahrscheinlich vehementeste britische Verfechter des arischen Ideals umging den Begriff »Arier« und sprach lieber von Indoeuropäern oder wie Curtius von Hellenen. Ich meine Matthew Arnold und sein Werk *Culture and Anarchy* (1869) mit dem berühmten Kapitel »Hellenismus und Hebraismus«. Unter Hellenismus versteht Arnold alles Schöne, Künstlerische, Vernünftige und Apollonische, vor allem aber Wahrheitssuchende. Aber auch sein Hebraismus ist nicht gerade negativ: geprägt von der Stimme des Gewissens, von Pflichterfüllung und Gottesfurcht. »Es ist die vorherrschende Idee des Hellenismus«, so Arnold, »die Dinge so zu sehen, wie sie wirklich sind. Die vorherrschende Idee des Hebraismus ist Führung und Gehorsam. Nichts kann diesen unauslöschlichen Unterschied beseitigen.«[19] Das Mittelalter, so Arnold weiter, sei vom Triumph des Hebraismus geprägt gewesen. Doch »im sechzehnten Jahrhundert ... ist der Hellenismus auf die Welt zurückgekehrt und hat dem Hebraismus erneut die Stirn geboten«. Dennoch, »diese Wiedergeburt, dieses großartige Wiedererwachen des Hellenismus, diese unaufhaltsame Rückkehr der Menschheit zur Natur und zu einer wahrhaftigen Sicht der Dinge, die in Kunst wie Literatur und Physik so herrliche Früchte hervorbrachte, hatte ebenso wie der vorangegangene Hellenismus der heidnischen Welt eine Seite der moralischen Schwäche.«[20] Nach Arnolds Geschichtsverständnis muß der Hebraismus diesem sittlichen Verfall immer wieder entgegenwirken, denn der Hellenismus nehme die sündige Natur des Menschen nicht zur Kenntnis. Gleichermaßen braucht der Hebraismus mit seinen obsessiven Moral- und Gesetzesauffassungen ein ständiges Gegengewicht: Kunst und Wissenschaft, den Drang des Hellenismus zum Wahren und Schönen.

In der viktorianischen Rassenkunde sieht Arnold ein neues Vehikel des Hellenismus, eine Methode, die von ihm beschriebenen Gegensätze nachzuweisen. »Die Wissenschaft hat nun einem jeden die großen und wichtigen Elemente der auf Rasse gründenden Unterschiede vor Augen geführt und verdeutlicht, auf welch bemerkenswerte Weise diese den Genius und die Geschichte eines indo-europäischen Volkes von denen eines semitischen Volkes unterscheiden. Hellenismus ist indo-europäischen Ursprungs, Hebraismus semitischen Ursprungs; und wir Engländer, eine Nation indo-europäischen Schlages, scheinen natürlicherweise der Bewegung des Hellenismus anzugehören.« Arnold gesteht jedoch zu, daß es immer schon eine heilsame Spur von Hebraismus im angelsächsischen Leben gegeben habe – man möge nur an die Puritaner und ihre Abkömmlinge denken, die Amerikaner in der Mitte des neunzehnten Jahrhunderts (die sich Arnolds Ansicht nach in schädlichem Maße hebraisiert hatten).

Auf äußere Merkmale der beiden widerstreitenden Elemente geht Arnold nur selten ein, ganz zu schweigen von Physiognomien. Dafür zitiert er durchweg billigend die Thesen des französischen Philologen und Anthropologen Emile Louis Burnouf. In seinem 1872 erschienenen Werk *La science des religions* beschreibt Burnouf nicht nur den Körperbau des »arischen« (bei Arnold indo-europäisch oder hellenistisch genannten) Typus im Vergleich zu anderen, sondern auch den semitischen:

»Nahezu alle Wissenschaftler, die die Anthropologie studieren, sind sich darin einig, die Semiten zwischen den Ariern und den gelben Völkern anzusiedeln; doch ihre besonderen Merkmale deuten nicht im geringsten auf einen mittleren Rang zwischen unserer Rasse und den ostasiatischen hin, denn obzwar sie weit über den gelben Rassen stehen, weisen sie uns gegenüber derartige Verschiedenheiten auf, daß sie keinesfalls mit Indo-Europäern gleichgestellt werden können. Ein echter Semit hat weiches Haar mit lockigen Enden, eine stark gebogene Nase, fleischige, hervorspringende Lippen, massive Gliedmaßen, dünne Waden und Plattfüße. Außerdem gehört er den Okzipitalrassen an, das heißt jenen, deren Hinterkopf stärker ausgebildet ist als die Stirn. Sein Wachstum verläuft sehr schnell und ist im fünfzehnten oder sechzehnten Lebensjahr abgeschlossen. In diesem Alter sind die Spalten des Schädels, Sitz des Denkorgans, bereits geschlossen und in manchen Fällen sogar schon fest miteinander verschmolzen. In diesem Moment endet das Wachstum des Gehirns. Bei den arischen Rassen treten weder diese noch vergleichbare Phänomene auf, und zwar in keinem Lebensabschnitt, jedenfalls nicht bei sich normal entwickelnden Menschen. Das innere Organ kann seine Evolution und Transformation bis zum letzten Tag des Lebens fortsetzen, da die Flexibilität der Schädelknochen niemals nachläßt.«[21]

Fontanelle und Knochennähte eines nichtarischen Schädels schließen sich also derart fest, daß das Wachstum des Gehirns zum Stillstand kommt. Darauf ist dann die Überlegenheit des Ariers zurückzuführen. Weder Burnouf noch Arnold erbrachten irgendeinen Nachweis für diese Behauptung. Dennoch hat die europäische Anthropologie von Gobineau an mindestens ein Jahrhundert lang diese unbewiesene Behauptung weitestgehend sanktioniert.[22] Selbst Friedrich Engels stellte höchst Arnoldsche Unterscheidungen zwischen den frühen arischen und semitischen Rassen an – wobei für ihn allerdings beide biologisch wie kulturell anderen überlegen waren.[23] Die Schriften und Darstellungen der Nationalsozialisten zum arischen Typus (siehe Kapitel 8) waren letztlich nur Teil dieses Gesamtzusammenhangs.

Daß die Arier eine Rasse in streng biologischem Sinne seien – diese These vertreten unter den Autoren der viktorianischen Zeit zunächst nur wenige. Ihr wichtigster Vertreter war Thomas Henry Huxley, dessen Essay *The Aryan Question and Prehistoric Man*[24] 1863 erschien und in späteren Jahren immer wieder neu aufgelegt wurde. Huxley begreift die Arier wie jede Rasse als Untergruppe einer Spezies, mit »Merkmalen, die sich von denjenigen anderer Mitglieder dieser Spezies unterscheiden [und] die stark dazu tendieren, auf die Nachkommenschaft überzugehen«.[25] Er glaubte auch, daß diese arische Rasse in prähistorischer Zeit nicht nur bestimmte Regionen in Asien, sondern vor allem jene Landmasse bewohnt hatte, die man heute Europa nennt. Hochgewachsen, mit langen, schmalen Köpfen, blauen Augen und blondem Haar, seien sie die geborenen Eroberer gewesen, die ihren Lebensraum Schritt für Schritt von der Nordseeküste bis nach Mittelasien ausweiteten. Huxleys Schrift ist meiner Kenntnis nach die erste (Gobineau inklusive), die das arische Konzept der Nationalsozialisten so eindeutig vorwegnahm. Und er selbst war der erste, der die Arier eindeutig zum nordischen Typ erklärte. Sogar für ihren Eroberungsdrang liefert er eine »rationale Begründung«, nämlich den Trieb des Homo sapiens, minderwertige menschliche Rassen (nun Homo erectus und Homo habilis genannt) auszulöschen.[26] Demnach wäre der Mensch der Neuzeit aus rassistischen Vernichtungsaktionen gegen Menschen hervorgegangen, die nicht der Gruppe des Homo sapiens angehörten.

Trotz alledem vertrat Huxley nicht das Ideal der Reinrassigkeit. Wie andere frühe Anhänger des Arierkults war auch er überzeugt, daß auf die von Ariern verübten Genozide immer wieder eine Vermischung mit anderen Rassen folgte, die allen Beteiligten zum Vorteil gereicht habe. (Wie wir gesehen haben, waren ja für Gobineau sogar die Kinder aus schwarz-weißen Ehen dem Nachwuchs von minderwertigen Weißen wie Slawen oder Briten überlegen.) Damit, so Huxley, erklärt sich auch die große physische Vielfalt bei arischen Typen; daß moderne Hindus ebenso arisch seien wie moderne Engländer, müsse also nicht verwundern.[27] Der große, blonde, blauäugige Arier sei zwar der Ausgangspunkt gewesen und käme immer wieder zum Vorschein, doch er sei nicht der einzige Typus.

Die Vorstellung, daß eine ultimative arische Heldenrasse kommen und alle minderwertige menschliche Brut vom Angesicht der Erde tilgen würde, wurde von Sir Charles Wentworth Dilke zum politischen Programm erhoben. Im Gegensatz zu Gobineau maß er dabei den Briten den höchsten Rang unter den Weißen zu. In den sechziger Jahren des vorigen Jahrhunderts verfocht Dilke den Plan eines »Greater Britain«, eines angelsächsischen Superstaats oder einer Konföderation, der Großbritannien mitsamt seinen Kolonien und die Vereinigten Staaten angehören sollten. Die Angelsachsen bildeten für ihn im arischen Gesamtspektrum die jüngste und mächtigste Untergruppe. Er war überzeugt, daß diese Vertreter der »wertvollen Rassen« (*dear races*) die »wertlosen Rassen« (*cheap races*) eliminieren würden.

»In Amerika konnten wir den Kampf der wertvollen Rassen gegen die wertlosen beobachten – das Bemühen der Engländer, sich gegen die Iren und Chinesen zu behaupten. In Neuseeland sahen wir, wie die stärkere und tatkräftigere Rasse die durchtriebenen und schwerfälligen Abkömmlinge der asiatischen Malayen von der Erde vertrieb ... Überall konnten wir erleben, daß die Schwierigkeiten, die das Vorrücken der Weltherrschaft des englischen Volkes behindern, im Konflikt mit den wertlosen Rassen liegen.«

Dilke prophezeite ein großes Armageddon zwischen den Rassen, wo »das Angelsachsentum siegreich aus dem noch unentschiedenen Kampf hervorgehen wird«.[28]

Arische Kunst: Frederick Leighton

Als »arische Kunst« bezeichne ich eine Kunstrichtung, die die Vorlieben ihrer Betrachter bei der Partnerwahl zugunsten der oben beschriebenen Rassenideale beeinflussen sollte. Durch diese Kunst wurde auch die anthropologische Unklarheit der literarischen und wissenschaftlichen Schriften ausgeglichen: Bücher konnten nicht verdeutlichen, wie ein Arier auszusehen hatte – Bilder konnten es.

Der einflußreichste und zugleich markanteste Vertreter der arischen Kunst war meiner Ansicht nach Sir Frederick Leighton, der mit seinen Gemälden erstmals um 1855 in Erscheinung trat[29] und kurz vor seinem Tod 1896 in den Adelsstand erhoben wurde. Benjamin Disraeli beschrieb ihn, den Rassentheoretiker, höchst amüsant in seinem Roman *Lothair* (1870), in dem der Maler als eine Figur namens Gaston Phoebus auftritt. Lothair, ein junger britischer Adliger, naiv, aber in jeder Hinsicht wohlerzogen, gerät in den Bann verschiedenster Sekten und Ideologien, kann ihnen aber letztlich widerstehen. Eine davon ist der von Phoebus-Leighton propagierte Arierkult.[30]

Doch *Lothair* ist nicht die einzige Quelle, die Einsicht in Leightons Gedankenwelt bietet. Als Präsident der Royal Academy begann er 1879, als er schon auf eine glänzende Karriere zurückblicken konnte, eine Vorlesungsreihe, die 1893 als Buch veröffentlicht wurde. Darin schlägt er nichts weniger als eine arische Kunstgeschichte vor – die Geschichte einer Kunst also, die Leighton ganz im Sinne Arnolds einer Masse von semitischen und daher minderwertigen Kunstprodukten gegenüberstellt. Für Arnold war Semitismus moralisch mit Hellenismus gleichgestellt, Leighton hingegen sah die semitische Kunst der arisch-hellenischen weit unterlegen. Semitische Kunst bildete für ihn eine riesige Kategorie, der, bis auf einen winzigen Teil, nahezu die gesamte abendländische Kultur angehörte. Ihre Minderwertigkeit liege darin begründet, daß sowohl Schöpfer als auch Konsumenten in ihrer äußeren Erscheinung biologisch minderwertig seien.

Letztlich war für Leighton Kunst insgesamt eine rassische Angelegenheit, wobei er »Rasse« in einem ganz absurden Sinn definierte. (Vielleicht sollte man sagen, daß der Begriff »Rasse« *immer* in einem absurden Sinn verstanden wird.) Die eigentliche Rasse eines Künstlers sei, von der biologischen Gattung einmal abgesehen, seine Individualität. Denn Leighton war davon überzeugt, daß jeder Mensch die Welt nur als erweitertes Selbstbildnis betrachtet.[31] Die äußere Welt, vor allem aber die Welt der Kunst, sei nichts als der Teich, in dem Narziß sich spiegelt.[32] Damit wurde der Begriff der »Rasse« noch komplizierter und widersprüchlicher als zuvor. Doch die Idee, daß die Menschheit in physiologische Typen unterteilt ist und daß ein Künstler dazu neigt, seine persönlichen Merkmale auf all seine Figuren zu übertragen, geht, wie wir gesehen haben, schon auf Lomazzo zurück.

Leighton beginnt mit Ägypten und seiner zutiefst semitischen Kultur. Ägyptische »Götzen«, schreibt er, seien zwar aufgrund ihrer wenigen arischen Eigenschaften schön, in ihrer »Absonderlichkeit und Starre« jedoch durch und durch semitisch. Sie verkörperten die »beschränkte, aber zähe geistige Natur« der semitisch-ägyptischen Rasse. Chaldäer und Assyrer waren noch semitischer, entsprechend schätzte Leighton ihre Kultur noch geringer. Die Semiten schlechthin aber seien natürlich die Juden – buchstäblich »bar jedes künstlerischen Impulses«, was Leighton zum einen dem Zweiten Gebot und zum anderen der flachen und monotonen Wüste zuschreibt, in der sie gelebt hatten, ohne jene abwechslungsreichen Landschaftsformen, Hügel, Bäche und Bäume, die die Griechen zu anthropomorphen Wesen verwandelten, zu einer »fröhlichen Gemeinschaft von Göttern und Göttinnen«, wie sie dann von ihren Bildhauern und Malern so vorzüglich portraitiert wurden.[33] Polytheismus ist der natürliche Verbündete arischer Schönheit wie Monotheismus ihr Erzfeind. Die Athener zu Perikles' Zeiten hatten das bisher reinste Ariertum erschaffen, weil sie die Wesenheit ihrer Götter darstellten, indem sie ihnen ihre eigenen menschlichen Körper und Gesichter verliehen.[34] An diesem Punkt der Geschichte, im Perikleischen Athen, hat der »träge Strom« älterer semitischer Zivilisationen zum ersten Mal »dem Aufsprudeln einer lebendigen Quelle« Platz gemacht, »die das Licht eines neuen und glücklicheren Tages spiegelte und verströmte: eine Quelle, von der der Mensch bis zum Ende aller Tage trinken kann, ohne je seinen Durst zu löschen«.[35]

Die römische Kunst sieht Leighton zwar als eine Rückkehr zum Semitischen, doch habe sie einer besonderen Gnade unterlegen. Denn obwohl Italien weder in der Antike noch im Mittelalter bedeutende Kunst hervorgebracht habe, sei es den Menschen aufgrund ihres arischen, wenngleich nicht reinarischen Erbes gelungen, biologisch schön zu bleiben. »Der sie kennzeichnende wohlgestaltete, stattliche Typus, ein edles Gefäß, das einstmals imperiale Seelen barg, konnte sogar bis in unsere Tage gewahrt bleiben. Doch zugleich mit diesem Körpertypus blieb auch das alte Unvermögen in bezug auf alles, was die Zeichenkunst betrifft.«[36] Die römische Ethik mit ihren deutlichen semitischen Einflüssen habe den Sinn für Ästhetik ausgetrieben, den die Ur-Römer vermutlich von ihren griechischen Brüdern erworben hätten. Anderenorts in Europa sei alles durch und durch semitisch geprägt; in Spanien beispielsweise habe es noch nie eine Spur von arischem Schönheitsempfinden gegeben.[37]

Und was sagte Leighton über das unglückliche Christentum, dieses paneuropäische Phänomen? Es war, ist und wird immer fanatisch bild- und schönheitsfeindlich sein und wahrscheinlich noch semitischer als das Judentum selbst. Die Kirche lehrt, daß Freude an der sichtbaren Welt Gefallen am Trugbild sei. Christentum ist die Umkehr des Heidentums: Aus den Göttern der Griechen wurden die Teufel der Christen. Pan, dieser vergnügungssüchtige heidnische Pan, wahrte seine Historizität wie seine Hörner und Hufe und wurde zum Satan. Erst durch sein Wiederaufleben im Humanismus, durch die Rückbesinnung auf das Studium der Natur, der Anatomie und der klassischen Kunst konnte, so Leighton, das Ariertum wieder triumphieren. Die italienische Renaissance war zwar ein kurzes Aufflackern der im wesentlichen griechischen Eigenschaften der arischen Rasse, »eine merkwürdige Mischung aus attischer Subtilität und düsterer Eindringlichkeit, aus exquisitem Geschmack und roher pelasgischer Kraft«.[38] Doch diese kurzfristige Neubelebung des Ariertums sei in Florenz (und hier klingt Leighton mehr denn je wie Arnold) durch den semitischen Flügel der Renaissance hinweggefegt worden – die Reformation.

Leighton plädierte also für eine moderne britische Kunst, die vollständig von allen semitisch-christlichen Elementen befreit sein sollte. Ich vermute, daß er auch die heutzutage (in manchen Kreisen) so beliebten Reproduktionsmodelle von Holman Hunt und anderen Präraffaeliten korrigieren wollte, bei denen er gewiß eine Menge an »semitischer Trägheit und Plumpheit« entdeckt hatte. Vor allem aber sollten die Künstler selbst arisch und griechisch aussehen. Ihre Körper sollten den Körpern entsprechen, die sie malten. So waren seine Vorlesungen denn auch voller Beschwörungen an sein Auditorium – hauptsächlich Kunststudenten –, sich der Körperkultur zuzuwenden. Leighton wollte eine Nation und ein Volk aus polykletischen Körpern schaffen.[39] Dazu bot Großbritannien seiner Meinung nach beste Zuchtvoraussetzungen, ja er glaubte diese neue Rasse dort sogar schon im Entstehen begriffen: »Ein neues Ideal von ausgewogener und vollständig arischer Gestalt«, berichtete er seinen Zuhörern, »[findet man] bei den Frauen einer weiteren arischen Rasse – Ihrer eigenen.«[40]

In Disraelis *Lothair* tritt Leighton als Eugeniker auf, begierig darauf, alle semitischen Typen zu eliminieren, und zwar auf sehr viel aggressivere Weise als nur durch Kreuzungszucht mit Ariern. Gaston Phoebus erklärt:

»Es ist die vorrangige Pflicht des Staates, sich der Gestalt und Gesundheit des Untertanen anzunehmen. Die Spartaner haben das verstanden. Sie erlaubten keine Eheschließung, aus der mit großer Wahrscheinlichkeit eine schwächliche Nachkommenschaft hervorgegangen wäre. Sie trafen sogar Maßnahmen, eine starke zu sichern. Die Römer verdammten Mißgebildete zur sofortigen Vernichtung. Die Vereinigung der Rassen betrifft das Wohlergehen des Gemeinwesens viel zu unmittelbar, um dem individuellen Arrangement überlassen zu werden ... Um all dies sicherzustellen, müßten Gesetze verabschiedet werden, was eines Tages auch geschehen wird. Doch nichts kann unternommen werden, bevor die arischen Rassen vom Semitismus befreit sind.«[41]

Nachdem er Phoebus' Ausführungen gehört hat, bedauert Lothair, so lange davon nichts gewußt zu haben. »Bedauern Sie es nicht«, sagt Phoebus, »was Sie Unwissenheit nennen, ist Ihre Stärke. Mit Unwissenheit sprechen Sie vom Bedürfnis, sich das Wissen aus Büchern anzueignen. Bücher sind fatal.« Und dann beklagt er die Erfindung der Druckerpresse, durch die die wahre, edlere Lehre an Beachtung verloren habe, jene nämlich, die durch Hand, Stimme, Ohr und Auge – kurzum durch den Körper – eines lebendigen Lehrers vermittelt werde:

»Der wichtigste Aspekt von Erziehung ist die Erziehung des Körpers. Schönheit und Gesundheit sind die Hauptquellen des Glücks. Die Menschen sollten an der frischen Luft leben; sie sollten regelmäßig und systematisch ihren Leib ertüchtigen. Ihn stark und geschmeidig zu erhalten ist die erste Pflicht des Menschen. Er sollte seinen gesamten Muskelapparat entwickeln und vollständig beherrschen. Was ich an Ihrem System bewundere [Lothair ist britischer Aristokrat], ist, daß man dort an der frischen Luft lebt, daß man sich in den athletischen Sportarten hervortut, daß man nur eine Sprache beherrschen muß und daß man niemals liest. Das ist noch keine vollkommene Erziehung, aber es ist die beste Erziehung seit den Griechen.«[42]

Als Maler hatte sich Leighton auf imposante, liebliche Szenen aus der Antike spezialisiert: vornehme junge Frauen und Männer in familiärer Umgebung und mythologische Szenen. Schauplatz ist fast immer das alte Griechenland oder Rom.

Den Hintergrund bilden frische, kalte Himmel und Berge à la Poussin. Die kräftigen Farben von Strukturen und Blattwerk im Vordergrund kontrastieren mit dem süßlichen Marmor der Tempel, Paläste und Bäder. Nacktheit wurde in Leightons Generation, nachdem der Höhepunkt viktorianischer Prüderie überschritten war, mit einer in England bis dahin nicht gekannten Häufigkeit und Vorliebe gezeigt. Diese »klassischen« viktorianischen Figuren waren von einer bedeutungsschwangeren Blasiertheit, wie sie bislang nur die britische Portraitmalerei gekannt hatte.[43] Neben Leighton gehörten zu den prominentesten dieser hellenisierenden Maler Albert Moore, E. J. Poynter, Lawrence Alma-Tadema, Burne-Jones und, mit einem besonders schmierigen Stil, G. F. Watts. Parallelen auf dem Kontinent fanden sich bei Jean Auguste Ingres, Ary Scheffer, Jean-Léon Gérôme, Alexandre Cabanel (in Frankreich wurde das Genre unter der Bezeichnung *Néogrec* bekannt) und bei Arnold Böcklin (einem wichtigen Vorläufer der NS-Kunst). Wir sehen also hier ein gesamteuropäisches Phänomen. Nicht alle diese Künstler gehörten zu den überzeugten Anhängern des Arierkults, doch zumindest in einigen Fällen wurden sie von ihnen vereinnahmt.

Charakteristisch an Leightons Figuren ist eine Art passive Erwartungshaltung, als erblühten sie erst unter dem prüfenden (und messenden) Blick des Betrachters. Kanonisch sind sie nur in dem Sinne, daß sie sich selbst als Vorbilder anbieten. Eine Frau räkelt sich verführerisch am warmen Meer; Salome tanzt verträumt; eine Odaliske produziert sich mit einem Fächer aus Pfauenfedern vor einem interessierten Schwan; Klytämnestra blickt stoisch von den Zinnen von Argos; Venus entkleidet sich; Nausikaa träumt von Odysseus; Ariadne streckt sich von Schlaf und Verlangen überwältigt am Strand; griechische Mädchen flechten sich ihr Haar, spielen Ball, suchen mit tänzerischer Grazie nach Kieselsteinen, weinen vor einer umkränzten Urne, schlafen bei der Musik eines Flötenspielers, schöpfen Wasser aus einem Brunnen; Andromeda, gekettet an einen aus dem Meer aufragenden Felsenturm, ihr nasses Gewand zerrissen, erbebt – äußerst selbstbewußt – unter den Flügeln des Ungeheuers; die Hesperiden umschlingen einander wie müßiggängerische Parthenon-Göttinnen unter einem Obstbaum, umgarnt von einer selig lächelnden Python: Immer ist die Stimmung geprägt von zutiefst gekünstelter Selbstdarstellung, von verheißungsvoller Zurschaustellung eines ungemein willigen Körpers. Sogar Heras bange Verzweiflung angesichts ihres ertrunkenen Liebhabers trieft nur so von Leightonschem Narzißmus.

Frederick Leighton malte diese arischen Typen nach arischen Modellen. Außerdem bezweifelte er nicht im geringsten, daß er selbst bewundernswert arisch war und aussah. Genauso wird er auch in *Lothair* beschrieben: groß, geschmeidig, athletisch, »adlerhaft«, mit einem Gesicht von bemerkenswerter Ausstrahlung. Sein Blick ist derart feurig und so strahlend ist sein Teint und der Kranz seiner kastanienbraunen Locken, daß er jeden Betrachter in heillose Verwirrung stürzen kann.[44] Doch Phoebus ist nicht einfach nur ein Dressman. Er hat »die Werte unserer Zeit mit der Muttermilch eingesogen« und sein Gesicht ist »von tiefen und stolzen Gedanken gezeichnet«. Wie Leighton ist er – trotz seiner Ablehnung von Büchern – belesen und bewandert in Geschichte, Philosophie und Mythologie. Er ist der geborene Führer, der Prinz, der Gott einer arischen Insel im Mittelmeer. Leightons Selbstbildnis als Präsident der Royal Academy im purpurnen Ornat, das ihn zugleich als vollbärtigen Zeus mit Korkenzieherlocken darstellt, bringt genau das zum Ausdruck.

Abb. 4.1
Frederick Leighton: Psyches Bad, 1890, Ausschnitt

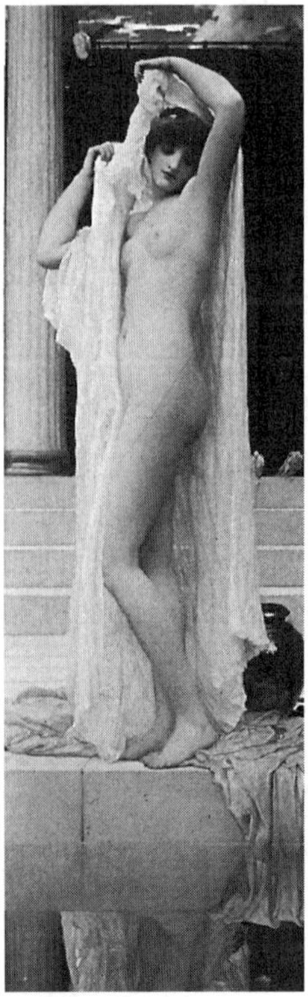

Das *Bad der Psyche* (4.1) kann als Verkörperung des weiblichen arischen Prototyps schlechthin gelten.[45] Psyche steht aufrecht am Rand eines Beckens, das von weißen Marmorstufen umgeben ist, im Hintergrund schimmern elegante Säulen mit vergoldeten ionischen Kapitellen. Ihr erhitztes, sanft gerötetes Gesicht wird von ihren zierlichen Armen und dem durchscheinenden Gewand gerahmt, das sie gerade von ihrer Schulter zieht. Ein glänzend goldener Stoff am Rand des Beckens taucht vielfach plissiert in das spiegelnde Wasser ein. Etwas zurückgesetzt zu ihren Füßen steht ein goldbronzener Wasserkrug: auch hier wieder das klassische Aphrodite-Flair von körperlicher Bereitschaft und Erwartung.

Der Name Psyche, »Seele«, ist auch eine Trope von ψυχρός, frisch und kühl, ganz wie Wasserbecken, Marmor und Indigohimmel auf dem Gemälde. Psyche hatte sich Aphrodites Feindschaft zugezogen, doch nach einer gescheiterten Affäre mit Eros folgte die Versöhnung, und sie zog in den von Tauben bevölkerten Palast der Göttin, der auch Schauplatz der dargestellten Szene ist. Die Vorbereitung zum Bade symbolisiert demnach eine Seelenreinigung, die Vorbereitung auf das neue Leben im Dienste der Göttin der Liebe und Schönheit.

Um die Verbindung zu Aphrodite noch stärker hervorzuheben, verleiht Leighton seiner Figur eine berühmte klassische Pose: die der Aphrodite Kallipygos (Abb. 4.2).[46] Mit dieser antiken Statue soll es, wie Athenaios von Naukratis berichtet, folgende Bewandtnis haben: Zwei junge Schwestern aus Syrakus konnten sich

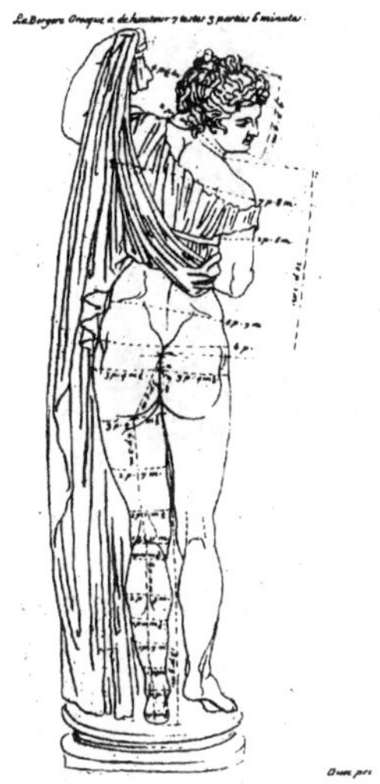

Abb. 4.2
Gérard Audran: Stich nach der Aphrodite Kallipygos mit Maßeinträgen, 1683

nicht einigen, welche die schöneren Pobacken habe. Sie hielten einen zufällig vorbeikommenden Jüngling an und baten ihn um seine Meinung. »Die von ihm Erwählte«, schreiben Haskell und Penny, »war seine Belohnung.«[47] Nun sprach die verbliebene Schwester einen anderen jungen Mann an. Wieder wurde ein Vergleich angestellt, worauf dieser, ohne zu zögern, die zweite Schwester wählte – *seine* Belohnung. Die beiden Paare heirateten, stifteten der Aphrodite einen Tempel und gaben der Göttin den Beinamen Kallipygos, »mit dem schönen Popo«. In Athenaios' Geschichte geht es also um sexuelle Auslese anhand körperlicher Reize, insbesondere eines spezifischen Lockmittels – der Pobacken; es geht aber auch darum, wie die Kunst diese Reize überliefert und verstärkt.

Doch wie sah der kanonische arische Körper nun eigentlich aus? So, wie Gérard Audran, Künstler und Anthropometriker aus dem siebzehnten Jahrhundert, die Aphrodite Kallipygos ausgemessen hat: $7^{1}/_{2}$ Kopf hoch, Brustwarzen am Referenzpunkt 2 Kopf, Nabel bei 3, Scham bei 4, die Knie jedoch bei $5^{1}/_{2}$ Kopf. Ihre »schönen Pobacken« sind also ungewöhnlich lang. Audran bezog sich auf die berühmte Nachbildung in Neapel, doch die Originalstatue hat ähnliche Proportionen; nur ihre Schienbeine sind wesentlich kürzer, unter 2 Kopf, im Gegensatz zu den vollen 2 Kopf Länge bei Audran. Leighton wiederum verlängerte die Beine seiner Psyche derart, daß sich ein extrem hoher Wuchs von $8^{1}/_{4}$ Kopf ergab. Die Arme (mit Ausnahme der Hände) verkürzte er auf nur 2 Kopf – vermutlich um der weitverbreiteten Ansicht zu entsprechen, daß wir um so weniger wie Affen und um so höherentwickelt aussehen, je kürzer unsere Arme und je länger unsere Beine sind (siehe Kapitel 6).

Die Aphrodite Kallipygos präsentiert ihren Po nicht nur, sondern bewundert ihn selbst. Vielleicht ergötzt sie sich auch an der Bewunderung des Betrachters – das entspräche Leightons Deutung dieser Pose als Akt der seelischen Selbstvervollkommnung, da ja der Körper eine Metapher oder ein Gefäß für die Seele sei. Beides, diese Assoziation wie Psyches Selbstverliebtheit, paßt auch zu Leightons Doktrin, daß die Kunst und unsere Wahrnehmung der sichtbaren Welt überhaupt nur der Selbstbespiegelung dienten.

Semitische Kunst: Die Etrusker, Cimabue und Michelangelo

Besonders abstoßend fand Leighton den semitischen Einfluß auf die etruskische Kunst. In den Funden von Chamars, schreibt er, herrsche ein Körpertypus mit

Abb. 4.3
Sarkophag eines Ehepaares aus Caere, 6. Jh. v. Chr., Terracotta

quadratischem Schädel vor, »das Kinn breit, die Augen nicht schräg [wie sonst bei den Etruskern], die Nase ... kurz – ein Typus eher keltischer Art«. Vermutlich hätte er so auch ein Werk wie den Sarkophag aus Caere (Abb. 4.3) beschrieben: »Die fettleibigen und unattraktiven männlichen Figuren, die bequem herumliegen und mit ihren protzigen Halsketten spielen, und nicht minder die nachlässigen Damen, die sich faul rekelnd zu ihrem letzten Schlummer auf den Grabmalen niedergelegt haben ... spiegeln in ihrem Ausdruck Wesensmerkmale, die weder Griechen noch Römer ihren Prototypen verliehen – die Merkmale von Vielfraßen und Faulpelzen.«[48] Wie bei allen Rassen, die Leightons Ansicht nach mit den semitischen Makeln Schwermut und Talentlosigkeit behaftet waren, wies auch bei den Etruskern die Bildhauerei »eine assyrische Kantigkeit [also Unsicherheit] bei der Ausarbeitung« auf.[49]

Noch stärker aber lehnte Leighton die – wie er sie nannte –»semitisch-christliche« Kunst im Italien des dreizehnten Jahrhunderts ab. Den Mangel an überzeugender Raumperspektive schrieb er der autoritären Strenge und den Innovationsängsten zu, wie sie in jeder Kultur herrschten, die sich der biblischen Moral anpasse, einer Moral, die zudem von der römischen Kirche erweitert und verschärft worden sei (Abb. 4.4). Daß die Kunst des Mittelalters polykletische Körperproportionen völlig außer acht ließ, schrieb Leighton einer fatalen Angst und dem Ekel vor allem Körperlichen zu.

Das Christentum hat in Leightons Augen die Standards arischer Schönheit nicht einfach nur ignoriert, sondern vollständig umgekehrt. Es habe nicht nur die Augen vor dem Ariertum verschlossen wie die etruskische Kunst, es habe aktiv dazu beigetragen, diese wunderbare Nemesis zu zerstören. Die Ära des *Schmerzensmannes,* des leidenden Heilands, habe Körperdarstellungen von »schauerli-

Abb. 4.4
Cimabue: Thronende Madonna mit Kind, um 1280 – 1290, Temperamalerei auf Holz, Ausschnitt

Abb. 4.5
Albert Moore: Träumende, 1882, Ausschnitt

cher Plumpheit« hervorgebracht – in den wenigen Fällen, wo der Körper überhaupt sichtbar sein durfte. Die frühe italienische Malerei sei zwar ausdrucksvoll im Pinselstrich, aber bewußt ignorant, leer und ungenau.[50]

Bestimmt hätte die gefällig hingegossene blonde Dame in Abbildung 4.5 Leightons Geschmack eher entsprochen als Cimabues Madonna, auch wenn ihre Haltung in gewisser Weise vergleichbar ist. Betrachtet man diese Madonna mit »arischen« Augen, erkennt man neben aller Frömmigkeit und Genialität der Darstellung, daß sie in der Tat dunkle Augenbrauen, tiefbraune Augen und eine lange Nase hat, wie Leighton so mißbilligend feststellte. Außerdem sitzt sie in höchst seltsamer Haltung auf ihrem Thron. Irgendwo um die Taille herum verschwindet ihr Körper vollständig, die gesamte untere Hälfte ihrer Anatomie wird von einem glänzenden, völlig flach fallenden Stoff verdeckt. Albert Moore hingegen betonte mit typischer spätviktorianischer Deutlichkeit die träge ausgestreckten Beine und Hüften des verträumten Objekts. Blaß-wächserne Hautfarbe, rosige Wangen, volles, blondes Haar, überlange Beine, Schwanenhals und kurze Oberarme – alles entspricht voll und ganz dem viktorianisch-arischen Typus. Und wie so viele Gestalten dieser Art schläft auch diese wieder in froher Erwartung eines noch ungewissen Erwachens.

Leightons Gemälde treiben oft ein ausgeklügeltes Spiel mit der Kunstgeschichte und seinen eigenen Vorstellungen von Ariern und Semiten – so auch sein berühmtes Bild *Flaming June* (Abb. 4.6)[51]. Das Mädchen liegt in tiefem Schlaf, bekleidet mit einem hauchdünnen, fließenden, orangefarbenen Gewand, das

Abb. 4.6

Frederick Leighton:

Flaming June, 1895

Abb. 4.7

C. Bos: Stich nach Michelangelos

Leda und der Schwan, 1529/30

Becken vorgeschoben: eine wohldurchdachte Pose. Das linke Bein hat sie angewinkelt und an den Oberkörper herangezogen, die Fußspitzen lugen unter der Kniebeuge des rechten Beins hervor. Eine vergleichbare Form bilden auch die Arme, der linke Ellbogen ist an den Oberschenkel geschmiegt, der Kopf darin vergraben. Fließend ist der Übergang zum prachtvollen braunen Haar, das sich in weichen Wellen über den mit einfachen Mäandern verzierten Marmorsims des Fensters ergießt. Dahinter liegt regungslos das Meer, die gleißende Mittagssonne überzieht es mit einem weißen Glitzern und umgibt zugleich den Kopf des Mädchens mit einem Glorienschein. In der oberen rechten Bildecke beleben Pflanzen die Szenerie. Nichts könnte besser die Atmosphäre von Schlaf, Hochsommer und Mittagshitze beschwören – doch auch hier wieder diese erwartungsvolle Selbstversunkenheit.

Wo liegen in diesem Bild die kunstgeschichtlichen Anspielungen? Leighton zitiert hier Michelangelos Komposition von *Leda und der Schwan*. Er übernimmt die entscheidenden Elemente dieses berühmten Bildes, macht sie jedoch zu seinen eigenen (Abb. 4.7). Allerdings stellt er die Figur seitenverkehrt dar (vielleicht hatte er auch eine Vorlage, die, wie die obige Abbildung, bereits gewendet war). Den Schwan – die konzeptionelle Pointe von Michelangelos Bild, denn während der Vogel Leda küßt, dringt er auch in sie ein – hat Leighton weggelassen. Aber vielleicht wollte er gerade die Situation nach dieser mythologischen Vergewaltigung darstellen: Zeus hat sich davongemacht, und seine Geliebte, in ihrem

Abb. 4.8
Michelangelo: Die Nacht, Grabmal Giuliano de' Medici, begonnen 1520. Florenz, San Lorenzo, Neue Sakristei

Schlaf kaum gestört, liegt gebettet in die eigenen Arme, so als wollte sie noch die Erinnerung an die göttliche Umarmung festhalten.

Ledas Affäre mit Zeus sollte geschichtsträchtige Folgen haben. In manchen Sagen heißt es, daß daraus die Kinder Klytämnestra und Helena hervorgingen: ein Beispiel par excellence für geschlechtliche Zuchtwahl und Darwins Gesetz des Kampfes. Nach anderer Überlieferung zählen zu Ledas Sprößlingen auch die Dioskuren Castor und Pollux, die in der Astrologie nicht nur das Sternbild Zwillinge, sondern, durch die Verbindung mit Venus, auch den Wechsel von Tag und Nacht symbolisieren.[52] Leda dagegen wird mit dem Begriff »Nacht« assoziiert,[53] was Leighton gewußt oder gespürt haben mag, denn für sein Bild übernahm er Details aus derselben Quelle wie Michelangelo für seine *Leda*, nämlich die Figur der *Nacht* in der Medici-Kapelle (Abb. 4.8). Daß nun diese Leda – die Leda der Nacht – am Mittag schläft, wäre eines von Leightons passenderen *concetti*.

Jedenfalls ist das Mädchen in *Flaming June* eine typisch Leightonsche Arierin. Wieso, das bleibt allerdings ein Rätsel, denn für Leighton war das Vorbild Michelangelo ja nicht arisch sondern semitisch. In seinen Vorlesungen verglich er ihn gern mit den »Ariern« Raphael und Leonardo[54] und stellte fest, Michelangelos Figuren seien trotz all ihrer Kraft so stark jüdisch-christlich geprägt, daß man den Künstler nicht der wahren Renaissance zurechnen könne. Für ihn war Michelangelo »ganz und gar der Typ des mittelalterlichen [ergo hebräischen] Künstlers«.

Leightons junge Frau ist also die arisierte Version der *Leda* und der *Nacht*. Beine und Knochenbau sind sehr viel zierlicher; anstatt einer hervorstehenden, großen hat sie eine Stupsnase; die Ohren sind kleiner; das Haar ist weicher und feiner.

Zugleich ist ihr Kinn runder und ausgeprägter, ihr Hals stärker und säulenhafter als bei den Figuren von Michelangelo,[55] die Muskulatur dagegen weit weniger ausgeprägt. Auch hier, bei fast allen Frauengestalten Leightons, sieht man wieder die kurzen, plumpen Arme, die sie vom Affen unterscheiden sollen.

Dennoch hat Leighton eine Menge von Michelangelos Version des polykletischen Kanons beibehalten, ob semitisch oder nicht. Die *Nacht* ist ganze 8 Kopf groß, was an der enormen Beinlänge von 4 Kopf liegt. Die Beine von Leightons junger Frau sind genauso lang. Beide Figuren entsprechen damit Michelangelos Gestaltungsmuster für (im Kopfmaß) extreme Körpergrößen. Die *Leda* hat im Vergleich dazu einen recht kurzen Rumpf – zumindest auf dem Kupferstich von Bos –, was ihre Beine noch länger erscheinen läßt. Ähnliches gilt für die *Flaming-June*-Figur: Ihr Oberkörper ist perspektivisch stark verkürzt und läßt sich daher nicht genau ausmessen; gerade diese Verkürzung aber trägt zur auffälligen Betonung der Beine bei.

Zwei arische Heroinnen aus Afrika

Leighton rühmte helle Haut und blondes Haar. Doch viele Rassentheoretiker hielten, wie erwähnt, auch dunkelhäutige Arier für möglich, Gobineau etwa, der sie in Kamerun entdeckt haben wollte.

Auch bei Disraeli tauchen die afrikanischen Arier auf, und zwar als Lothair das vornehme Haus Belmont in der Nähe von London besucht, das eine rein arische Kunstsammlung beherbergt. Zwei Marmorstatuen eines amerikanischen Bildhauers, eine Kleopatra und eine Sibylle, beeindrucken ihn durch ihre »mystische und faszinierende Schönheit«.[56] Hinter diesem Bildhauer verbirgt sich, wie Disraelis Verleger verriet, niemand anders als William Wetmore Story.

Seine *Kleopatra* war in der Tat eine der bekanntesten amerikanischen Statuen des neunzehnten Jahrhunderts. Gemeinsam mit der *Libyschen Sibylle* wurde sie 1862 auf der Londoner Weltausstellung gezeigt und erregte großes Aufsehen. Nathaniel Hawthorne und Henry James, der auch eine Story-Biographie verfaßte, lobten sie in den höchsten Tönen.[57] Mit der Skulptur wird häufig Storys Gedicht »Cleopatra« in Verbindung gebracht. Darin träumt die Königin von ihrem abwesenden Geliebten Marc Anton – Träume reinsten Darwinismus: Lange vor ihrer Evolution zum Menschen waren sie sich als prächtige Tiger begegnet:

And we met, as two clouds in heaven
When the thunders before them fly.
We grappled and struggled together,
For his love like his rage was rude;
And his teeth in the swelling folds of my neck [sic]
At times, in our play, drew blood.

Als sie in ihren Adern nun erneut das Blut der Tigerin spürt, erfleht sie Marc Anton zurück in ihre Arme.

Come, as you came in the desert,
Ere we were women and men,
When the tiger passions were in us,
And love as you loved me then! [58]

In Hawthornes »Der Marmorfaun«[59] wird der *Kleopatra* – als Werk des Romanhelden Kenyon – ein ganzes Kapitel gewidmet.

Betrachtet man Storys Figuren als »arisch« insofern, als sie Heldengestalten ihrer jeweiligen Rasse darstellen, erklärt sich vielleicht auch die Merkwürdigkeit, daß diese Kunst immer sowohl viktorianisch als auch »antik« wirkt. Eine Melpomene, die wie eine Mary Anne, eine Artemis, die wie eine Emily aussieht – diese hybride Wirkung galt bisher einfach als Fauxpas. Doch wenn Disraeli recht hätte, wenn Story (tatsächlich) Angehörige einer dominanten Herrenrasse dargestellt hat, die genauso afrikanische wie angelsächsische Merkmale haben kann, dann

Abb. 4.9
William Wetmore Story: Kleopatra, 1858, Replik von 1869

Abb. 4.10
Helena, die Mutter Kaiser Konstantins, um 324 – 329

Abb. 4.11
William Wetmore Story: Die Libysche Sibylle, 1861

wäre diese Kombination aus Antike und Moderne der wissenschaftliche beziehungsweise pseudowissenschaftliche Beleg dafür. Nach dieser Lesart müßten, nein: müssen *Sibylle* und *Kleopatra* griechisch-afrikanisch und zugleich modern sein. Genau das behauptet Story in seinen Briefen,[60] und auch Henry James sagt nichts anderes, wenn er bekräftigt, daß *Kleopatra* als Typus weder ganz englisch noch ganz französisch, noch ganz amerikanisch sei, sondern etwas von allem an sich habe.[61] Das entspräche dann wiederum ganz Huxleys Bild von den Ariern als einem bunten rassischen Mosaik.

Sowohl bei *Kleopatra* (Abb. 4.9) als auch bei der *Libyschen Sibylle* (Abb. 4.11) sieht man in abgewandelter Form die Haltung einer bekannten römischen Statue, die zu Storys Zeiten als *Agrippina* bekannt war (Abb. 4.10). Im neunzehnten Jahrhundert war sie Vorbild für Darstellungen von Müttern – angefangen bei Canovas Portrait von Napoleons Mutter bis hin zu Whistlers Bildnis seiner eigenen (*Arrangement in Grey and Black*, 1871, heute im Louvre). In zeitgenössischen Führern stand, die marmorne Gestalt der *Agrippina,* der Mutter Neros, sei geprägt von »jener Erschütterung und tiefster Verzweiflung, die sie verspürte, als ihr verrückter Sohn sie zum Tode verurteilte«.[62] Die verratene Mutter im Angesicht eines fürchterlichen Schicksals – diese Ausstrahlung ist nicht nur Storys beiden Statuen angemessen, sondern auch unserem Thema, der Reproduktion des Menschen. Denn natürlich war Kleopatras unglückseliger Sohn Cäsarion in seiner Art ebenso lebensuntüchtig wie Agrippinas Sohn. Und so endete mit Kleopatra eine Dynastie arischer Herrscher: Durch einen Mißerfolg bei der Fortpflanzung blieb sie die letzte der ägyptischen Ptolemäer.

Kleopatra blickt auf ihren Schoß und wendet sich vom Betrachter ab, ihren rechten Arm auf die Lehne des Stuhls und ihren Kopf in die Hand gestützt. Das Oberteil ihres Gewandes ähnelt stark dem der Amazone von Polyklet; über dem Unterkörper bildet der Stoff wie bei so vielen antiken Statuen schwungvolle Ovale. Mit vorgeschobenen Hüften streckt die Königin ein Bein von sich. Sie erweckt den Eindruck von Niedergeschlagenheit und zugleich von nobler Schicksalsergebenheit. Ihr klassisches Gewand – mit typisch viktorianischem Ausschnitt – ist verrutscht und legt eine »wogende Schulterbreite« (will sagen: ihre linke Brust) frei, wie es bei der Beschreibung der Statue in *Lothair* heißt.[63] Eine lose verknotete Schärpe fällt an der Rückseite ihres Stuhls herab. Das Gesicht mit der relativ langen, breitflügeligen Nase, den vollen, zusammengepreßten Lippen und den ausdrucksvoll niedergeschlagenen Augen ist sowohl viktorianisch als auch – ein Pharaonentuch mit Skarabäusdiadem unterstreicht es noch – afrikanisch.[64]

Hawthorne sah in diesem Werk eher eine afrikanische als eine mazedonische Frau, eher eine Schwarze als eine Weiße:

»Das Gesicht war auf wunderbare Weise geglückt. Der Bildhauer hatte sich nicht gescheut, die vollen Lippen einer Nubierin und andere Merkmale der ägyptischen Physiognomie darzustellen. Sein Mut wurde ihm reichlich belohnt, denn Kleopatras Schönheit erstrahlte unvergleichlich reicher und wärmer, als wenn er, ängstlich der Wahrheit ausweichend, den zahmen griechischen Typus gewählt hätte. Der Ausdruck war von tiefen, düsteren, angeekelten Gedanken geprägt. Sie warf einen Blick auf ihr vergangenes Leben und ihre gegenwärtigen Nöte, während sie sich geistig schon für einen neuen Kampf rüstete oder sich gerade in das drohende Verderben schickte.«[65]

Der zweite »arische« Versuch Storys, die *Libysche Sibylle* (Abb. 4.11)[66], hat nicht das geringste mit Michelangelos Sibylle in der Sixtinischen Kapelle zu tun, welche das Herannahen des Christentums prophezeit. Seine Seherin sinnt vielmehr über ihr Afrikanertum und die künftige Versklavung ihrer Rasse nach:[67]

»Ich habe Kopf und Figur das rein Koptische verliehen, das große, fleischige Sphinx-Gesicht mit vollen Lippen, schrägen Augen, niedrigen Augenbrauen und finsterem Ausdruck und die starken Gliedmaße des Afrikaners ... Es ist eine sehr massive Figur, breitschultrig, mit schweren Brüsten, die nichts von einer Venus an sich hat, doch, soweit mir das gelang, üppig und heroisch ist. Sie blickt aus ihren schwarzen Augen in die Zukunft und sieht das schreckliche Schicksal ihrer Rasse ... Ich habe ihren Kopf so melancholisch und ernst wie möglich gestaltet und mich dabei ganz gewiß nicht vor dem wahren afrikanischen Typus gescheut.«[68]

Die üppige, barfüßige Frau sitzt mit übergeschlagenen Beinen[69] auf einer Steinbank. Ihre Schenkel sind mit einem schweren Tuch bedeckt, ihr nackter Oberkörper leicht nach vorn gebeugt, wobei sie ihr Kinn in die rechte Hand legt, den Ellbogen auf das Knie gestützt. Der linke Arm fällt an ihrer Seite herab, die Hand ruht auf einer Papierrolle. Vielleicht sind es Seiten aus dem Sibyllinischen Buch. Sie trägt eine gehörnte Amoriterhaube und eine Kette mit dem Davidstern – was an Storys Vorliebe für das ähnlich aussehende Siegel Salomos erinnert (siehe Kapitel 3). Zöpfchen nach Art der im alten Ägypten wie im modernen Afrika so beliebten Dreadlocks fallen an ihrem Nacken herab.

Story modelliert seine *Kleopatra* und *Libysche Sibylle* zu jenem arischen Frauentyp, den es in der heimlichen Heldenkaste jeder Rasse geben konnte. Trotzdem sind diese beiden Gestalten nicht nur mit ihrem eigenen reproduktiven Versagen – ihren mißglückten Söhnen – konfrontiert, sondern auch mit dem ihrer Völker, ihrer Nationen. Sie wehklagen über die Versklavung Afrikas und denken an das künftige Leid unter der Knute der weißen Herrscher. So gesehen haben diese Werke eine tragische Aussage. Indem er ihnen afrikanische Züge verlieh, entsprach Story letztlich auch dem neuerwachten allgemeinen Interesse an der biologischen Vielfalt des Menschen und an neuen Heldentypen.

Storys Skulpturen stehen also in scharfem Kontrast zu den zuvor besprochenen Schönheiten Leightons. Leighton selbst – mag auch Disraelis *Lothair* ein ganz anderes Bild von ihm vermitteln – hätte niemals derart semitische Arierinnen zugelassen. Seine Gestalten gehören einer biologischen Herrenrasse von Eroberern an. Es sind die Frauen von Dilkes angelsächsischen Ariern, die alle wertlosen Rassen ausrotten wollen. Diese Damen erwarten die Ankunft ihrer Liebhaber und sind vollauf mit ihrer eigenen Schönheit und Aufmachung beschäftigt. In ihrer eindeutigen Abgrenzung von semitischen Phänotypen verkörpern sie das Konzept ihres Schöpfers: einen langbeinigen, kurzarmigen, blonden, blauäugigen, biegsamen, strahlendweißen Körper, – das »neue Ideal einer ausgewogenen und vollständig arischen Form«.[70]

Das neunzehnte Jahrhundert brachte, wie man sieht, ein erstaunlich breites Spektrum von Arier-Definitionen hervor. Um es hier noch einmal zusammenzufassen: Arier war 1) jeder mit einer indo-europäischen Muttersprache; 2) ein Angehöriger der indischen Arya; 3) ein großer, blonder Kriegertypus, der in das prähistorische Griechenland eingefallen war; 4) der Angehörige einer Heldenklasse in einer beliebigen Volksgruppe; 5) der Angehörige einer Rasse, die sich dem Wahren und Schönen verschrieben hat und nicht dem »hebräischen« Prinzip von Führung und Gehorsam; 6) jeder, der kein Semit war, wobei dieser Begriff auf den größten Teil der Menschheit angewandt wurde; 7) ein Angelsachse, der sich anschickte, die Erde zu beherrschen; 8) ein britischer Aristokrat, der weder las noch Fremdsprachen beherrschte; 9) jeder, der wie ein Leighton-Gemälde aussah; und 10) jeder, der wie eine Story-Statue aussah. Auf dieses wirre Durcheinander werden wir in Kapitel 7 noch einmal ausführlicher zu sprechen kommen.

5 Neue Vorschriften, neue Körper

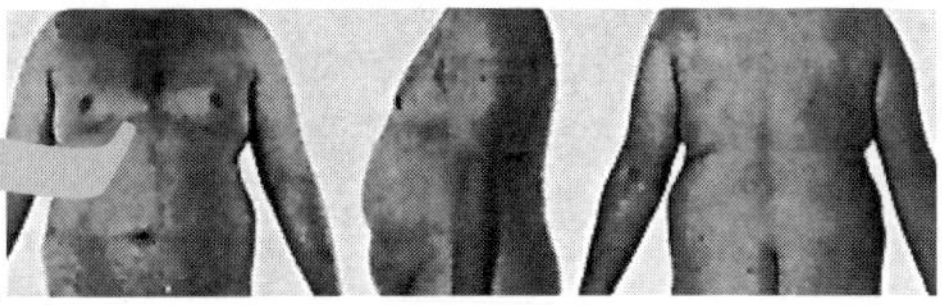

Wissenschaftliche Selektionsverfahren: Lavater, Ammon, Virchow und Kretschmer

Mit dem Aufstieg der Bioanthropologie entwickelten sich neue Methoden zur Vermessung des Körpers: Die Beschreibung stand nun erklärtermaßen im Vordergrund, nicht idealisierende Vorschriften. An *rein* deskriptiven, wissenschaftlichen Vermessungen hatten sich zuvor bereits Aristoteles, Hippokrates und Avicenna versucht, allerdings blieben nur Fragmente ihrer Beobachtungen erhalten[1]. Im Mittelalter und in der Renaissance waren diese Methoden jedoch aus der Mode gekommen. Sogar Vesal idealisierte den Körper in höchst polykletischem Maße, und seine anatomischen und medizinischen Figuren prägten die präskriptive künstlerische Tradition ebenso wie andere medizinische und künstlerische Zeichnungen seither. Die frühen Sozialwissenschaftler, die sich mit Anthropometrie beschäftigten, hatten also für gewöhnlich ausgesprochen kanonische Vorstellungen vom »richtigen« Aussehen des Menschen. Wer diesen Werten nicht entsprach, galt kurzerhand als anomal oder sogar pathologisch.

Die Beschreibung des Körpers war immer in besonderer Weise mit der Beschreibung des Kopfes und des Gesichts verbunden. Im späten achtzehnten Jahrhundert wurde daraus eine eigene Wissenschaft, oder, besser gesagt, wurden daraus mehrere Wissenschaften. Es entwickelte sich die Kraniometrie, die Schädelmessung, die noch heute angewandt wird. Physiognomie und Phrenologie basierten beide auf der Prämisse, daß von Gesichts- und Schädelformen auf bestimmte geistig-seelische Veranlagungen zu schließen sei. Offensichtlich hingen diese Vorstellungen mit früheren Typologien zusammen, die Gesicht und Kopf als Ausdruck des Gefühls verstanden. So hatte etwa Charles Le Brun in seiner Abhandlung *Méthode pour apprendre à dessiner les passions* von 1698 die Ähnlichkeit des menschlichen und des tierischen Gesichts nachweisen wollen, illustriert beispielsweise durch den Schaf-Typus, den Kamel-Typus und andere.[2]

Der berühmteste aller Gesichtsforscher war Johann Caspar Lavater. Im Gegensatz zu Le Brun bezog er Selektionsprinzipien in seine Forschung ein, wie auch der Titel eines seiner Werke verrät: *Physiognomische Fragmente zur Beförderung der Menschenkenntnis und Menschenliebe* (1775 – 1778). Lavater präsentiert darin Scherenschnitte männlicher Profile, die er fast alle für – in unserem Sinne – *selektabel* hielt, wobei er allerdings von individuell unterschiedlichen Vorzügen ausging (Abb. 5.1). Der physiognomische Ausdruck war seines Erachtens eine

Abb. 5.1

Scherenschnitte (von Johann Heinrich Lips?), aus: Lavater, *Fragmente*

weit ältere und reichere »Sprache« als das gesprochene Wort; Gesicht und Kopf galten ihm daher als primäre und zu Unrecht ignorierte Hinweise auf die wahre Natur des Menschen.[3]

Lavater legte seinen Profilmessungen ein geometrisches System zugrunde. Er zog Verbindungslinien zwischen bestimmten Profilpunkten – Nasenspitze, Kinnspitze, et cetera (Abb. 5.2) – und erklärte das so entstandene und bei jedem Menschen unterschiedliche Gitter zum Index der individuellen Persönlichkeit. Lavaters Schema nahm Francis Galtons Plan, jedes Gesicht in Großbritannien mittels eines »Isoskops« – das dem Prinzip Lavaters entsprach – als Koordinatensystem darzustellen, vorweg und hat es vermutlich auch beeinflußt (siehe Kapitel 6).[4]

Doch auch weicheres Gewebe, Fleisch und Knorpel, hatte eine Geschichte zu erzählen. So schreibt Lavater: »Leute mit zarten, feinen, scharf gezeichneten, eckigten [sic], unten spitzen, etwas gegen die Lippen niederhängenden Nasen sind witzreich.«[5] Die Beschreibung traf nicht nur auf Lavaters eigene Nase zu (Abb. 5.2), sondern auch auf die Robert FitzRoys (Abb. 5.3), einer seiner Jünger, der als Kapitän die HMS *Beagle* steuerte, auf der Darwin seine Expedition zu den

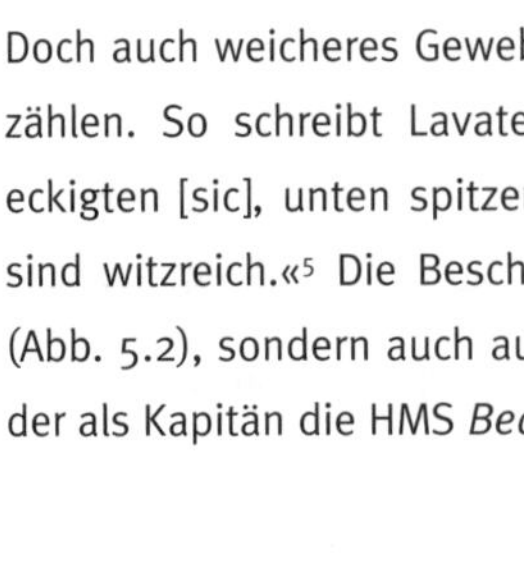

Abb. 5.2

Lavaters Silhouette

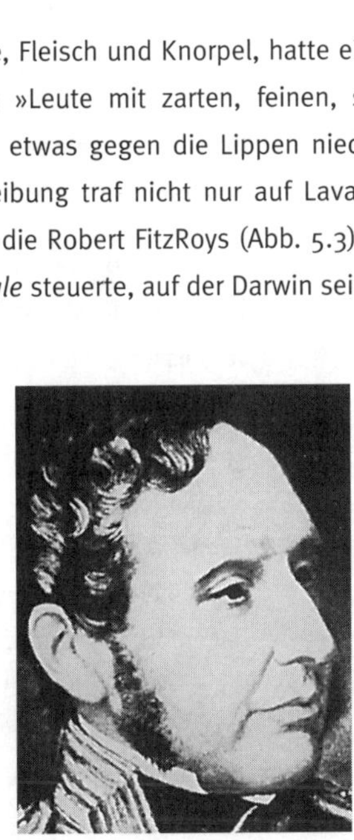

Abb. 5.3

Kapitän Robert FitzRoy

Abb. 5.4
Sokrates, 4. Jh. v. Chr.
Römische Kopie eines
hellenistischen Originals

Abb. 5.5
Büste Darwins aus der
Sammlung von J. J. Parodiz.
Künstler unbekannt

Galapagosinseln unternahm. FitzRoy war übrigens zu dem Schluß gekommen, daß die kurze, platte Stumpfnase des jungen Charles Darwin »von Indolenz spräche«, wie Darwin selbst berichtet. »Ich glaube, er war dann sehr froh, daß meine Nase gelogen hatte.«[6]

Wirft man einen Blick auf die Nasen, ist FitzRoys sogar noch eleganter als die Lavaters. Entschlossen erhebt sie sich zwischen den Brauen zu einem sanft gebogenen Nasenrücken, der sich ein wenig über die Nasenflügelplatte hinauswölbt. Darwins Nase hingegen ähnelt den beiden Stumpfnasen in Lavaters Scherenschnitten (Abb. 5.1) – der zweiten von oben links und der zweiten von unten rechts. Ihre Kürze und ihre ausgeprägt breiten Nasenflügel, ganz zu schweigen von Bart und Glatze, verleihen Darwin eine gewisse Ähnlichkeit mit Sokrates (Abb. 5.4), dessen satyrartige Häßlichkeit legendär war. Vielleicht wollte der Schöpfer der Darwin-Büste (Abb. 5.5) sogar eben diese Assoziation hervorrufen.

Lavater und die anderen Physiognomen des achtzehnten Jahrhunderts waren weder am Körperbau als Ganzem noch an einer bevölkerungsweiten Gesichtsvermessung interessiert. Sie wollten lediglich wissen, welche Variationen es gab, nicht, wie verbreitet diese waren. Erst 1871, als Galton seine ersten Artikel zur Bevölkerungsstatistik veröffentlichte und Darwins *Abstammung des Menschen* erschien, führte Rudolf Virchow eine Untersuchung männlicher Körper im Land Baden durch. Ursprünglich hatte er sich dabei auf Schädelvermessungen beschränken wollen, entschloß sich dann aber, auch Körpergröße sowie Haar- und Augenfarbe einzubeziehen. Gemessen an späteren Standards, waren Virchows Daten rudimentär.[7] Bedeutung erhielt seine Untersuchung durch einen anderen

Umstand: Wie später auch Charles Goring zog Virchow aufgrund seiner Ergebnisse jeglichen Zusammenhang zwischen Körperbau und Temperament in Zweifel.[8] Außerdem bestritt er die Existenz eines arischen Körpertyps[9] – zur damaligen Zeit stand er mit dieser Position weitgehend allein.

Otto Ammon war da schon typischer. In *Der Darwinismus gegen die Sozialdemokratie* vertrat er 1891 die Ansicht, die Demokratie sei abzulehnen, weil sie auch biologisch »minderwertigen« Individuen eine Stimme gebe. Doch wie bestimmte man biologische Minderwertigkeit? Ganz einfach. Ammon kategorisierte Menschen danach, ob sie einen langen oder kurzen Schädel hatten, ob sie – in der Sprache der Bioanthropologen – dolichozephal oder brachyzephal waren. Ammon war Anhänger verschiedener Thesen über das Ariertum und vermengte sie mit Galtons Ideen, beispielsweise mit seiner humanbiologischen Klassentabelle (Tabelle 6.1).[10]

Anders als die meisten seiner Vorgänger arbeitete Ammon mit einer großen Zahl von Studienobjekten. Zwischen 1887 und 1894 untersuchte er über 27 000 Rekruten – auch aus Baden – und bestimmte ihre rassischen Merkmale anhand ihres Temperaments und ihrer geistigen Fähigkeiten. Er stieß auf alle Korrelationen, die er angenommen hatte. Noch immer arbeiten viele Sozialwissenschaften nach dem Motto »Wer suchet, der findet«. Lange Köpfe, so Ammon, überwiegen unter Akademikern und Beamten. Ihre spezifische Schädelform lasse auf überragendes Talent, hohes Arbeitsethos und Idealismus schließen. Lange Köpfe entdeckte er daher unweigerlich bei allen Helden und Führerfiguren – zum Beispiel bei Bismarck und General von Moltke. Kurzköpfigen Menschen hingegen mangele es an Führungsqualitäten. Sie seien berechnend, selbstgefällig, emotional unreif und fühlten sich daher zum Sozialismus oder der römisch-katholischen Kirche hingezogen.[11] »Dolichozephale« Kennzeichen waren für Ammon, was »arische« für andere waren: die einer hochwertigen, langköpfigen Rasse inmitten einer minderwertigen, rund- oder kurzköpfigen Umgebung. Ammon repräsentierte vieles von dem, was die anthropometrische Analyse jener Jahre in Europa und den Vereinigten Staaten hervorbrachte. Eine fatale Konsequenz daraus war, daß zu den alten Kategorien wie Klasse, Geld, Manieren, Erziehung und Ethos, die die Menschheit schon immer in gegensätzliche Gruppen geschieden hatten, sich nun neue, wissenschaftliche Hierarchien gesellten, welche ausschließlich auf der Schädelstruktur und dem Körperbau beruhten.

Die deutschsprachigen Länder blieben auch weiterhin führend auf diesem Gebiet. Ernst Kretschmer, Autor des einflußreichen Buches *Körperbau und Charakter* (1921),[12] gründete seine Theorie, ähnlich wie später Sheldon, auf drei grundlegende Körpertypen, die er »asthenisch« (schwächlich), »athletisch« und »pyknisch« (gedrungen) nannte. Der athletische Typ war bei weitem der beste, wenngleich auch pyknische Individuen beeindruckend sein konnten. Auch Umfang und Form des Schädels spielten eine große Rolle, ebenso wie die unterschiedlichen Gesichtstypen. Für Kretschmer stand beides in Zusammenhang miteinander, so ging etwa der »Eierkopf« angeblich mit dem »Schildgesicht« einher. Kretschmer entwickelte Kriterien für Hautbeschaffenheit, für Harmonie der Proportion, ja selbst für die Messung der sexuellen Potenz. Und bestimmte Merkmalkombinationen hielt er für äußerst abträglich im Hinblick auf Selektabilität. Ein zu enges Mittelgesicht mit einer unterentwickelten Nase, schmale Oberlippen sowie ein stechender Blick waren besonders von Übel. Das Phänomen an sich nennt man »Hypoplasie« (organische Unterentwicklung), was soviel bedeutet wie eine symmetrische Verkleinerung aller vertikalen und horizontalen Maße.[13] Ist der gesamte Körper hypoplastisch, ist man ein Zwerg.

Solche physischen Beschaffenheiten wurden nun mit unterschiedlichen Temperamenten verbunden, welche sich wiederum aus der Unterscheidung von Zyklothymen und Schizothymen ergaben (*kýklos*, Kreis; *schizo*, ich spalte; *thymós*, Gemüt oder Wesensart). Jedes Individuum vereint in sich demnach eine Kombination aus mindestens zwei von fünf möglichen Kategorien, wobei die eine den Körperbau und die andere das Temperament oder die Persönlichkeit beschreibt. Zyklothyme unterliegen starken Stimmungsschwankungen; Schizothyme haben eine Veranlagung zur Schizophrenie. Allerdings ist dieser Geisteszustand häufig nicht deutlich ausgeprägt: Nur wenn diese Temperamente in ihren Extremformen auftreten, kann man Menschen amtlich für geistesgestört erklären. Kretschmers erklärtes Ziel war es, die gesamte Bevölkerung im staatlichen Auftrag zu diagnostizieren, um Einfluß auf die Partnerwahl der Deutschen nehmen zu können. Man braucht nicht lange, um herauszufinden, daß Kretschmer seinen Typen eine klare Rangordnung zuordnet und daß moderat zyklothyme Athleten gleichsam die Alphatiere seines Weltbilds sind. Genau sie galt es zu selektieren; die anderen Typen sollten in angemessenen Abstufungen ausgesondert werden.

Viele Seiten widmete Kretschmer dem vermeintlichen Auftreten »seiner« Menschentypen in der Kunst. Allerdings ersetzte er dabei die legendären oder imaginären Figuren durch historische. Diese versammelte er schließlich in einem Katalog mehr oder weniger schöner Humanvariationen. In seinem Pantheon standen Gottfried Keller, Tasso, Alexander von Humboldt, Locke, Mirabeau und Calvin. Acht Jahre später, in *Geniale Menschen,* befaßte er sich unter anderem mit dem »Dämonischen (Zusammenhang zwischen Genialität und Geistesstörung)«, mit »Genie und Rasse«, dem »Forscher«, »Held und Herrenmensch«, mit »Inspiration und Verehrung«, und dem »Propheten«, wobei angeblich jeder einen wissenschaftlich etablierten, anthropologischen Typus mit charakteristischem Gesicht und charakteristischer Figur darstellte.[14]

Endomorphe, Mesomorphe, Ektomorphe und William H. Sheldon

Sowohl Kretschmer als auch der italienische Anthropologe Cesare Lombroso hatten eine ganze Reihe von bekannten Schülern in den Vereinigten Staaten. Zu Lombrosos Anhängern gehörten N. Pende,[15] G. Viola, F. W. Beneke, A. Di Giovanni[16] und Sante Naccarati von der Columbia University.[17] Lombroso selbst war ein Prophet des Untergangs und gehört als solcher zu Kapitel 6. Seine amerikanischen Jünger waren jedoch weit weniger pessimistisch, was unsere biologische Zukunft betrifft. Aus ihren Reihen ging schließlich auch der optimistische Anthropometriker William H. Sheldon hervor. 1921 versuchte Naccarati, eine Korrelation zwischen den Körpermaßen und den Intelligenzquotienten einer Studentengruppe der Columbia University herauszufinden, und veröffentlichte eine Statistik, die Sheldon zutiefst beeinflussen sollte. »In einer Gruppe von 75 männlichen Studenten«, schrieb Sheldon, »fand [Naccarati] den bemerkenswert hohen Korrelationskoeffizienten +0.36 zwischen dem morphologischen Index [Körperbau] und dem Ergebnis des Intelligenztests.«[18] Ausgehend von Naccaratis Ergebnissen, sollte Sheldon bald zur wichtigsten Figur der amerikanischen Konstitutionstypologie, der Lehre vom Körperbau, werden.

Lombrosos größter und einflußreichster Bewunderer in den Vereinigten Staaten war jedoch Earnest Albert Hooton, von 1930 bis zu seinem Tod 1954 Professor für Anthropologie in Harvard. Er hatte mehr als nur eine Generation von bekannten Anthropologen ausgebildet, und wie fast alle amerikanischen Sozialwissenschaftler jener Zeit war auch er Eugeniker.[19] Hooton zählte zu den Gründungsmitgliedern der New Yorker *Galton Society*[20]; sein frühes wissenschaftliches Hauptwerk – *The American Criminal* von 1939 – befaßte sich mit neo-lombrosischen Untersuchungen von Kriminellen.[21] Ihm ging es vor allem darum, Korrelationen zwischen bestimmten Verbrechensarten und Körpertypen nachzuweisen, indem er nach wechselseitigen Zusammenhängen zwischen Körpertypus, Verbrechenshäufigkeit, Alter, Personenstand, Beruf et cetera suchte.

Hier nun einige von Hootons Ergebnissen, die durchaus ihren Niederschlag sowohl in der Kunst als auch in der sexuellen Auslese finden konnten: Tätowierungen sind unter Kriminellen weiter verbreitet als in der Gesamtbevölkerung. Kriminelle tendieren gegenüber Nichtkriminellen zu dünneren Bärten und geringerer Körperbehaarung, aber zu dichterem Haupthaar, das eher glatt als gelockt und eher rotbraun als grau oder weiß ist. Ihre Augen sind eher graublau oder mischfarben als dunkel oder blau; und sie haben häufiger eine gesprenkelte Iris, schmale Augenbrauen, Krähenfüße, eine niedrige und fliehende Stirn, eine hohe, schmale Nasenwurzel, ein hohes Nasenbein, ein ausladendes Nasenprofil, eine nach außen gewölbte und lateral gebogene Nasenscheidewand, extreme Variationen bei der Dicke der Nasenspitze, schmale Lippen und abgeflachte Kieferknochen, jedoch selten einen deutlichen Überbiß. Das Ohr eines Kriminellen weist eher als das eines ehrlichen Mannes eine leicht eingerollte Ohrleiste (Helix) und einen deutlich erkennbaren »Darwinschen Höcker« (spitz zulaufende Ohrkappe) auf. Auch finden sich unter Kriminellen mehr extreme Varianten der Ohrwölbung als unter dem Rest der Bevölkerung, wenn auch das Ohr »des Kriminellen« meist klein ist.[22] Hootons Buch hatte nicht zuletzt den Zweck, Charles Goring zu widerlegen, der sich 1913 um den Nachweis bemüht hatte – erfolgreich, wie man heute urteilt –, daß es *keine* Korrelation zwischen Körpertypus und Verbrechen gibt.[23] Hooton allerdings war, ganz in der Tradition Lavaters, vor allem an Kopf und Gesicht interessiert.

Vielleicht mehr als jeden anderen der hier genannten Forscher beschäftigte ihn jedoch das Thema Rasse. Hooton hatte zwei Gruppen untersucht – 167 Nichtkriminelle (»Zivilisten« nannte er sie) und 299 Kriminelle. 42 Prozent der Nichtkriminellen, aber nur 20 Prozent der Kriminellen waren nach seinen Angaben englischer Herkunft. Irischer Abstammung waren 37 Prozent der Nichtkriminellen und 33 Prozent der Kriminellen.[24] Folglich bestand – nach meiner Berechnung – für jeden Menschen irischer Abstammung eine um 13 Prozent höhere Gefahr, kriminell zu werden, als für einen Engländer. Hooton setzte sich nun vehement für neue Immigrations- und Eugenikgesetze ein, die diesen Daten Rechnung tragen sollten, und zwar sowohl in bezug auf die bei Iren angeblich genetisch bedingt höhere Veranlagung zur Kriminalität, als auch hinsichtlich der Gesichts- und anderen phänotypischen Merkmale, die bei Angehörigen aller Rassen laut Hooton auf kriminelles Potential schließen ließen. Die Vorstellung, daß eine andere Stichprobe andere Resultate hervorgebracht haben könnte, ließ Hooton gar nicht erst zu.

Schon bald erkor er seinen einzig legitimen Nachfolger. Zweck der Bioanthropologie müsse es sein, »die anatomischen und physiologischen Unterschiede zwischen Gruppen und Individuen in Beziehung zur Psychologie und zum sozialen Verhalten zu setzen«.[25] Vorbedingung dafür sei jedoch, alle existierenden Variationen menschlicher Körper zu vermessen und zu erfassen.[26] Einen großen Schritt in diese Richtung habe bereits Lombroso geleistet: »Er allein kann mit Darwin um die Ehre streiten, der größte aller Anthropologen zu sein.« Und nun trete Sheldon in Lombrosos Fußstapfen.[27] Tatsächlich entwickelte Sheldon bald ein weit ausgeklügelteres Vermessungsschema als irgendeiner seiner Vorgänger, und er beschäftigte sich auch wesentlich intensiver mit dem Charakter derjenigen, deren Körper er vermaß. Sein mangelndes Interesse an den Vererbungsmechanismen und sein paradoxer Glaube an den biologischen Determinismus führten allerdings zu harscher Kritik seitens seiner Kollegen im Zuge der Kontroverse »Vererbung versus Sozialisation«.[28] Doch zum Schweigen brachte ihn niemand, und Sheldons System – als eine Möglichkeit, den Körper zu beschreiben, unter Auslassung der Korrelationen mit dem Temperament – wird noch heute angewandt.

William H. Sheldon wurde auf dem ländlichen Rhode Island geboren, als Sohn eines preisgekrönten Geflügel- und Hundezüchters.[29] Sein erstes Buch über heroische Führernaturen trug den nietzscheanischen Titel *Psychology and the Promethean Will* (1936).[30] Darin unterteilt er die Menschheit in die vielen Wissensträger – Bewahrer der Tradition und des Status quo wie Prometheus' Bruder Epimetheus (»der nachher Denkende«) – und die wenigen göttergleichen Vordenker (*pro-metheus* = »vorher bedenkend«), die nach dem Unmöglichen streben, der Menschheit Feuer bringen und zu deren kühnen, aber manchmal auch kriminellen Führern, Heiligen und Helden werden. Zu den prominentesten Prometheikern Sheldons zählen Giordano Bruno, H. G. Wells, H. L. Mencken und John B. Watson, der Begründer der Verhaltenspsychologie.[31] Diese Auflistung läßt die Umrisse des viktorianischen Arierkults erkennen, der von einer eigenen Rasse aggressiv überlegener Typen innerhalb einer Rasse ausging.

Die ersten Resultate einer Studie, die Sheldon an viertausend Studenten aus dem ersten Collegejahr durchführte, veröffentlichte er in *The Varieties of Human Physique: An Introduction to Constitutional Psychology* (1940).[32] Die untersuchte Gruppe beschränkte sich auf männliche Weiße europäischer Herkunft. Sheldon unterschied drei grundlegende Körpertypen: endomorphe, mesomorphe und ektomorphe. Evolutionär betrachtet, so Sheldon, ist der Endomorphe der Primitivste, da die Proportionen seines Körpers auf den ältesten Strukturen der tierischen Evolutionsskala beruhen – vom Reptil abwärts.[33] Endomorphe Körper werden vom Verdauungstrakt und den zur Nahrungsaufnahme notwendigen Organen dominiert und verfügen über längere und schwerere Gedärme als andere. Mesomorphe hingegen werden vom Muskelapparat beziehungsweise von dem intermediären Körperbereich beherrscht, zu dem auch Herz, Bindegewebe und Blutgefäße zählen. Mesomorphe weisen außerdem einige jener von Lombroso festgestellten Merkmale auf, die von evolutionären Rückfällen auf die Stufe des Affen zeugen: »supraorbitale Wülste [am Kopf], hervortretende, massive Wangenknochen und schwere, quadratische Kinnbacken«, wie Sheldon schreibt.[34] Trotz dieser affenähnlichen Züge ist der Mesomorphe der heroischste aller drei Typen. Vorwiegend mesomorphe Menschen sind biologisch überlegen. Ihre evolutionäre Rückständigkeit, sofern nicht übertrieben ausgeprägt, sollte später jedoch als Segen empfunden werden.

Der *bei weitem* entwickeltste Körpertyp ist der ektomorphe. Bei ihm dominieren Skelett, äußere Organe und Haut. Ein hoher Anteil seiner anatomischen Masse wurde an die Oberflächenorgane und Nerven abgegeben. Berührung, Temperatur, Geräusch, Sehen und Atmosphärisches spielen für seine Sinneserfahrungen eine größere Rolle als bei Endo- und Mesomorphen. Dafür sind Ektomorphe hypersensibel. Sie halten keine extremen Temperaturen aus, suchen ständig Schutz und neigen dazu, sich von der Umwelt abzuschirmen. Sie zeigen – anders als Endomorphe – nur wenig Interesse für Aktivitäten wie Essen und Trinken und verabscheuen die von den Mesomorphen so geliebte körperliche Betätigung. Selbst ihr evolutionär höherer Status bietet kaum einen Vorteil, denn letztlich sind sie schlicht überentwickelt.[35] Folglich sind, so Sheldon, Ektomorphe hauptsächlich unter Aristokraten und anderen überzüchteten Gruppen zu finden. Dem Existenzkampf, dem Leben in der Stadt oder gefährlichen Berufen haben sie keine Stärken entgegenzusetzen, und wenn sie überleben wollen, bedürfen sie eines besonderen Schutzes.[36] Natürlich sind sie auch im Wettkampf um das andere Geschlecht die Verlierer.

In der Natur, so Sheldon, treten diese drei Typen nicht in Reinform auf. Jedes Individuum trage vielmehr von allen dreien etwas in sich, und die Mischung lasse sich in einem dreistelligen Code ausdrücken. Dieser bezeichnet, zu welchem »Somatotyp« ein Mensch gehört. Die erste Zahl mißt den endomorphen Anteil, die zweite den mesomorphen und die dritte den ektomorphen, wobei in jeder Kategorie 1 das Minimum und 7 das Maximum darstellt. Der Somatotyp 117 (1 für Endomorphie, 1 für Mesomorphie und 7 für Ektomorphie) weist demnach abnorme Mängel bei der Eingeweide- und Muskelstruktur auf, ist hingegen mit Oberflächen- und Hautelementen überproportional ausgestattet.

Sheldon unterteilte den Körper des weiteren in fünf Zonen, die wiederum ihren eigenen somatotypischen Code erhielten. Jede Zone kann in einem normalen oder anomalen Verhältnis zu den anderen stehen. Die erste Zone umfaßt Kopf, Gesicht und Hals; die zweite den Bereich des Thorax; die dritte Arme, Schultern und Hände; die vierte den Abdominalbereich; und die fünfte schließlich Beine und Füße.[37] Wenn eine Körperregion normwidrig von der anderen abweicht, leidet die Person unter Dysplasie (*plasis*, Formung, Angleichung). Jeder Körper hat einen Dysplasiequotienten oder –wert, der auf den jeweiligen somatotypischen Übereinstimmungen oder Abweichungen basiert. Ein Mensch mit dem Code 117 für die Beine und 711 für das Abdomen wäre also in hohem Maße dysplastisch; stimmt der Code bei beiden Regionen überein, ist keine Dysplasie festzustellen.[38] Dysplasie glaubte Sheldon bei Männern seltener zu finden als bei Frauen; und die von ihm untersuchten 3 500 männlichen Psychotiker wiesen wiederum stärkere Dysplasien auf als die viertausend männlichen Collegestudenten.[39] Dysplasie, jedenfalls in ihrer extremen Ausprägung und vor allem unter Männern, könnte demnach ein guter Index für geringe Selektabilität einer Person sein.

Sheldons umstrittenste These, daß nämlich Körperbau und Temperament zusammenhängen, machte er zum Thema seines Buches *Varieties of Temperament: A Psychology of Constitutional Differences* (1942). Anhand von Nacktphotos analysierte er die Somatotypen von zweitausend männlichen Studenten und postulierte drei grundlegende Temperamente, die angeblich mit dem endomorphen, mesomorphen und ektomorphen Körpertypus korrespondieren. Das Temperament der Endomorphen nannte er »viszerotonisch« (Magentyp). Viszerotoniker konzentrieren sich auf ihr urzeitliches oder selachisches Selbst. Sie lieben die Bequemlichkeit, Essen und Schmusen. Sie sind infantil und sowohl in bezug auf ihre Persönlichkeit als auch auf ihren Körper unterentwickelt. Das »somatotonische« Temperament der Mesomorphen hingegen führt zu Extravertiertheit, selbstbewußtem Verhalten und körperlicher Betätigung. Somatotoniker befinden sich im genau richtigen Entwicklungsstadium. Der »Zerebrotoniker« – ein geistesorientierter Mensch also –, entspricht dem überentwickelten Ektomorphen.[40] Dieser ist zweifellos kopflastig; seine Zerebrotonie ruft allerdings in ihrer Extremform alle möglichen Gebrechen hervor.

Temperament und Körperbau einer Person konnten unterschiedlich bewertet werden. Der bereits als extremer Endomorph erwähnte Somatotyp 117 erhielt zum Beispiel eine Temperamentsbewertung von 216; er ist also geistig oder psychisch etwas endomorph-betonter als körperlich und behält seine 1 für den Anteil der Mesomorphie. Das heißt, sein Körper ist – im Vergleich zu anderen – kaum muskulär betont und auch sein Geist hat nur geringfügige »muskuläre« Anteile.[41]

An der Spitze von Sheldons mesomorphen Helden steht der Somatotyp 172, der ein wenig an Gobineaus oder Curtius' Arier erinnert:

»Die 172 entspricht wahrscheinlich genau dem männlichen Ideal, das die romantischen Vorstellungen bestimmt, die Männer wie Frauen sich von einem Helden machen. Es ist das Ideal von überlegener Kraft und maskuliner Rauheit ohne die geringsten Anzeichen von Weichheit oder Schwäche, dem zugleich eine ektomorphe Linearität und Klarheit in Umriß wie Gestalt untergeordnet ist. Es ist das legendäre Ideal, das mit nahezu allen kämpferischen und dominanten Menschen verbunden wird. Der perfekte Serienheld für einen Actionthriller im Kino oder einen Zeitungscartoon ist die 172. ›Tarzan‹, ›Dick Tracy‹, ›Smilin' Jack‹, ›Li'l Abner‹, ›Superman‹ und so weiter sind alle 172er.«[42]

Die Temperamentseigenschaften, die Sheldon diesem Körpertyp zuschrieb, verstärkten noch dessen Überlegenheit. 172er leiden an Klaustrophobie. Bei ihnen jedoch ist das kein pathologischer Zustand, sondern vielmehr Ausdruck eines ungeheuren Befreiungsbedürfnisses. Mesomorphe lieben Weite um sich. Sie stellen ihre Schreibtische in die Mitte des Zimmers. »Sie lieben das Leben auf großem Fuße ... Sie bevorzugen Häuser auf einem Hügel oder in einer auffallenden, imponierenden Lage. Sie hassen beengende Kleidung.«[43] Mesomorphe Klaustrophobiker verfügen über einen ausgezeichneten Sinn für Geographie, Raum und Geräusch. Das heißt, sie sind bestens in der Lage, das Umfeld, das sie so machtvoll besetzen, auch zu beherrschen.[44] Sie sind gleichsam die Alpha-

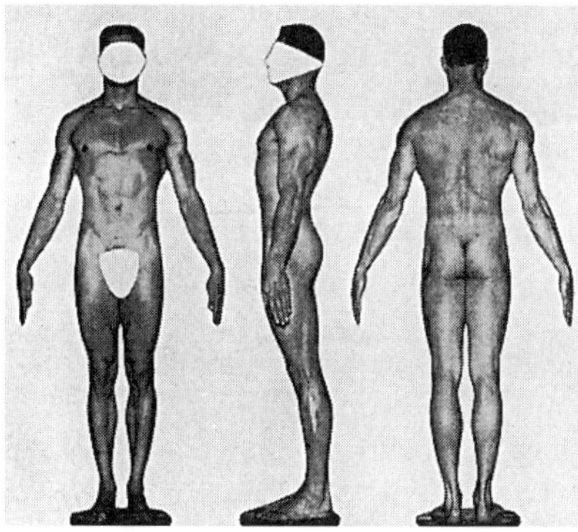

Abb. 5.6
Somatotyp 172, extrem mesomorph. Aus: Sheldon, *An Atlas of Men*

Abb. 5.7
Batman, 1970.

tiere der Menschheit, die sich im Kampf ums Überleben an die Spitze drängen, eher Prometheiker als Epimetheiker. Nach Sheldon waren sogar Herkules und Zeus nur 271er, rangierten also mit ihrem mesomorphen Anteil erst nach Superman und waren auch mit einem größeren Fettanteil ausgestattet.[45]

Sheldon warnte jedoch, daß diese Helden durchaus gefährlich werden könnten. Die amerikanische Gesellschaft habe ein zu großes Faible für sie entwickelt, und das amerikanische Erziehungssystem unterliege derart dem Regiment der Mesomorphie, daß ein humanes Eugenikprogramm mit angemessenen Nischen für die unterschiedlichen Somatotypen wahrscheinlich niemals zugelassen würde. Das Amerika von 1942 habe die Bande mit der zerebrotonen und ektomorphen Christenheit zerrissen und sich der sexuell freizügigen Religion Freuds zugewandt, einer hypermesomorphen Religion, die zu einer (unerwünschten) Art von Herrenrasse führe.[46] Doch angesichts der herrschenden sexuellen Selektionspraktiken gäbe es nichts, was den Reproduktionserfolg der Mesomorphen verhindern könne.[47] Eines Tages sähen wir alle wie Superman und Wonder Woman aus – alles 172er.

In Sheldons *Atlas of Men* (1954) finden sich Darstellungen zu seinen drei extremen Körpertypen: dem Mesomorphen (Abb. 5.6), dem Ektomorphen (Abb. 5.8) und dem Endomorphen (Abb. 5.9). Wie verhalten sich die abgebildeten Männer nun zum polykletischen Kanon (Tabelle 3.5)? Der Mesomorphe ist wie der *Doryphoros* und Albertis männliche Figur 7 Kopf hoch und sein Brustkorb mißt wie der des *Doryphoros* $^1/_5$ der Körpergröße. Auch Unterarm und Hand sind mit $^1/_4$ kanonisch, und sowohl die Hand- als auch die Gesichtslänge entsprechen dem angemessenen $^{1}/_{10}$. Der Ektomorphe kommt schon schlechter weg: Er ist $8^{1}/_{2}$ Kopf hoch, eine Proportion, die Lomazzo entspricht; doch sein Brustkorb umfaßt gerade einmal $^{1}/_{6}$ seiner Körpergröße. Keine der polykletischen Autoritäten läßt dies zu. Seine Unterarm/Hand-, Hand- und Gesichtsmaße sind hingegen wieder korrekt. Der Endomorphe ist 7 Kopf hoch, sein Brustkasten entspricht $^{1}/_{4}$ seiner Körpergröße und auch seine Hand- und Gesichtsmaße sind mit $^{1}/_{10}$ korrekt – so weit, so gut. Doch seine Arm/Handmaße sind im Gegensatz zum Verhältnis Unterarm/Hand zu kurz. Bei allen dreien machen die Füße $^{1}/_{8}$ der Gesamtkörpergröße aus, was dem in Tabelle 3.3 geforderten $^{1}/_{6}$ widerspricht. Von den drei Sheldon-Typen verfügt also nur der Mesomorphe über perfekte Maße. Batman (Abb. 5.7) ist eindeutig ein 172er – oder nahe daran –, obwohl er im Vergleich zu Sheldons Darstellung extrem lange Beine hat, eine Variation, die wir bei Michelangelo und auch im Zusammenhang mit dem Arierkult gesehen haben. Sein kleiner Kopf hat Kretschmers »Schildgesicht«, das schließlich die Nationalsozialisten wiederaufgreifen sollten (siehe Kapitel 8).

Sheldon hatte auch ausgesprochen neuplatonische Anwandlungen. Nicht nur in seinem Buch über die Temperamente erläuterte er seine »schematische, zweidimensionale Projektion der theoretischen räumlichen Beziehungen zwischen den bekannten Somatotypen« (Abb. 5.10). Dabei dreht es sich um ein gleichseitiges sphärisches oder Kugeldreieck (seine Seiten beschreiben wie bei einer Kugel nach außen gewölbte Bögen). Entlang seinen Kanten sind jene 76 unterschiedlichen Somatotypen festgelegt, die Sheldon in der Natur vermutete (von insgesamt 343 möglichen, also 7 x 7 x 7). Jede Ecke markiert einen reinen und nicht notwendigerweise real existierenden Typus: Ektomorpher (117), Mesomorpher

Abb. 5.8
Somatotyp 117,
extrem ektomorph.
Aus: Sheldon, *An Atlas of Men*

Abb. 5.9
Somatotyp 732,
extrem endomorph.
Aus: Sheldon, *An Atlas of Men*

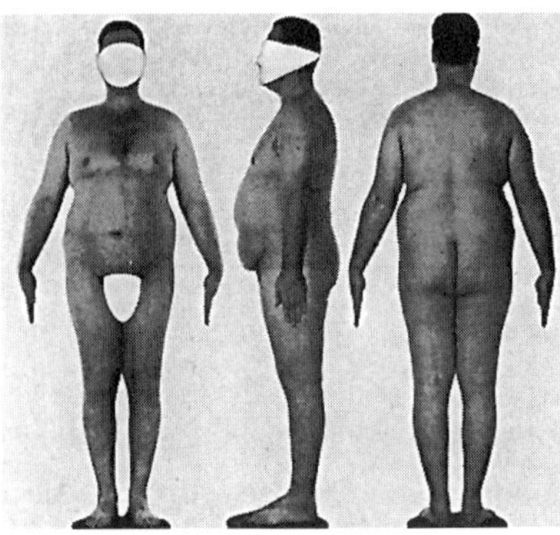

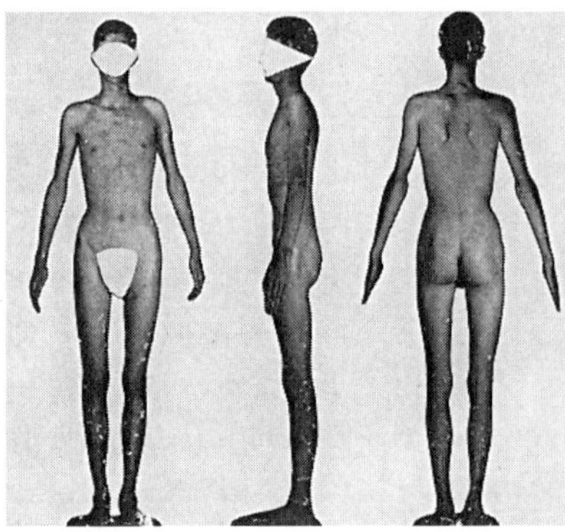

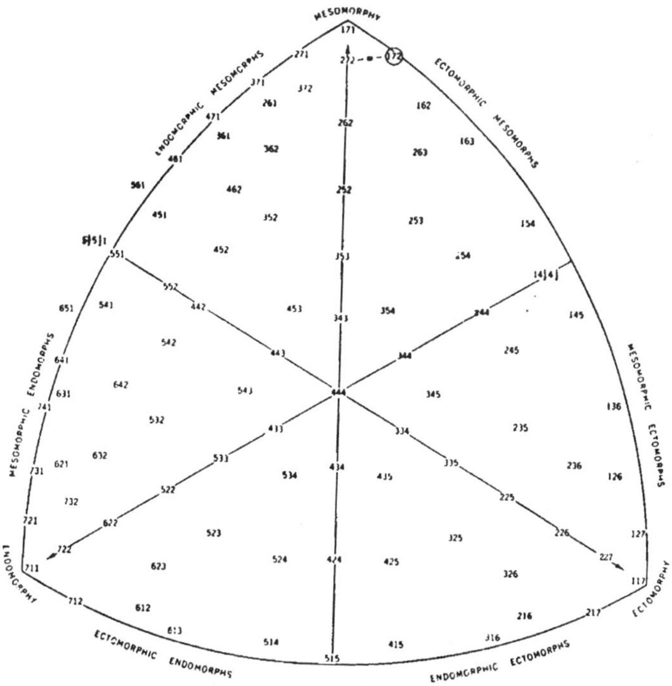

Abb. 5.10
Sheldons Diagramm der existierenden Somatotypen. Aus: Sheldon, *An Atlas of Men*

(171) und Endomorpher (711). Dazwischen liegen, ähnlich den Einteilungen beim Kompaß, die Mischtypen: ektomorphe Endomorphe, endomorphe Ektomorphe, mesomorphe Ektomorphe et cetera.

Die Achsen aller drei Seiten treffen sich im Zentrum des Dreiecks. Auf diesen inneren Achsen tauchen neue Mischtypen auf. Die Achse, auf der der Code für den reinen Mesomorphen – 171 – liegt, verläuft vertikal von oben nach unten und schneidet sich mit der Basis des Dreiecks am Punkt 515. Auf dieser Achse verläuft von oben nach unten die Reihe 272, 262, 252, 353, 343, 444 (die Mitte aller drei Achsen), 434 und 424. Andere Mischtypen sind in regelmäßigen Abständen zwischen den Achsen und den Seiten des Dreiecks verteilt.

Das Dreieck wurde für Sheldon zu einem geradezu mystischen Land oder Kontinent. Er spricht beispielsweise von »Nordostlern«, »Südwestlern«, von Personen, die »an den Polen« und »auf den Gipfeln« wohnen, oder von »zentrumsorientierten Leuten«. Doch all dies deutet nur an, worum es Sheldon wirklich ging:

»Die Somatotypen kann man sich in einem dreidimensionalen Abschnitt einer Kugel verteilt vorstellen. Sie hat sowohl Tiefe oder Polardiameter, als auch eine Ost-West- und eine Nord-Süd-Dimension. Die 4-4-4 liegt auf der Spitze des somatotypischen Gebildes [geometrischen Körpers] und definiert dessen Gipfelpunkt. Die anderen Somatotypen mit der Quersumme 12 befinden sich auf der Oberfläche des somatotypischen Gebildes. Diejenigen mit einem Wert unter 12 sind in den unteren Ebenen angesiedelt, wobei 7-1-1, 1-7-1 und 1-1-7 die drei Extrempole darstellen (alle eine 9 ergebend) – sie definieren das niedrigste Niveau des somatotypischen Gebildes auf dem Grund der Kugel. Am Nordpol gäbe es somit die hypothetische 7-7-7 – unmöglich im organischen Leben, doch theologisch ebenso postulierbar wie Mr. G oder Gott. Am Südpol wäre die hypothetische 1-1-1, was organisch das absolute Nichts bedeutet. Weitere Punkte auf der Kugeloberfläche wären die hypothetischen (aber organisch unmöglichen) Somatotypen 7-1-7, 7-7-1 und 1-1-7. Wir erkennen also, daß jede Kombination dieser drei Zahlen mit einer oder mehreren 7 auf der Oberfläche der Kugel angesiedelt wäre, wohingegen alle anderen Kombinationen ins Innere fielen.«[48]

Nun klingt er wie Buckminster Fuller – oder Cornelius Agrippa von Nettesheim, obwohl sich die Neuplatoniker der Renaissance nicht auf das Gebiet der sphärischen Trigonometrie gewagt hatten. Sheldons Dreieck ist Teil der Oberfläche einer Kugel, die in der Tat ein Palast aus Körpern, ein Globus, eine Welt aus zum Teil irrealen, aber »postulierbaren« Körperformen wäre, vergleichbar der neuplatonischen Welt der sichtbaren und unsichtbaren Wesen – der Welt jener übermenschlichen Götterrassen, Engel, Dämonen also, auf die wir in Lomazzos System einen Blick werfen konnten. Man beachte auch, daß der 171er Mesomorphe den höchsten Gipfel des »Gebildes« erklimmt: ein irrealer König (da organisch unmöglich) mit einem real existierenden Sohn – 172 – an seiner Seite.[49]

Mit diesem Kapitel betrat die moderne Wissenschaft die Szene. Lavater und verschiedene deutschsprachige Anthropometriker in den Jahrhunderten nach ihm entwickelten eher deskriptive als präskriptive Bestimmungen von Gesicht und Körper. Alle erweiterten schließlich ihre Untersuchungen und nahmen statt einzelner Typen ganze Populationen ins Blickfeld. Insgeheim jedoch setzten auch ihre Charakterisierungen das selektive und aus früheren Jahrhunderten stammende Vorschriftenprinzip fort. Sie ordneten die Körper, mit denen sie sich befaßten, zu Hierarchien von gut bis schlecht. Inspiriert von Lombroso, Kretschmer und Hooton, griff Sheldon sogar auf die Praxis der Renaissance und des Barock zurück, Gestalt, Proportionen und Maße eines Körpers mit Temperament und Intellekt gleichzusetzen. Bis heute sind Anthropometriker zuweilen versucht, Urteile über Wertigkeiten zu fällen. Daß Batman noch 1970 ein Sheldonscher Mesomorph genannt werden konnte, beweist, daß Sheldons Erkenntnisse (oder Selektionsverfahren) noch immer die Vorstellungen vieler beherrschen.

Die vorangegangenen drei Kapitel habe ich einem Kanon gewidmet, den man den Kanon der Selektabilität nennen könnte – dem *homo bene figuratus*, dem arischen Helden und seiner Heldin, dem prometheischen Mesomorphen. Nun treten diejenigen ins Blickfeld, die von den Anthropologen des späten neunzehnten Jahrhunderts als »minderwertig« bezeichnet wurden: Ammons Brachyzephaliker, Kretschmers Schizothyme, Sheldons Ektomorphe et cetera – all jene also, deren schiere Existenz und mögliche Fortpflanzung nach Ansicht vieler führender Wissenschaftler und Intellektueller die sexuelle Auslese vom erwünschten Kurs abzubringen drohten.

Galton und Lombroso

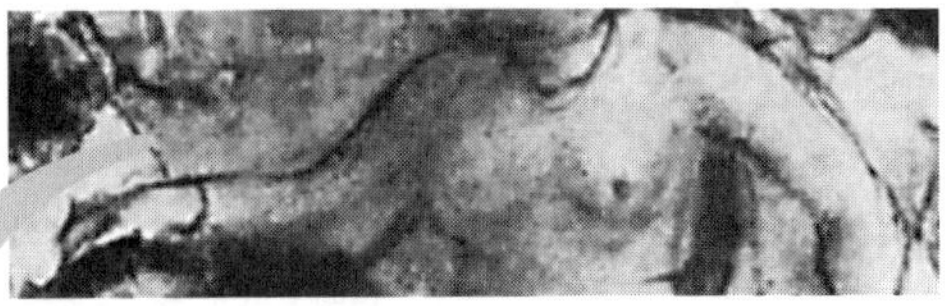

6

Hässliche und schöne Gesichter

Wenden wir uns nun vom Optimismus dem Pessimismus zu, von der Hoffnung, daß sich die Menschheit mit Hilfe der Wissenschaft hochzüchten könne, zu der Angst, daß die Spezies entarten und sich vom Homo sapiens zu einer niederen Kreatur zurückbilden werde.[1] Auch hier in der »Saga der Deselektabilität«, wie man es nennen könnte, spielt die Kunst eine nicht unbeträchtliche Rolle.

Der Glaube an biologischen Verfall ist alt – älter als alle Erkenntnisse über die Evolution. Schon Platon erklärt in seinem *Timaios* rundweg, die Vögel stammten von Männern ab, die »zwar harmlosen, aber leichten Sinnes [waren und] welche wohl mit den Erscheinungen am Himmel sich beschäftigten ... Ferner entstanden auf dem Lande lebende Tiere aus solchen Menschen, die um die Weisheit sich nicht kümmerten noch ... auf den Himmel ihr Augenmerk richteten ... Einer solchen Lebensrichtung zufolge streckten sie, vermöge ihrer Verwandtschaft mit derselben, nach der Erde die dahin gezogenen Vorderglieder und Köpfe ...«[2] Hanno, der karthagische Schriftsteller und Seefahrer aus dem fünften Jahrhundert v. Chr., hielt die Affen, die er an der Mündung des Gabun-Flusses in Westafrika sah, für degenerierte Menschen.[3] Und als man Vesal, den größten Anatomen der Renaissance, attackierte, weil er Galens Thesen ablehnte, kam ein schlauer Kritiker auf die Idee, daß die von Galen beschriebenen, aber unter den Zeitgenossen nicht auffindbaren Körperformen im Laufe der langen, langsamen Degeneration der menschlichen Spezies bereits verkümmert und ausgestorben seien.[4]

Solche Vorstellungen scheinen weit verbreitet gewesen zu sein. 1847 veröffentlichte der amerikanische Missionar und Mediziner Thomas S. Savage einen Aufsatz über das Verhalten der Primaten an der Küste von Westafrika,[5] der große Berühmtheit erlangen sollte: Sowohl Freuds Theorie zum Totemkult als auch Darwins *Abstammung des Menschen* nahmen darauf Bezug. Savage hatte eine Zeitlang in der Nähe des Mpongwe-Stammes gelebt, der seinen Lebensraum mit einer Schar von Verus-Schimpansen teilte. Die Mpongwe hielten diese Affen für degenerierte Menschen, die einmal genauso ausgesehen hätten wie sie, berichtet Savage. Dieselbe Vorstellung herrschte offenbar auch bei benachbarten Stämmen, denn sie nannten diese Affen »Pongos«, was deutlich an den Namen der Mpongwe selbst erinnert. (Ebenso bedeutete »Orang-Utan«, ein Wort aus dem Malaiischen, ursprünglich »Wald*mensch*«.)

Im Judentum und Christentum, wo der biblische Gott so oft mit der Ausrottung der Menschheit drohte (und mehr als einmal damit fast Ernst gemacht hätte), wurde diese pessimistische Sichtweise noch zusätzlich geschürt. Doch der große, grundsätzliche Zweifel an der Zukunft unserer Spezies sollte erst im späten neunzehnten Jahrhundert erwachen, genährt vom Darwinismus und der Orthogenese, einer nicht-darwinistischen Theorie, die zu jener Zeit viele Anhänger hatte. Die Orthogenetiker waren der Überzeugung, daß alle Spezies einem unausweichlichen, schleichenden Niedergang unterworfen seien. Dabei beriefen sie sich (absolut korrekt) auf die Tatsache, daß bereits 99% aller je existenten Spezies ausgestorben waren. Wieso also sollte ausgerechnet der Homo sapiens von diesem Schicksal ausgenommen bleiben?[6] Engels erklärte 1876 in einem Werk, das zum marxistischen Evangelium werden sollte, daß es wilde Stämme gebe, »bei denen ein Rückfall in einen mehr tierähnlichen Zustand ... anzunehmen« sei.[7] Und noch 1974 verurteilte die *Prawda* Alexander Solschenizyn mit dem Satz: »Um ihn zu beschreiben, bedarf es nur eines Wortes: degeneriert.«[8]

Viele liberale wie radikale Geister befürchteten eine solche Degeneration und befanden, ein intelligentes Fortpflanzungsverhalten des Menschen müsse Vorrang haben vor der freien Partnerwahl mit all den unvorhersehbaren und oft unverständlichen Extravaganzen, die junge Leute dabei an den Tag legten. Ihr Verhalten sei bestenfalls ziellos und schlimmstenfalls biologisch riskant, stellten etwa John McLennan und Edward Westermarck in ihren Schriften fest.[9] Deshalb erwog man, auf die Praktiken »primitiver« Gesellschaften zurückzugreifen und nur bestimmten Paaren sexuelle Kontakte zu erlauben. Diese Überlegung sollte zum Meilenstein für eine neue Wissenschaft werden – die Eugenik.

Angeführt von Darwins Vetter Francis Galton schlugen die Eugeniker den Kompromiß vor, Eheschließungen zwar prinzipiell zuzulassen, doch nur in Fällen, die ein positives Reproduktionsergebnis versprachen. Westermarck, der sich Galtons Idee anschloß, verwies darauf, daß in vielen Gesellschaften Finanzkraft, Widerstandsfähigkeit und Mut eines Heiratskandidaten öffentlichen Prüfungen unterzogen würden; solche Feuerproben seien nichts anderes als uralte Formen eugenischer Testverfahren.[10] Galton hielt es jedoch nicht nur für notwendig, die Reproduktion minderwertiger Menschentypen zu unterbinden; er wollte zugleich der in Großbritannien herrschenden »Unterproduktion« von selektablen Menschen entgegenwirken. Deshalb plante er unter anderem einen »Schönheitsatlas« des britischen Inselreichs, in dem die Selektabilität britischer Frauen aller

Regionen und Städte anhand einer Zahlenskala verzeichnet sein sollte. Damit wäre dem Staat geholfen, passende Paare zusammenzustellen. Die ersten Daten sammelte Galton, indem er durch die Straßen verschiedener Städte schlenderte und jedes schöne, durchschnittliche und häßliche Mädchen mit einem in seiner Tasche verborgenen Zähler registrierte.[11]

Die Selektabilität der neuen Elite wurde also in hohem Maße von der körperlichen Erscheinung abhängig gemacht. Selbst ob jemand in Kunst, Mathematik, Fußball und Management, den von Galton favorisierten Tätigkeitsbereichen, Außergewöhnliches zu leisten imstande war, machte er vor allem an der optischen Begutachtung einer Person fest. Die sichtbaren Anhaltspunkte für Vortrefflichkeit in diesen Bereichen wurden sozusagen zu Lockmitteln. Das gab den Anstoß zu einer neuen photographischen Methode zum Studium von Physiognomien:[12] Galton photographierte die Gesichter verschiedener Personen auf derselben Platte übereinander. Bei Mitgliedern einer einzigen Familie erhielt er auf diese Weise sozusagen das Familiengesicht: Die nicht charakteristischen Merkmale verschwanden unter der Mehrfachbelichtung, während die dominanten, allen Gesichtern gemeinsamen Züge sich exakt wiederholten und so deutlich hervortraten. Galton generalisierte hier also eine Vielzahl von Einzelgesichtern. Theoretisch konnte ein solches normatives Gesicht für eine ganze Bevölkerung ermittelt werden. Insofern waren diese Bilder nichts anderes als eine optische Umsetzung seiner bahnbrechenden statistischen Methoden. (Er entwickelte beziehungsweise entdeckte die Regressionsgesetze, die Standardabweichung und die Varianz.)[13] Auch von Portraits auf antiken Münzen und Medaillen fertigte Galton Mehrfachbelichtungen und stellte höchst befriedigt fest, daß durch das Herausfiltern der flüchtigeren Merkmale immer deutlicher Gesichter zutage traten, die dem von Alexander dem Großen oder Kleopatra ähnelten.

Doch Galton glaubte, daß kombinierte Familien- oder Rassenphysiognomien nicht lange konstant blieben. Ein Familiengesicht könne sich beispielsweise durch die Dominanz eines einzigen männlichen oder weiblichen Mitglieds oder durch den stärkeren Einfluß einer Blutlinie gegenüber der anderen verändern – so wie auch das charakteristische britische Nationalgesicht sich gewandelt habe. Bei Besuchen der National Portrait Gallery stellte Galton fest, daß der Durchschnittsengländer zu Holbeins Zeiten durch hohe Wangenknochen, eine volle Oberlippe, schmale Augenbrauen und glattes, dunkles Haar gekennzeichnet gewesen sei. Unter seinen Zeitgenossen glaubte er diese Merkmale nicht mehr wie-

Abb. 6.1

Francis Galton: Kombinationsgesichter von zwölf Offizieren der Royal Engineers (links) und von elf Zivilisten (rechts)

Abb. 6.2

Francis Galton: Kombinationsphotographien von Kriminellen, links zusammengesetzt aus neun Gesichtern, rechts aus fünf Gesichtern. Auf der mittleren Abbildung sind alle vierzehn übereinandergelegt.

derfinden zu können. Im Verlauf von dreihundert Jahren habe sich das britische Durchschnittsgesicht demnach grundlegend verändert.[14] Hier mußten also die Kräfte der Auslese – der natürlichen wie der geschlechtlichen – am Werk gewesen sein. Übrigens waren nach Galtons Vorstellung Rassenmerkmale auch von der politischen und religiösen Überzeugung abhängig: Unter den Anhängern der Puritaner fand er mehr Dunkelhaarige, »denn es gibt mehr dunkles Haar unter Männern mit schwermütigem und griesgrämigem Temperament«.[15]

Auch Klassenunterschiede hat Galton sicherlich aus seinen Kombinationsgesichtern herausgelesen (Abb. 6.1, 6.2). Das sagte er zwar nicht ausdrücklich, aber seine Photographien sprechen Bände: Die schärferen Konturen im Offiziersgesicht konnten nach seiner Theorie nur bedeuten, daß talentierte und intelligente Männer aus guten Familien sich ähnlich sehen. Ihre Augen haben einen strahlenderen, direkteren Blick, die Größe und Stellung ihrer Ohren deckt sich mehr als bei anderen, und ihre Knochenstruktur ist ausgeprägter.[16] Kombinationsphotographien, schrieb Galton, können ebenso dazu dienen, die biologisch bedingten Anteile in den Physiognomien von Kriminellen und Menschen mit einem angeborenen Leiden herauszufiltern:[17] Die betonten Augenbrauenwülste, die tiefliegenden Augen, die Glatzenbildung über der Stirn, der mehrfach gekrümmte Nasenrücken, die schmale Oberlippe und die großen, abstehenden Ohren im Gesicht der vierzehn verurteilten Verbrecher (Abb. 6.2) verrieten ihre wahre, ergo biologische Bedeutung erst, wenn man feststellen könne, daß sie unter Gewaltverbrechern immer wieder auftreten.

Abb. 6.3

Schema für die Registrierung und Bezifferung von Gesichtsformen

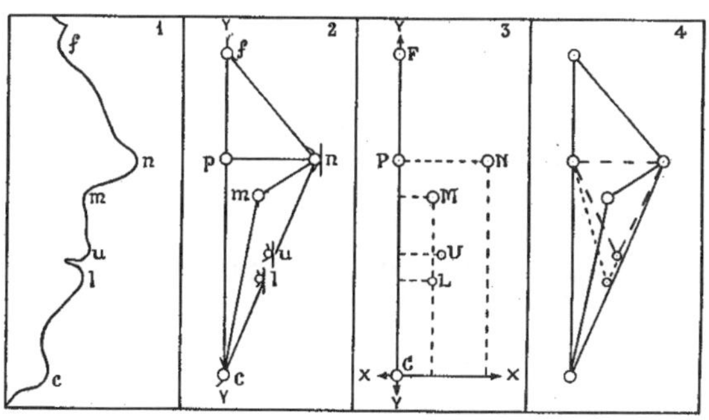

Mit ähnlichen Photokombinationen enthüllte Galton das typisch »phthisische« (schwindsüchtige) Gesicht, das er an den Spezifika der Höhlungen erkannte, an tiefliegenden Augen also und einem Dutzend anderer Merkmale. Er photographierte noch zahlreiche andere Personengruppen, wobei er sich hauptsächlich auf die »Minderwertigen« konzentrierte: Prostituierte, Geschlechtskranke, »Idioten« und Kriminelle aller Art. Der Einfluß seiner Ideen auf Hooton und Sheldon war beträchtlich.

Anhand sogenannter Nationalkataloge mit den physischen Charakteristika aller britischen Gesichter – der schönen, häßlichen und durchschnittlichen – wollte Galton die Briten mit ihrer drohenden Degeneration konfrontieren.[18] Diese Kataloge sollten eine Kartei der Fingerabdrücke aller Briten enthalten (auch ein Verfahren, das Galton erfunden hatte), Kombinationsphotographien sowie geometrische Indizes für das Profil jedes einzelnen (Abb. 6.3), nicht unähnlich den Diagrammen Lavaters. In einem Aufsatz mit dem Titel *On the Measurement of Resemblance* skizzierte Galton Profile in Form von Diagrammen oder »Isoskopen«.[19] Aus Hunderten von Nasen- und Kinnformen konstruierte er Durchschnittsnase und -kinn unterschiedlicher Typen und numerierte sie. »Ein neues Profil könnte sich aus Stirn Nr. 3, Nase Nr. 31, Lippen Nr. 26 und Kinn Nr. 8 zusammensetzen«, erläuterte Galtons Schüler und Verleger Karl Pearson. Das Aussehen einer jeden Person war exakt auf einen sechsstelligen Code reduzierbar. Auch nach Klassenzugehörigkeit sammelte und verzeichnete Galton Profile, ebenso von nichtbritischen Rassen – Kopten, Arabern, Negern –, um sie dann auszuwerten.[20]

Die Abbildung 6.3 zeigt, wie man ein naturalistisch gezeichnetes Profil in ein Diagramm verwandeln und somit jeden Menschen individuell klassifizieren kann. Will beispielsweise ein Polizist einen Verdächtigen identifizieren und liegt ihm das Isoskop eines bekannten Mörders vor, braucht er zur Wahrheitsfindung nur das Gesicht des Verdächtigen auszumessen und festzustellen, ob es mit dem Isoskop übereinstimmt. Galton war überzeugt, daß das Isoskop eines Individuums ebenso einzigartig sei wie dessen Fingerabdrücke. Die Schlüsselpunkte eines Gesichts nannte er *f, m, n, u, l* und *c*. Diese Punkte wurden mit Linien zu einer geometrischen Form verbunden und in einem Koordinatensystem ausgerichtet (Zeichnung 2 und 3), wobei *c-f* – die Länge des gesamten Gesichts – 100 Einheiten entsprach. Die Koordinaten dieser einzelnen Punkte reichten aus, um die Einzigartigkeit eines Profils festzulegen.

Die Zuchtwahl barocker Körper: Guido Reni

Galton schrieb einen nie veröffentlichten Roman über ein eugenisches Utopia, *Kantsaywhere*, in dem er detailliert die Frauen und Männer eines neuen Menschenschlages beschreibt, der entstehen würde, sobald die Eugenik ihre Wirkung auf die Menschheit entfalten könne. Die Mädchen in Kantsaywhere erinnern den Romanhelden an

»... die ›Horen‹ in Guidos berühmtem Gemälde Aurora in Rom [abgebildet in Pearsons Buch]. Es ist eines meiner Lieblingsbilder, an das ich mich genau erinnere. Die Mädchen [seines Utopias] sind ebenso kräftig gebaut wie sie, beinahe rundlich, und haben die Ausstrahlung von Müttern einer edlen Rasse. Die einfache Art, das Haar in einem kleinen Knoten am Hinterkopf zusammenzubinden, wie bei der tanzenden Hore zu sehen, ist auch in Kantsaywhere Mode. Dasselbe gilt für ihre Kleidung, nur daß sie hier dekorativer geknöpft oder gegürtet wird als auf dem Gemälde. Was die Männer anbelangt, so sind diese gut gebaut, gekräftigt durch militärischen Drill wie durch Sport, sehr höflich, doch entschlossenen Blickes, der von höchster Kampfestugend zeugt. Beide Geschlechter sind sich völlig treu, die Frauen sind außerordentlich feminin und, so möchte man hinzufügen, gebärfähig; die Männer sind außerordentlich viril.«[21]

Guido Renis Horen sind majestätisch, vollbrüstig, weich, ihr Haar ist auf vielerlei Art geflochten und zurückgenommen (nicht als einfacher Knoten, an den sich Galton zu erinnern glaubte). Ihre Arme und Beine sind drall, sahnig weich, aber dennoch stark. Sie haben ein rundes, rosiges Gesicht, rote, geschwungene Lippen, einen langen Hals und einen verhältnismäßig kleinen Kopf.

Auch die Geschichte, die Renis Bild erzählt, ist hier von Bedeutung: Zur Rechten streut Aurora von Tau benetzte Rosen und Krokusse, um die Morgendämmerung über die Städte der Erde zu bringen. Ihrem schwebenden Tanz folgt Apollo in seinem Streitwagen, umgeben von den sieben tanzenden Horen. Der Gott reitet aus der Dunkelheit der Nacht, im Hintergrund leuchtet golden eine sonnenbeglänzte Wolke auf.[22] Mit Sicherheit entsprach dieser Apoll Galtons Vorstellung von den Männern in Kantsaywhere.[23] Die Horen wurden traditionell häufig in Hochzeitsszenen dargestellt, wo sie nicht nur die Stunden eines Tages symbolisierten, sondern auch die Jahreszeiten und andere Zeitzyklen.[24] Sie brachten der Menschheit Frische, Jugend, Überfluß und verkörperten Reifung und Entwicklung zur Vollendung. Damit waren sie exzellente Vorbilder für die eugenische Zuchtwahl. Götter

Abb. 6.4
Guido Reni: Aurora, 1614, Fresko. Rom, Palazzo Pallavicini-Rospigliosi, Salone dell'Aurora

und Göttinnen waren ohnehin außerordentlich fruchtbar und ihre Nachkommen gewöhnlich von höchster physischer und geistiger Vollkommenheit. Vermutlich haben genau solche Assoziationen Galton veranlaßt, das Gemälde mit dem Nahen einer neuen und besseren Rasse in Verbindung zu bringen.[25]

Ein Wort noch über die Anthropometrie – oder besser: Gynäkometrie – in Renis Bild: Im viktorianischen Zeitalter genoß dieser Maler einen kolossalen Ruf. Seine weiblichen Körpertypen waren äußerst populär, auch wenn sie zunehmend mit den schmaleren, größeren und herberen Figuren des Neoklassizismus konkurrierten. Künstler wie William Etty und William Mulready (Abb. 6.5) haben eine Menge dazu beigetragen, Galtons Generation dieses Reni-Ideal zu vermitteln. Seine Figuren mit ihren weichen, runden und von Ovalen dominierten Körpern, ihren kurzen, feinknochigen Armen, den Beinen mit Grübchen über den Knien und mit dem ausladenden Becken bildeten einen deutlichen Kontrast zu den damals vorherrschenden schwülstig-klassischen und mesomorphen Frauen, die Leightons »Spezialität« waren. Reni verlieh vor allem seinen Frauengestalten ein extrem glattes, rundes Gesicht: einen beinahe kugelförmigen Schädel, mit großen, feuchten Augen, einem makellos geraden und schmalen Nasenrücken und einem weichen, kleinen, runden Mund (Abb. 6.6).

Auch in der spätviktorianischen Zeit fanden Galtons Ideen und Reproduktionsziele viele Anhänger. George Bernard Shaw verkündete bei einem nicht näher beschriebenen Treffen von Eugenikern, daß es doch, wenn eine Ehe vom eugenischen Standpunkt aus wirklich erfolgreich sei – der Ehemann also potent genug, um die Übertragung seiner wünschenswerten Eigenschaften auf eine große Nachkommenschaft sichern zu können –, »wirklich ein nationaler Verlust wäre, die Fortpflanzungsfähigkeit des Ehemannes auf die Gebärfähigkeit einer einzigen Frau zu beschränken«.[26] Die Gesellschaft sollte also ihre fähigsten Männer zu Zuchtbullen erklären, was, man erinnere sich, einer Rückkehr »zur Natur« gleichgekommen wäre. Denn damit wäre in der britischen Gesellschaft letztlich nur eine alte Praxis wieder eingeführt worden, die in bestimmten Gemeinschaften – bei Menschen wie bei Tieren – üblich war: einem einzigen männlichen Wesen – oder einigen wenigen – alle Fortpflanzungspflichten zu überantworten. Wäre man Shaws Anregung gefolgt, könnte man heute der Entwicklung einer Superrasse beiwohnen; genau darum geht es ja auch in seinem *Mensch und Übermensch* (1905). Propheten wie Shaw konnten sich auch auf Darwin und seine *Abstammung des Menschen* berufen, da selbst dieser – was ich bisher verschwiegen habe – sich für eine staatliche Kontrolle der geschlechtlichen Zuchtwahl ausgesprochen hatte, für die Eliminierung der Minderwertigen und die bewußte Züchtung einer Superrasse.[27]

Die Galtonsche Eugenik beruhte auf einem komplexen System aus sozialen und intellektuellen Klassen, das durchaus Bezüge zur britischen Gesellschaft wie zu den Ariertheorien und deren spezifischen Klassenstrukturen aufwies. Doch anstatt die Gesellschaft in Adel, Bürgertum, Arbeiter, Arme und Kriminelle zu unterteilen, klassifizierte Galton sie auf der Basis von Schönheit, Gesundheit, Tüch-

Abb. 6.5
William Mulready:
Bathers Surprised, 1852/53

Abb. 6.6
Guido Reni: Der Raub der
Europa, um 1640, Ausschnitt

tigkeit und Fortpflanzungsfähigkeit.[28] Seine zehn Klassen und ihre Buchstabenbezeichnungen sind in Tabelle 6.1 dargestellt.

Allerdings bezieht sich diese Tabelle auf Galtons Zukunftsentwurf und nicht auf Realitäten. Angenommen werden eine repräsentative Erhebung unter zehntausend britischen Männern und deren statistische Verteilung auf zehn physiointellektuelle Klassen. *R* bezeichnet den Mittelwert; rechts davon sind – mit aufsteigender Tendenz – die überlegenen Klassen aufgeführt: *S, T, U, V, W*. Die letztgenannte Kategorie bleibt allerdings auch in Galtons imaginärer Gesellschaft unbesetzt. Links von *R* sind – mit absteigender Tendenz – die degenerierten, nicht selektablen Klassen verzeichnet, von *v* bis *r*. Galtons vier Talentbereiche Kunst, Mathematik, Management und Fußball wurden bereits erwähnt. Wer auf allen vier Feldern und weiteren versagt (-4+), zählt zur untersten Klasse *v*. Wer sich weder negativ noch positiv in diesen vier Bereichen hervorgetan hat, gehört der Klasse *R* an, die ich die Grauzone nenne. Wer Talente in einem, zwei, drei oder allen vier Bereichen bewiesen hat, wird den Klassen *S* bis *V* zugeordnet. Männer mit mehr als vier Begabungen – wenn es sie gäbe – bildeten die Kategorie W.

Die Gruppen *v* und *V* bestehen aus je 35 Personen. Die Gruppen *r* und *R* umfassen je 2 500. Die noch unbesetzte Klasse *W* der hervorragenden Übermenschen sollte sich füllen, sobald sich Angehörige der *V*-Klasse zusammengetan und höchstbegabte Kinder hervorgebracht hätten.

Nun berechnete Galton, wie viele solcher V-Klasse-Kinder aus den Paarungen der verschiedenen Kategorien zu erwarten waren. Sein Fazit: Je weniger talentiert eine Klasse, um so seltener geht aus ihr ein V-Nachkomme hervor. Die – wenn auch graduell unterschiedlich – untalentierten Klassen könnten gar keine V-Kinder hervorbringen.[29] Wichtig wäre, V-Klasse-Menschen zu züchten, die ausschließlich von Elternpaaren der V-Klasse abstammen, da die nächste Generation wieder auf den normativen Typus ihrer Großeltern zurückfallen würde (entsprechend Galtons statistischem Regressionsgesetz).[30] Mehrere Generationen von unvermischten V-Klasse-Menschen waren daher sein Ziel.

Wie sollte das Ganze nun umgesetzt werden? Galton meinte, Frauen der Oberschicht müßten nur im Alter von siebzehn anstatt, wie damals üblich, zwischen zweiundzwanzig und siebenundzwanzig Jahren heiraten, um durchschnittlich sechs anstelle von nur vier oder fünf Kindern zu gebären.[31] Die sexuelle Auslese

Tabelle 6.1

GALTONS SYSTEM DER EUGENISCHEN KLASSEN

	Negative Seite					Grauzone	Positive Seite				
	−4+	−4	−3	−2	−1	0	+1	+2	+3	+4	+4+
Zahl der Personen	35	180	672	1613	2500	2500	1613	672	180	35	0
Eugenische Klasse	*v*	*u*	*t*	*s*	*r*	*R*	*S*	*T*	*U*	*V*	*W*
	Degeneration ←					Mittelmaß	Evolution →				

sollte sich also offenbar auf eine kleine Minderheit von hochwertigen und gleichsam zur ständigen Fortpflanzung verpflichteten Familien konzentrieren. Entsprechend sollten Eheschließungen zwischen Familien, die nicht einmal dem Mittelmaß entsprachen, beschränkt oder ganz verboten werden. Karl Pearson, der Galtons Gedanken weiterentwickelte, wies allerdings darauf hin, daß eine derartige Bündelung der gesamtgesellschaftlichen Fortpflanzung in Großbritannien längst stattfand. Seinen Berechnungen zufolge brachten knapp zehn Prozent der Bevölkerung die Hälfte der gesamten Nachfolgegeneration hervor. Das Problem war nur, daß es die falschen zehn Prozent waren.[32]

Galton wollte daher die Klassen *t, u* und *v* durch Zermürbung allmählich zum Verschwinden bringen. Jeder Bürger sollte, gestützt auf eine nationale Datenbank für eugenisch einwandfreie Familien – das sogenannte *Goldene Buch der blühenden Familien* – eugenisch bewertet werden.[33] Wer ein positives »Zeugnis«, genannt VHT (*Valid for Hereditary Transmission*, zur Erbübertragung zugelassen) erhielt, sollte diese Initialen seinem Namen hinzufügen[34] und nachdrücklich dazu ermuntert werden, nur einen »gleichwertigen« Partner zu heiraten. Hochzeiten mit öffentlichem Prunk und Pomp und in Anwesenheit staatlicher Würdenträger wären da, so Galton, ein hübscher Anreiz. Menschen ohne VHT jedoch müßte die Zeugung von Nachkommenschaft untersagt werden.

Noch abstoßender wirkt Galtons Plan, wenn wir uns vorstellen, wie man die Einhaltung dieser Regeln überwacht hätte – eine Vorwegnahme der Gesetze zur sogenannten Rassenhygiene im Dritten Reich. Von den angenommenen zehntausend Personen hätten beispielsweise 887, die Galton den Klassen *t, n* und *v* zuordnete, einem Fortpflanzungsverbot unterlegen. Überträgt man dieses Verhältnis auf die durchschnittliche Bevölkerungszahl eines großen europäischen Landes um 1935 – vierzig Millionen –, so kommt man auf 3 548 000 Menschen, die an der Fortpflanzung gehindert worden wären. Außerdem sollte den Angehörigen dieser Klassen allmählich der Zuzug aus anderen Kontinenten nach Europa verwehrt werden; jeder Ausländer, der plante, sich in Großbritannien niederzulassen, würde sich einem eugenischen Test unterziehen müssen: in bezug auf seine Fähigkeiten in den Bereichen Kunst, Mathematik, Management und Fußball, sowie im Hinblick auf seine Genealogie. Als vorzügliche Beispiele für neue britische Immigrationsgesetze führte Galton die Einwanderungsbeschränkungen für Chinesen in den Vereinigten Staaten und Australien sowie eine Deportation der Juden aus Europa an.[35] Mit Wohlwollen vermerkte er auch, mit welcher Macht sozialistische Staaten – wären sie erst einmal etabliert – solche bevölkerungspolitischen Maßnahmen im großen Stil durchführen könnten.

Migrationskontrolle allein reichte Galton aber noch nicht. Großbritannien müsse letztlich auch seine eigenen »asozialen« Elemente ausweisen. Für den Anfang sah er vor, diese Menschen in besondere Anstalten und Lager einzuweisen. »Kaum jemand, der mit den Gewohnheiten dieser Leute vertraut ist, zögert festzustellen, daß es eine Sparmaßnahme und von großem Vorteil für das Land wäre, wenn alle Gewohnheitsverbrecher entschlossen abgesondert und unter barmherzige Überwachung gestellt würden und ihnen ein für alle Mal die Gelegenheit genommen würde, Nachkommen zu zeugen. Damit wäre eine Ursache von Leid und Kummer für die künftige Generation beseitigt, ohne zugleich unvertretbare Härten hervorzurufen.«[36] Wir werden noch sehen, daß die eugenische Definition des »Verbrechers« äußerst weit gefaßt war und auch geistig und körperlich Behinderte einschloß. Als Behinderung aber galt alles, was von der erstrebten Norm abwich: große Ohren, hohe Wangenknochen, lange Arme, schwarzes Haar und Akne.

Galton arbeitete an seinen Theorien von den sechziger Jahren des neunzehnten Jahrhunderts bis ins zwanzigste Jahrhundert hinein (er starb 1911 im Alter von 89 Jahren). Das Blutbad des Ersten Weltkrieges führte seinen Anhängern einmal mehr vor Augen, daß die Menschheit im Begriff war, ihre Eliten auszurotten anstatt sie zu vermehren. Die Angst vor einer biologischen Degeneration verstärkte sich, und so gelangte in der Zwischenkriegszeit auch die »Erbgesundheitslehre« zu neuer Blüte. 1930 gab es Eugenikinstitute in England, den Vereinigten Staaten, Schweden, Norwegen, Rußland, der Schweiz, Deutschland und Polen. Eine Reihe von ihnen existiert noch heute, wenn auch unter anderem Namen und mit anderem Programm – beispielsweise das *Cold Spring Harbor Laboratory* (Long

Island), das als *Eugenics Records Institute* gegründet wurde. In vielen Ländern erschienen populäre Zeitschriften und wissenschaftliche Journale, die sich ausschließlich mit Eugenik befaßten.[37] Auch von ihnen haben einige unter neuem Namen überlebt. Aber nicht die gesamte Eugenik war pseudowissenschaftlich. R. A. Fisher etwa, der in gewisser Weise die moderne Genetik begründete, indem er Darwins Zuchtwahltheorien mit Mendels Entdeckung der später so genannten Gene verband, veröffentlichte seine ersten Forschungsergebnisse in der *Eugenics Review*.[38]

Die angewandte Eugenik wurde letzten Endes zur Obsession der Nationalsozialisten; doch bis in die dreißiger Jahre glaubten die meisten Wissenschaftler und Intellektuellen, daß diese Lehre sich mit dem siegreichen Sozialismus verbünden würde und daß die Regierungen der ganzen Welt »Goldene Bücher« mit den Fingerabdrücken, Isoskopen und Kombinationsphotos ihrer selektablen Bürger zusammenstellen, Eugenik-Zertifikate vergeben und Lager oder Arbeitskolonien gründen würden, in denen alles unerwünschte Leben allmählich verschwände.

Die Monster unter uns

Cesare Lombroso war ein eigenartiger, ungezähmter, urwüchsiger Geist.[39] Wo Galton an Shaws Professor Higgins erinnert, fällt einem bei Lombroso eher George Du Mauriers Svengali ein. Wir sind Lombroso bereits als Hootons Held begegnet – dem neben Darwin »größten aller Anthropologen«. Doch Lombroso hatte nichts mit den mehr oder weniger optimistischen Amerikanern gemein. Noch vehementer als Galton prophezeite er der Menschheit eine tragische, zerstörerische biologische Zukunft. In vieler Hinsicht steht er im Zentrum dieses Buches – als eine ätzende, alles durchdringende Kraft. Lombroso definierte Galtons »Minderwertige« zu einer festumrissenen Klasse geborener Krimineller um, deren Persönlichkeit anhand von Äußerlichkeiten – Kleidung, Werdegang, Geschmack, Ausrüstung – analysiert werden könne. Kurzum, er postulierte einen »erweiterten Phänotyp« in bezug auf Kriminelle (auch wenn er diesen Begriff von Richard Dawkins nicht verwendete).[40] Und wie Galton forderte er, solche Personen sofort nach ihrer Identifizierung einzusperren und an der Fortpflanzung zu hindern.

Lombroso gab also der These neue Nahrung, daß verborgene Bevölkerungsgruppen mit ihrem evolutionsfeindlichen Erbmaterial die Menschheit auszulöschen drohten. Doch dank Lombrosos Forschung könnten diese anti-evolutionären Typen nun leicht ausgemacht werden. Sie seien nicht nur auf allen Straßen und Gassen zu finden; auch die Kunst liefere Anhaltspunkte für ihre Existenz, und zwar in zweierlei Hinsicht: Erstens zeige sie, auf welche Weise ein gesunder Künstler kriminelle Typen portraitiere, und zweitens, falls der Künstler selbst zu diesen Minderwertigen gehöre, auf welche Weise er die eigene degenerierte Erscheinung unbewußt als anziehend und damit selektabel darstelle.

In den »Atavisten« – so nannte Lombroso auf niedere Entwicklungsstufen zurückgefallene Menschen – kämen die grausamen Instinkte der primitiven Kreaturen zum Vorschein, die ihnen in der Evolution vorausgegangen seien. Damit erklärte er sich auch die »riesigen Kiefer, vorstehenden Wangenknochen, die Knochenwülste der Augenbrauen, die einzeln verlaufenden Handlinien, extrem tiefen Augenhöhlen [und] henkelförmigen Ohren, wie sie bei Kriminellen, Wilden und Affen zu finden sind«. Charakteristisch für diesen erweiterten Phänotyp seien: »Schmerzunempfindlichkeit, ein extrem verschlagener Blick, Tätowierungen, exzessive Faulheit, die Vorliebe für Orgien und das verantwortungslose Verlangen, Böses nur des Bösen wegen zu tun, der Wunsch, nicht nur das Leben des Opfers auszulöschen, sondern den Körper zu verstümmeln, sein Fleisch zu zerstückeln und das Blut zu trinken«.[41] Diese schrecklichen Individuen in unserer Mitte wären gleichsam das satanische Pendant zu der geheimen Arierrasse (Kapitel 4), die die Menschheit in eine heroische Zukunft führen sollte.[42]

Die Symptome eines solchen evolutionären Rückfalls, versichert uns Lombroso, müßten nicht einmal besonders ausgeprägt sein, um eine eindeutige Diagnose zu erlauben. *Geringfügig* längere Arme oder *geringfügig* henkelförmige Ohren seien aussagekräftig genug. Aus dieser Geisteshaltung heraus verlieh auch Leighton seinen Figuren – die großenteils zur selben Zeit entstanden wie die ersten Arbeiten von Lombroso – lange Beine und kurze Arme. Entscheidend war

Tabelle 6.2

HAARFARBE UND KRIMINALITÄT

HAARFARBE	NORMAL	KRIMINELL
Schwarz	27 %	43 %
Braun	39 %	43 %
Blond	30 %	13 %
Rot	3 %	0,7 %

weniger der physische Gesamteindruck einer Person als vielmehr deren Platz auf einer anthropometrischen Skala. Graf Dracula etwa war ein typischer lombrosischer Atavist – schließlich wollte er ja auch in London eine atavistische Bevölkerung heranzüchten und à la longue die positiven Erbanlagen der angestammten Einwohner ausmerzen.

Was für Galton ein erstrebenswertes Ziel war, erklärte Lombroso zum überlebenswichtigen Handlungsbedarf.[43] Seine Bücher sind gespickt mit Forderungen nach einer Revision des Strafrechts, nach der Inhaftierung, Abschiebung oder Massensterilisation von atavistischen Typen. Ferne Kolonien wie das italienische Eritrea eigneten sich seiner Meinung nach vorzüglich als »Abladeplatz« für diejenigen, die in Europa unerwünscht waren.

Auf welche Weise setzte sich Lombroso nun für seine Sache ein? Aus einem seiner Schlüsselwerke, *L'uomo delinquente* (Der Verbrecher), erschienen 1876, erfahren wir, daß Atavismus statistisch analysierbar sei. Heutzutage wirken Lombrosos statistische Methoden geradezu lächerlich, doch gemessen an den Standards seiner Zeit waren sie es nicht – zumindest solange Galton noch nicht in Erscheinung getreten war. Betrachten wir etwa Tabelle 6.2: Anhand der Daten von fünfhundert normalen und fünfhundert kriminellen Männern suchte er einen Zusammenhang zwischen Haarfarbe und sittlicher Veranlagung nachzuweisen.[44] Zu seiner Befriedigung kam er zu dem Ergebnis, daß schwarzes Haar unter Kriminellen überdurchschnittlich häufig zu finden sei (43% im Gegensatz zu 27% unter Nichtkriminellen). Schwarzhaarige Männer hätten somit eine weit höhere Neigung zur Kriminalität als blonde Männer, wohingegen rothaarige am wenigsten Gefahr liefen, Gesetzesbrecher zu werden. Von dieser Art sind fast alle Statistiken Lombrosos. (Er hätte sich von Galton eines Besseren belehren lassen können, verzichtete aber darauf.) Allen Ernstes empfahl er seine Zahlen, die er durch entsprechende Schaubilder, Tabellen und Untersuchungen ergänzte, dem Staat als prinzipielle Entscheidungsgrundlage etwa bei der Neuformulierung des Strafrechts. Wenn bei einem Schwarzhaarigen – dies nur ein Beispiel von vielen – ein sechzig Prozent höheres Risiko krimineller Veranlagung als bei einem blonden Mitbewerber für den Staatsdienst bestand: Wer würde da noch zögern, den Blonden einzustellen? Durch diese Tabelle sah Lombroso auch erwiesen, daß schwarzhaarige Männer atavistischer seien als andere. (Solche Feststellungen sollten später dann Hooton zu seinen Thesen über Amerikaner irischer Abstammung inspirieren.)

Doch obwohl Lombroso behauptete, daß Degenerierte, Kinder, Frauen, Verrückte und »Primitive« sich nicht nur untereinander ähnlich seien, sondern auch den prähistorischen Menschen glichen, machte er durchaus Unterschiede, wobei er seiner Vorliebe für den Medizinerjargon frönen konnte: Primitive, erklärte er, litten nicht unter Gesichtsasymmetrie, Strabismus (Schielen), Dyschromatopsie (Farbenblindheit) oder unilateraler Parese (einseitiger Lähmung), wie sie bei degenerierten Stadtbewohnern aufträten. Auch sei ihnen der Drang des zivilisierten Kriminellen fremd, »Böses nur des Bösen wegen zu tun, oder jener Galgenhumor, der in der Gaunersprache neben einer Art abergläubischer Religiosität zum Ausdruck kommt und oft auch unter Epileptikern zu finden ist«.[45] Unter den kriminellen Typen moderner Prägung sei ein höherer Anteil von Skelettdeformationen zu finden als bei jeder anderen menschlichen Kategorie. Von den 79 jugendlichen Straftätern, die Lombroso untersuchte, hatten dreißig abstehende Ohren, 21 eine niedrige Stirn, neunzehn waren plagiozephal (schiefköpfig), sechzehn hatten hervortretende Wangenknochen, fünfzehn eine erhabene Schädelknochennaht und vierzehn ein affenartig hervortretendes Kinn. Er fand 34 weitere körperliche Anomalien dieser Art.[46]

Lombroso war überzeugt, daß bestimmte kriminelle Züge jeweils einer Verbrechensart und einem niederen Organismus zuzuordnen seien, zu dem sich der Kriminelle zurückentwickele: Mörder hätten die blutunterlaufenen Augen und den Unterkiefer eines Tigers.[47] Ein Mensch mit stark ausgeprägtem Kinn sei das geborene Raubtier. Das erinnert an die Kleopatra in Storys Gedicht und ihren Traum von einem früheren Leben mit Marc Anton als Tigerpaar. Aber auch der Gedanke an einen Physiognom wie Le Brun liegt nahe, denn er verglich in seinem Buch *Méthode pour apprendre à dessiner les passions* ebenfalls die Gesichter von Menschen und Tieren.

Genio e Follia – Genie und Irrsinn (1882) lautet der Titel eines anderen Buchs von Lombroso. Den Umschlag ziert ein Portrait Schopenhauers. Im ersten Teil geht es um die anatomischen Ähnlichkeiten von Verrückten und Genies – vorzeitige Glatzenbildung, frühes Ergrauen des Haars und eine übertriebene Magerkeit, die auf minimale Muskelbelastung und geringe sexuelle (»genetische«) Aktivität schließen lasse. Genies wie Verrückte seien Einzelgänger, sie stünden familiären Bindungen wie sozialen Konventionen kalt und verständnislos gegenüber. So habe auch Michelangelo seine Ehelosigkeit immer wieder damit erklärt, seine Kunst sei ihm Gattin mehr als genug. (Allerdings litt Michelangelo weder an frühzeitiger Glatzenbildung noch an übertriebener Magerkeit.) Goethe, Heine, Byron, Benvenuto Cellini, Napoleon und Newton fielen ebenfalls in diese Kategorie.[48] Kurioserweise erklärte er sogar einige derjenigen zu Verrückten und Atavisten, die die Verfechter des Arierkults zu ihren großen Helden erkoren.

Frauen, Ornamentik und Degeneration

Bisher lag der Schwerpunkt auf dem sexuell unattraktiven, also nicht selektablen Mann. Lombrosos und G. Ferreros *La donna delinquente* (Das Weib als Verbrecherin und Prostituierte, 1893) rückt nun die sexuelle Auslese der Frau in den Vordergrund – aus dem Blickwinkel des potentiellen Ehemanns. Ziel der Autoren war der Nachweis, daß das Weib dem Manne biologisch unterlegen sei und man diese Tatsache immer in Rechnung stellen müsse, wenn es um erfolgreiche oder verschmähte geschlechtliche Zuchtwahl gehe. Die Minderwertigkeit des Weibes hänge mit der unterschiedlichen biologischen Entwicklung der Geschlechter zusammen: In Anlehnung an den heiligen Augustinus behaupten die Autoren, daß bei jeder Spezies das erwachsene weibliche Geschlecht dem nur halb ausgereiften männlichen Geschlecht entspreche. Veränderung der sekundären Geschlechtsmerkmale, Stimmbruch etwa oder Glatzenbildung,[49] fänden bei Frauen nicht oder kaum statt. Die Frau sei also schlechthin unterentwickelt.

Mehr noch: Frauen seien Ausdruck der »atavistischen Kraft« – das heißt also der Tendenz, Dinge zu bewahren, wie sie sind, und Fortschritt zu vermeiden. Zum Beweis berufen sich die Autoren unter anderem auf Darwin und den französischen Biologen Milne Edwards. Frauen, so argumentieren sie, orientieren sich etwa bei der Gestaltung ihrer Kleider an der Vergangenheit, während Männer moderne, schmucklose Kleidung bevorzugen. Diese weibliche Vorliebe deute letztlich auf eine pathologische Konstitution hin, nämlich auf den »Misoneismus«, den Haß auf alles Neue. Daß Frauen gerne Ketten, Ringe, Hüte und ähnliches mehr tragen, daß sie ihr Haar zu aufwendigen Frisuren kämmen und in extravaganten Kleidern herumstolzieren, symbolisiere nicht nur den grundlegenden Atavismus des Weibes, sondern auch den Atavismus, der in der Ornamentik als solcher und, so gesehen, auch in der Kunst zum Ausdruck komme.

Dies alles, so Lombroso und Ferrero, könne durch die statistische Analyse von Körperteilen belegt werden. Der Infantilismus des Weibes drücke sich beispielsweise in seinen kürzeren Knochen und leichteren Körperorganen aus. Ein besonders atavistisches und zugleich spezifisch weibliches Merkmal sei Linkshändigkeit. Die beiden vermaßen Körper für Körper – Schädelvolumen, Orbitalindex (Augenhöhle), Gewicht des Unterkieferknochens et cetera –, um dann Seite für Seite mit ihren jeweiligen Rückschlüssen zu füllen, je nachdem ob das Untersuchungsobjekt als normal oder degeneriert, atavistisch oder noch in der Entwicklung befindlich, als geborene Prostituierte oder Mörderin eingestuft wurde. Zum Teil griffen sie dabei auch auf Daten anderer Forscher zurück.[50] Vor allem am Wuchs des Schamhaars glaubte Lombroso eine Menge erkennen zu können: Gesunde Frauen seien weniger behaart als atavistische und verfügten niemals über die – männliche – dünne Haarlinie zum Bauchnabel hinauf. Als weiteres untrügliches Zeichen für den Atavismus des Weibes wird der Spreizfuß genannt.[51]

Lombroso und sein Co-Autor hegten eine Vorliebe für den Zirkelschluß. Sobald eine angeblich gute moralische Eigenschaft häufiger bei Frauen als bei Männern auftritt, wird sie sofort zur schlechten. Daß Frauen dem Leiden anderer mehr Mitgefühl entgegenbringen als Männer – was selbst im gesamten Tierreich zu beobachten sei[52] – beweise, daß Mitleid atavistisch sei, ja geradezu pathologisch: Ebenso wie Großzügigkeit sei es Symptom eines hysterischen Altruismus. Negativ aber seien Mitleid und Großzügigkeit deshalb, weil beides für gewöhnlich Hand in Hand mit Grausamkeit, Triebhaftigkeit und anderen schlechten Eigenschaften des Weibes gehe. Doch dank der herrschenden Zuchtwahlpraktiken be-

Abb. 6.7
Anzeige für Boucheron-Parfum aus dem *New Yorker*, 1995

Abb. 6.8
Anzeige für das Kaufhaus Macy's aus der *New York Times*, 1995

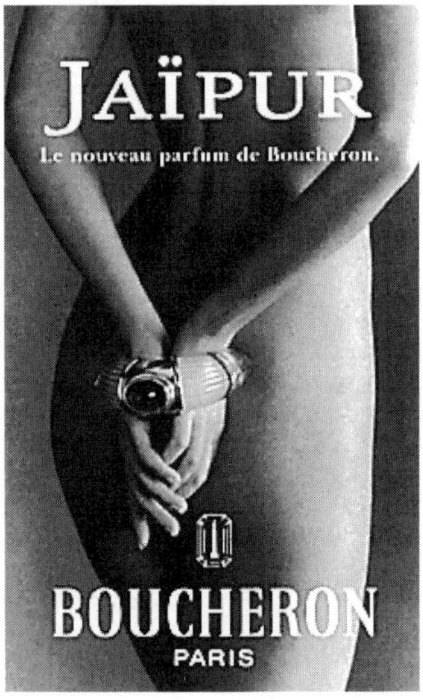

stehe Anlaß zur Hoffnung: Grausamkeit und Triebhaftigkeit würden dem Weibe nun Schritt für Schritt abgezüchtet, da der Mann, je nach Entwicklungsstufe, gleichsam instinkthaft immer zärtlichere und sanftere Partnerinnen bevorzugt.[53] Aus all diesen Gründen sei die Unterordnung unter den Mann nicht nur recht und billig, sondern entspreche ohnehin ihrem tiefsten Wunsch – es sei denn, sie ist auf kriminelle Weise atavistisch.[54]

Geschlechtsspezifische Merkmale treten, so Lombroso, bei den Männchen niederer Tierarten in geringerer Vielfalt auf als bei den Weibchen, wohingegen es bei höheren Tieren genau umgekehrt sei. Daher hätten sich die Männer im Laufe der Jahrhunderte immer weniger geschmückt, die Frauen hingegen immer stärker.[55] Tatsächlich sei die Ornamentik nur für niedere Lebensformen, wie Vögel und Frauen, ein sexuelles Lockmittel. Sie sei nicht nur atavistisch, sondern stelle ihrem Wesen nach eine Form der Selbstverstümmelung und Selbstgeißelung dar. Hier schildern die Autoren Riten der alten Hebräer: »Bei gewissen nächtlichen Waldfesten brachten die andächtigen [Weiber] und Priester einander oberflächliche Stiche und Schnitte mit Messern bei und tanzten betrunken zu einer lärmenden Musik, bis sie blutend zu Boden fielen.«[56] Dieser Akt der Selbstverstümmelung war der Ursprung des Schmückens, und auf diese altertümlichen Praktiken ist die Vorliebe der modernen Frau für Armbänder, Ringe und Schmuck aller Art zurückzuführen. Armbänder und Ringe sind nicht nur Abkömmlinge der Wunden oder der Gerätschaften, mit denen diese Wunden zugefügt wurden, sondern auch Nachbildungen der Ketten und Fesseln, die diese Weiber trugen. Denn was macht der Schmuck mit dem Körper? Er schließt sich um Arme, Beine und Hals.[57] Einige moderne Werbeagenturen würden dem sicherlich zustimmen (Abb. 6.7 und 6.8). Die Frau auf der linken Abbildung trägt nichts als einen prunkvollen Armreif, der ihre Handgelenke wie eine Fessel umschließt. Darüber steht das Wort »Jaïpur« – die Stadt der Edelsteine, deren legendäre Maharadschas Prinzessinnen aus dem nahen Udaipuras zu ihren »verehrten Gefangenen« machten. Die Frau auf dem rechten Bild hat ihre Schultern mit der Fessel einer Perlenkette umwickelt. Bei Lombroso und Ferrero galt jedoch vor allem das Durchstechen der Ohrläppchen als evolutionsfeindliche Selbstverstümmelung. Frauen empfänden dabei allerdings wesentlich weniger Schmerz als ein Mann. Denn Frauen, so unsere Sachverständigen, sind weit schmerzunempfindlicher als Männer. Warum? Weil sie atavistischer sind. »Ich erinnere hier an die größere Widerstandsfähigkeit gegen Wunden und Operationen beim Weibe, die an das analoge Verhalten niederer Thierordnungen gemahnt.«[58]

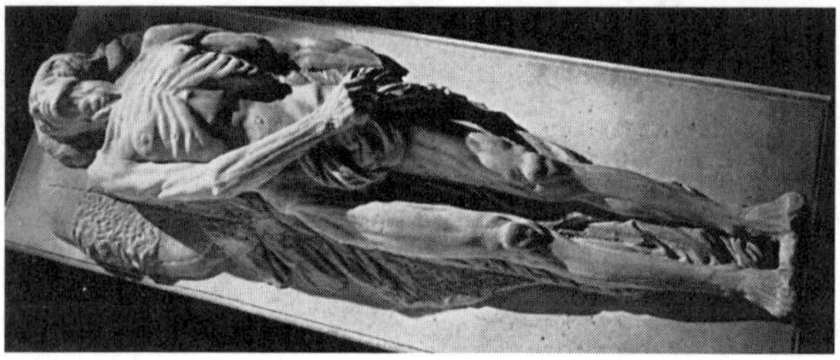

Abb. 6.9

Girolamo della Robbia: Modell für das Grabmal der Katharina von Medici *en transi*, um 1562

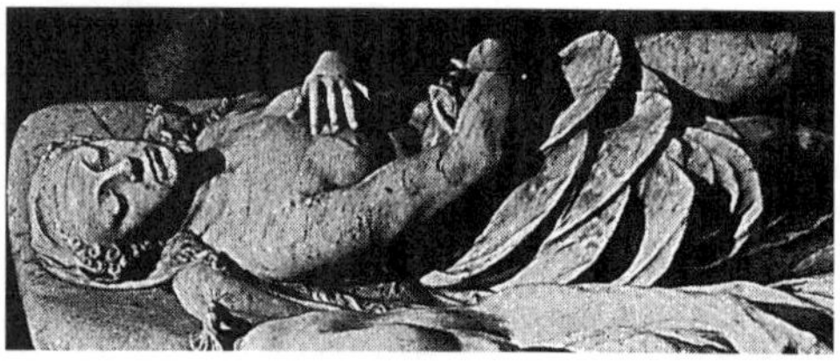

Abb. 6.10

Germain Pilon: Grabmal Heinrichs II. und Katharinas von Medici, 1563 – 1570, Darstellung Katharinas *en gisant*.

Paris, St.-Denis

Mit Schmuck, Mode und betonter Weiblichkeit sind wir nun zum weiblichsten aller Berufe gelangt: zur Prostitution. *Das Weib als Verbrecherin und Prostituierte* dreht sich natürlich hauptsächlich darum. Das älteste Gewerbe der Welt ist hier der Schlüssel zum Verständnis der Frau an sich: Prostituierte seien zu Vorbildern für andere Frauen geworden, weil Ihr Verhalten und ihre Erscheinung Relikte der seit Urzeiten allen Frauen eigenen sexuellen Zügellosigkeit seien.[59] Aus diesem Grund träten unter Prostituierten auch mehr atavistische Deformationen der Extremitäten auf als bei höher entwickelten Frauen.

Allerdings fehlen bei Prostituierten gewöhnlich die deutlichsten atavistischen Merkmale wie Falten, große Unterkiefermuskeln, Flachköpfigkeit, Höckernase und Gesichtsasymmetrie. Und zwar deshalb – hier laden uns Lombroso und Ferrero zu einer neuerlichen syllogistischen Karussellfahrt ein –, weil sie damit weniger attraktiv wären und kaum Erfolg in ihrem Beruf hätten. Prostitution ist also ein Lebensbereich mit einer spezifischen Auslese zugunsten von Schönheit, einer Auslese, die nur dazu dient, den grundlegenden Atavismus dieser Profession zu verdecken. Das gute Aussehen von Prostituierten, die *angebliche* Übereinstimmung mit den Normen gesunden Aussehens, wird damit paradoxerweise zum Anzeichen der Degeneration. Letztlich sind Prostituierte dennoch nie besonders attraktiv, da sie häufig unter Warzen, geschwollenen Unterlippen, einem »virilen Larynx« (Heiserkeit), überbetonten Wangen- und Kieferknochen und »Zahnanomalien« leiden. Außerdem vermerken Lombroso und Ferrero eine »Abstumpfung des Tast- und Geschmackssinns, zahlreiche Tattowierungen« und eine maskuline, atavistische Handschrift.[60] Als berühmte Prostituierte werden Ninon de Lenclos und Katharina von Medici angeführt.

Na schön, versuchen wir uns diesem Thema einmal aus Lombrosos Blickwinkel zu nähern und betrachten zwei Portraitskulpturen, die Katharina von Medici für ihr Grab in Auftrag gab. Die Königin starb erst 1589, doch schon um 1562 fertigte Girolamo della Robbia ein Modell für das Grabmal an (Abb. 6.9); es sollte die Königin so darstellen, wie sie wenige Tage nach ihrem Tod ausgesehen hätte, wäre sie damals, etwa 43 Jahre alt, gestorben.[61] Girolamo tat, wie ihm geheißen. Die Königin liegt fast völlig nackt hingestreckt, das verhüllende Tuch zur Seite gezogen, den Kopf wie im Todeskrampf nach hinten verrenkt. Das Skelett und die sehnige Muskulatur zeichnen sich scharf unter der ausgetrockneten Haut ab. Einer solchen Figur *en transi*, wie sie genannt wird, lag der Gedanke zugrunde, daß der Mensch, all seiner irdischen Symbole und Machtinsignien beraubt, in äußerster Demut das Jüngste Gericht erwartet. Bei einigen Grabmalen ist sogar zu sehen, wie Würmer und anderes Kleingetier das Fleisch von den Knochen fressen.

Girolamos Modell wurde abgelehnt, vermutlich weil es zu grausig wirkte. Statt dessen erhielt Germain Pilon den Auftrag und schuf eines der berühmtesten Portraits Katharinas (Abb. 6.10). Auch hier ist eine nackte Leiche dargestellt, doch zugleich eine hübsche, sinnliche Venus Pudica. Das Tuch liegt nun wie ein Vektorfeld aus großen, ovalen Blüten über der Scham. An die Stelle des ›Staub zu Staub‹, der Vorstellung von Auflösung und Verfall, trat hier der heidnische Glaube, die Königin wandle sich nun zur Göttin: Apotheose *post mortem*. Ihr Ehemann, Heinrich II., liegt in der Pose des toten Christus neben ihr, was dem *concetto* von Pilon durchaus angemessen war, auch wenn es sich im christlichen Sinne nicht ganz schickte.

Durch einen seltsamen Zufall entsprechen Girolamo della Robbias abgelehntes Modell und Pilons ausgeführte Skulptur, zusammen gesehen, Lombrosos Vorstellung von der attraktiven Prostituierten, deren innerstes Wesen abstoßend und von Fäulnis gezeichnet ist. Aufschlußreich ist vor allem die starke Betonung von Hals, Kehlkopf und Kinn bei della Robbia. Eine noch seltsamere Assoziation drängt sich auf – sei es nun Zufall oder nicht: Mit ihren hervortretenden Muskeln und dem fast völligen Fehlen von Körperfett (etwa in den rudimentären Brüsten) wird diese Katharina zum somatischen Ebenbild einer modernen Bodybuilderin wie Kristy Ramsey (Abb. 9.8). Die bewußte Darstellung von Verfall und Verwesung sollte also viel später als Verkörperung von Attraktivität wieder auftauchen.

Ob Katharina von Medici wirklich eine *donna delinquente* war, ist ziemlich umstritten. Sehr viel klarer liegt der Fall bei Lombrosos beliebtestem Vorzeigeobjekt Messalina, der berühmt-berüchtigten Frau des römischen Kaisers Claudius I.[62] Die Kaiserin (Abb. 6.11) hat in der Tat ein mächtiges Kinn und dickes, gelocktes Haar, laut Lombroso Indikatoren für Atavismus. Außerdem sehen wir niedrige, stark gebogene Augenbrauen, ausgeprägte Wangenknochen, eine volle Unterlippe, große, asymmetrische Augen und tiefe Falten zwischen Nase und Wange. Ihr langer Hals verbreitert sich zu den Schultern hin. Der Kopf ist eher flach – »platyzephal« würde Lombroso ihn nennen. Und das Raffinement ihrer gelockten und gekräuselten Frisur ist ebenso »delinquente« wie ihre eingefallenen Wangen (siehe auch den Minos in Abb. 6.12).

Fassen wir zusammen: Bei straffälligen, atavistischen Frauen treten die typisch weiblichen Merkmale in übersteigerter Form auf. Es bereitet ihnen noch größeres Vergnügen, sich schön zu kleiden und zu schmücken, sie sind noch sentimentaler, führen ein ausschweifenderes Leben, sind weniger mütterlich, aber oft intelligenter als »normale« Frauen. Doch es kommt noch besser: »Prostituierte sind sehr religiös, wie die meisten Verbrecher und die meisten Degenerierten.« Lombroso, Galton & Co. werten die Religion als durchweg schlechten Einfluß. Das Christentum sei nicht nur mit Kannibalismus gleichzusetzen (Fleisch und Blut Christi), es bewahre auch atavistische Bräuche und tradiere kriminelle Handlungen (Kreuzigung). Und woher wissen wir das? Weil eine ungewöhnlich hohe Zahl von Kriminellen religiös ist![63]

Abb. 6.11
Marmorbüste der Kaiserin Messalina, 48 n. Chr.

Abb. 6.12
Michelangelo: Das Jüngste Gericht, 1535 – 1541, Ausschnitt: Minos. Vatikan, Sixtinische Kapelle

Abb. 6.13
Charles Guiteau, der 1881 ein Attentat auf den amerikanischen Präsidenten Garfield verübte. Aus: Lombroso, *Genie und Irrsinn*

Obwohl Frauen für Lombroso der Inbegriff des Atavismus sind, gibt es solche Fälle auch unter Männern. Besonders deutliche Beispiele fand er bei Giottos *Bethlehemitischem Kindermord* in der Arena-Kapelle in Padua. Der Anführer der Mörderbande hat einen flachen Kopf, dunkles, übervolles Haar, einen mächtigen Bart und Augenbrauenwülste. Seine Augen sind nur noch Schlitze rechts und links einer langen, scharfen Nase. Unter den Soldaten entdeckte Lombroso kleine Köpfe, dicke Lippen und »maxillare Prognathie« (Vorstehen des Oberkiefers), also: noch mehr Atavismus. Zu den Künstlern, die instinktiv kriminelle Typen portraitierten, gehören Mantegna, Raphael, Rubens, Ribera und Tizian. Veronese habe sowohl bei seiner *»Kreuzigung«* als auch in der *»Kreuztragung«* (gemeint ist vermutlich das Bild *Andata al Calvario*, 1570-1572, in der Dresdner Gemäldegalerie) Folterknechte mit asymmetrischen Gesichtern und zottigen Bärten dargestellt, deren obere Schädelhälften im Verhältnis zu den unteren viel zu groß sind und die »zygomatische Apophysen« (hervorstehende Jochbögen) aufweisen.

Unter den Verdammten in Michelangelos *Jüngstem Gericht* (Abb. 6.12) sind es die »Neger und Mongolen«, die Lombroso als degeneriert erachtet. Besonders haben es ihm die zugespitzten, hornförmigen Ohren angetan, etwa bei Minos, dem Richter der Unterwelt.[64] Seine zerfurchten Wangen, das vorspringende Kinn, die tiefliegenden Augen und die S-fömige Nase sind in diesem Zusammenhang ebenfalls erwähnenswert. Die glotzäugigen Gesichter hinter ihm mit ihren mächtigen Augenbrauenwülsten sind nicht minder atavistisch.

Am schlimmsten aber seien Genies, befand Lombroso. Galton wollte sie durch Zuchtwahl vermehren, der Italiener dagegen ausrotten. Charles J. Guiteau (Abb. 6.13), der Attentäter von US-Präsident Garfield, wäre nach Lombroso ein typisch kriminelles Genie. Er war vielseitig gebildet und ein religiöser Fanatiker.[65] Sein Körper wies jede Menge Atavismen auf: einen hohen Wuchs, einen asymmetrisch makrozephalen Kopf (anomal vergrößert) mit einem Umfang von 619 Millimetern (hatte Lombroso ihn anhand des Holzschnitts vermessen?); einen plagiozephalen (schiefen) Schädel mit abgeflachter rechter Seite, volles dunkles Haar, kleine, weit auseinanderliegende Augen in tiefen Höhlen und riesige Henkelohren. Sein fatales biologisches Erbgut, so Lombroso, war vom irren Vater vorgegeben (er hatte seinen anderen Söhnen die verrückten Namen Luther und Calvin gegeben) und trat auch bei den Schwestern in Erscheinung: Zwei starben im Delirium, eine dritte wurde mit fünfzehn zur religiösen Fanatikerin, und eine vierte hatte einen deformierten Schädel. Schließlich gab es noch einen Neffen, einen Musiker, der ebenso genial war wie Guiteau und in geistiger Umnachtung starb.

Nicht minder faszinierend und nicht minder gewagt sind Lombrosos Äußerungen zur Kunst. Sein Haß auf alles Ornamentale sollte sich auf Max Nordau und Adolf Loos übertragen und von diesen an Gropius, Mies van der Rohe und Le Corbusier weitergegeben werden. Schnörkellosigkeit wurde so zur Parole der modernen Architektur. Doch Lombroso entdeckte sogar in der wildwachsenden Natur kriminelle Ausmaße an Ornamentik. Die üppige Vegetation der Tropen, so reich an Verzierungen, setzte sich für ihn aus »kriminellen Pflanzen« zusammen. Wer die Ornamentik dieser giftigen Gewächse, die Formen ihrer Stengel, Adern, Zacken, Blätter und Blüten übernahm, wer ihre gewundenen und biegsamen Ranken, glänzenden Oberflächen und todbringenden Blütenblätter glorifizierte (genau das also, was Art nouveau und Jugendstil zu Lombrosos Zeiten taten), verherrlichte damit auch das Verbrechen. Diese Kunst pries die Laster und die Verderbtheit der Natur und forderte damit geradezu zur Nachahmung auf. Sie vergiftete die europäische Zivilisation.[66] Aber das waren bei weitem nicht die einzigen kriminellen Elemente in Kunst und Literatur: »Übertriebene Detailtreue, der Mißbrauch von Symbolen, Schriften und allem möglichen Beiwerk, die Bevorzugung einer bestimmten Farbe ... laufen auf die morbiden Symptome des Mattoidismus [kriminellen Wahnsinns] hinaus.« Man wisse ja, daß Kriminelle häufig farbenblind seien oder aber, was ebenso schlimm sei, überempfindlich auf Farben reagierten. Außerdem sei ihr Gesichtsfeld gestört, so daß sie nicht wirklich perspektivisch sehen könnten oder das Bild vor ihren Augen zittere, sich verzerre und verschwimme.[67] Max Nordau bezog diese Einsichten später auf Maler wie Cézanne und Renoir und folgerte, daß ihre Werke nur die Schwächen ihrer optischen und sinnlichen Wahrnehmungsfähigkeit widerspiegelten (siehe Kapitel 7).

Abb. 6.14

Edgar Degas: Der Tanzunterricht, 1874 – 1876, Ausschnitt

Abb. 6.15

Edgar Degas: La fête de la patronne, 1876/77, Ausschnitt

Anthea Callen behauptete erst kürzlich, daß Degas bei einigen seiner Ballettänzerinnen versucht habe, die von Lombroso verzeichneten Körpermerkmale wiederzugeben.[68] Sie entdeckte an ihnen niedrige geschwungene Brauen, lange Arme, kurze Beine und jene galvanische Motorik, die Lombroso »evolutionären Rückfällen« zugeschrieben hatte. Sie mag recht haben, doch die Degas-Tänzerinnen, die ich gesehen habe, sind alle nach Lombrosos positiven Prinzipien konstruiert, wenn sie auch hie und da eine niedrige Stirn haben. Die Tänzerin in Abbildung 6.14 hat beispielsweise eine kanonische Körpergröße von sieben Kopf. Und soweit man das anhand der Rückansicht feststellen kann, entsprechen ihre vertikalen Kopfmaße den kanonischen 2, 3, 4, 5, 7 für Brustwarzen, Nabel, Scham, Knie und Fersen. Diese Referenzpunkte sind an den Schulterblättern und dem Bereich oberhalb und unterhalb der Taille sogar von hinten zu erkennen. Die Ober- und Unterarme der Tänzerin sind, ohne Hände, genau einen Kopf lang.

Im Gegensatz dazu hat die vom selben Künstler gemalte Prostituierte (Abb. 6.15) in der Tat einen atavistischen Körper im Sinne Lombrosos. Wie ein Gorilla oder Pavian ist sie gerade mal knapp über fünf Kopf groß; und keiner der entscheidenden Schnittpunkte liegt an der richtigen Stelle, weil ihre Oberschenkel extrem kurz sind und ihr Rumpf zu lang ist. Sie hat Henkelohren und ein langes Kinn;

Mund und Nase liegen so nahe beieinander, daß damit jener Effekt entsteht, den Kretschmer Hypoplasie nannte. Nur die relativ kurzen Arme stehen dem Bild eines vollständig atavistischen Körpers entgegen.

Morelli und die kunsthistorische Detailstudie

Giovanni Morelli, einer der seltsamsten und einflußreichsten Jünger Lombrosos, entwickelte eine Art »lombrosischer« Methode für kunstgeschichtliche Detailfetischisten. Sie wird noch heute angewandt, wenn sich auch fast jeder Kunsthistoriker beeilt zu versichern, er sei kein »Morellianer«.[69] Morelli bestimmte anhand von anatomischen Skizzen nicht etwa kriminelle Physiognomien, sondern den persönlichen Stil eines Künstlers. Die »Grundform sowohl der Hand als auch des Ohres [ist] bei selbständigen Meistern charakteristisch und daher bei der Bestimmung ihrer Werke massgebend ... die sogenannten Schnörkel [können] höchstens dazu dienen, die Werke von charakterlosen Künstlern leichter zu erkennen.«[70] Ohren, Nasen und Hände sind bei einem großen Maler also untrügliche Kennzeichen seines persönlichen Stils. Ähnliches hatte Lomazzo behauptet, nur daß er noch weiter ging und meinte, der Künstler portraitiere dabei immer seine eigenen Körperteile. Man nimmt an, daß auch Morelli diese Vorstellung teilte. Wenn Kunsthistoriker also von der »Hand« des Künstlers sprechen, sind sie der Wahrheit vielleicht näher als sie ahnen.

Morellis Aufsätze sind mit Skizzen von Händen, Ohren und Augen ergänzt, die für Maler wie Sebastiano del Piombo, Fra Filippo Lippi, Signorelli, Bramantino, Mantegna, Giovanni Bellini, Bonifazio Veronese und Botticelli typisch seien. Morellis System beschränkt sich jedoch nicht auf die Übereinstimmung solcher Körperteile. In Anlehnung an den großen französischen Naturforscher Cuvier behauptet er, daß man zuerst einen einzelnen Finger, ein Ohr oder ein Auge verstehen müsse, bevor man das gesamte System, dem sie angehören, erfassen könne. Denn dieses System diktiere die Beschaffenheit jeder einzelnen seiner Komponenten.[71] Ebenso wie Paläontologen anhand eines Unterkiefers oder Zehenknochens den vollständigen Neandertaler rekonstruieren zu können glauben, bestimme ein gemalter Daumen den gesamten Rest einer gemalten Figur.[72]

So bestechend diese Skizzen auch sein mögen, umgeht es Morelli doch, nach Art von Lombroso Körperteile gleichsam zu sezieren und sie mit Atavismen zu belegen. Das überläßt er dem Interessierten selbst – etwa so, wie ich es hier spaßeshalber tun will. Bei Morellis Skizze wirken die für Fra Filippo Lippi typischen Hände (Abb. 6.16, 6.17) breit und gliederlos, Finger und Daumen kurz. Es scheint keine anatomischen Details wie Gelenke, Mittelhandknochen, Sehnen und Beugemuskel zu geben, auf die andere Künstler so großen Wert legten (Abb. 6.18). Antonio del Pollaiuolo hingegen betonte – genau wie von Morelli wiedergegeben – (Abb. 6.19, 6.20) das zweite Fingergelenk, also das untere Fingerglied, während die oberen Glieder jeweils zu einem einzigen Knochen verschmolzen scheinen. Der kleine Finger ist nach außen gekrümmt und anomal kurz. Die Hände auf Filippos Gemälde, mit ihren geometrisch breiten Handrücken, haben in der Tat jene gleichförmigen Röhrenfinger, die Morelli skizzierte. Und auch die Hände (und Ohren) von Pollaiuolos *Herakles und Antaios* (Abb. 6.19) entsprechen Morellis Skizze, fast alle Finger sind auf seltsame Weise gekrümmt (Abb. 6.20).

Botticellis Hand wirkt weich, flexibel und scheinbar knochenlos (Abb. 6.21), trotz der sanft hervortretenden Gelenke, der nahezu unsichtbaren Sehnen, schmalen Daumenmuskeln und der runden Fingerkuppen mit ihren äußerst kurz geschnittenen Nägeln. Die Achsen der einzelnen Glieder – Fingerglieder, Mittelhandknochen und Handwurzel – verlaufen etwas krumm. Auch hier gibt es also eine große Übereinstimmung mit Morellis Skizze (Abb. 6.22).

Bei Lombroso finden sich keine Anhaltspunkte, wie er die von Morelli skizzierten Ohren oder Hände bewertet hätte – kriminell oder gesund. Und Morelli selbst zieht keine Schlüsse auf die Selektabilität oder den evolutionären Status der von ihm untersuchten Künstler und deren Darstellungen. Er ist ein Beschreiber, kein Diagnostiker. Dennoch – oder vielleicht gerade weil er weder Darwinist war noch moralische Urteile fällte wie Lombroso – wurden Morellis anatomische Details von anderen Kunstsachverständigen aufgegriffen und dazu benutzt, Kunst nach

Abb. 6.16
Giovanni Morelli: Zeichnung einer Hand nach Fra Filippo Lippi

Abb. 6.17
Giovanni Morelli: Zeichnung eines Ohrs nach Fra Filippo Lippi

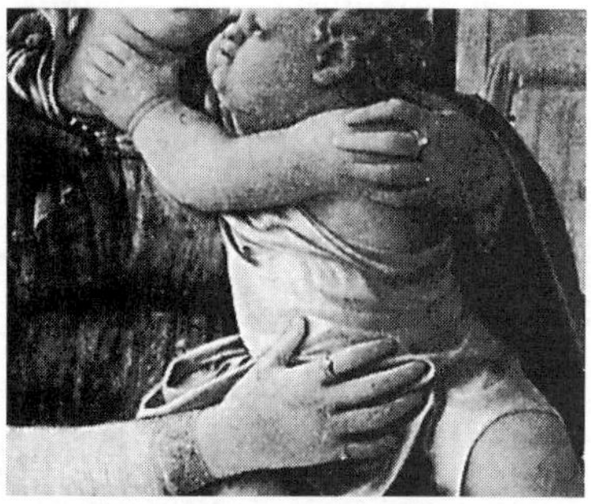

Abb. 6.18
Fra Filippo Lippi: Maria mit dem Kinde, 1437, Ausschnitt

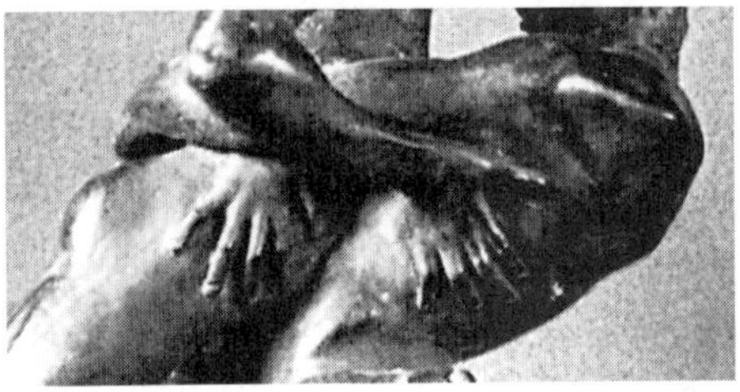

Antonio Pollajuolo.

Abb. 6.19
Antonio Pollaiuolo: Herakles und Antaios, um 1475, Ausschnitt

Abb. 6.20
Giovanni Morelli: Zeichnung einer Hand nach Pollaiuolo

Abb. 6.21
Sandro Botticelli: Portrait eines jungen Mannes, spätes 15. Jh., Ausschnitt

Abb. 6.22
Giovanni Morelli: Zwei Handzeichnungen nach Botticelli

den Kriterien einer wertenden Bioanthropologie zu beurteilen, wie Galton, Lombroso und Max Nordau (siehe nächstes Kapitel) sie vertraten.

In diesem Kapitel ging es erstmals um die Angst vor dem Aussterben der Menschheit, wobei sich unser Blick auf Galton und Lombroso konzentrierte. Galton sah Europa am Rande des biologischen Niedergangs. Lombroso hingegen behauptete anhand von Tausenden physiologischer Anzeichen, die er bei den Menschen um sich herum zu entdecken glaubte, daß dieser Prozeß bereits im Gange sei. Beide Männer widmeten sich der Identifikation von geborenen Übeltätern in der Gesellschaft, die angeblich durch ihre Werke, Partnerwahl oder ihr eigenes Aussehen zur Devolution beitrugen. Auf den Spuren von Galton und Lombroso gelangten wir zu solchen Ideen wie Immigrationsbeschränkungen, Konzentrationslagern für Minderwertige, Paarungsprogrammen für Angehörige der V-Klassen, bis hinein in Lombrosos düstere Welt: voller Irrenanstalten, Monstergesichter und Spreizfüße, wo sich Selbstverstümmelungsrituale und Blutorgien wie prähistorische Versteinerungen ins moderne Leben hinübergerettet haben.

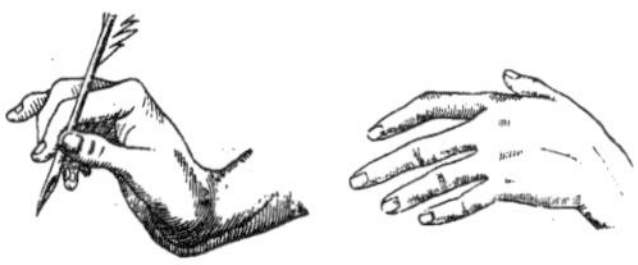

Lombrosos Ideen beeinflußten Morelli und damit die Kunsthistoriker, insbesondere die Detailfetischisten unter ihnen. Morelli wiederum ermöglichte es seiner zahlreichen Anhängerschaft, Kunst in Lombrosos Sinne zu interpretieren – sich auf die Suche nach selektablen Menschentypen zu machen (was Morelli selbst nie getan hat). Darum soll es im folgenden gehen, vor allem um die sogenannte biologisch dekadente Kunst und ihren erbitterten Widersacher Max Nordau.

Max Nordau

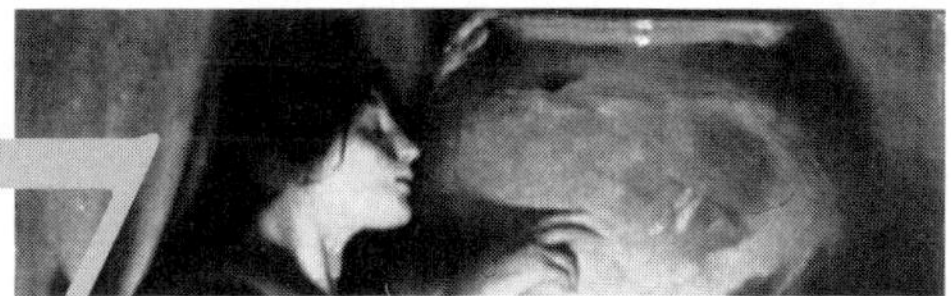

7

Entartung

Galtons pessimistische Anwandlungen, die sich bei Lombroso so gewaltig verstärkten, sollten gegen Ende des Jahrhunderts zu einem mächtigen Strom anschwellen. Von der »großen Angst« war die Rede.[1] Unter den Kunstkritikern war es Max Nordau, der sich mit der größten Besessenheit in diese Angst hineinsteigerte. Bei seiner Prophezeiung, die Kunst werde eine biologische Katastrophe auslösen, stützte er sich auf eine in dieser Zeit sehr populäre wissenschaftliche Maxime: »Die Ontogenese rekapituliert die Phylogenese.«[2] Das heißt, die Entwicklung des Embryos im Mutterleib spiegelt – in Miniaturform und im Rahmen der Wachstumsstadien eines einzigen Organismus – die Entstehung der Arten vom Einzeller bis zum Säugetier wider. Dieser Vorstellung entsprang dann die Rekapitulationstheorie oder »Theorie von der Parallelität der Entwicklung«.[3]

Nordau und andere übertrugen diese Theorie nun von der Biologie auf die Kultur in der festen Überzeugung, daß sich nicht nur Individuen, sondern auch ganze Gesellschaften in evolutionären Stufen entwickelten. Kulturen durchlaufen demnach dieselben Phasen wie jede Spezies, vom Leben im Meer über das Reptilienstadium bis zu den Säugern und der höchsten Vollendung, dem Menschen. Die Devolution findet natürlich in umgekehrter Reihenfolge statt: ein Individuum, eine Gesellschaft oder eine Spezies fällt zurück oder wird zurückgeworfen auf eine niedere Entwicklungsstufe. Genau davor fürchtete sich Nordau. Seine biologischen Thesen waren zwar ausgefeilter als die von Galton und Lombroso, doch deshalb nicht weniger falsch. Tabelle 7.1 soll die kulturelle Version der Rekapitulationstheorie verdeutlichen.

Tabelle 7.1

Biokulturelle Rekapitulation

Natur	Embryo	Mensch	Gesellschaft
Säugetiere	Fötus im 9. Monat	Erwachsener	Modern
Schlangen	Fötus im 7. Monat	Junger Erwachsener	19. Jahrhundert
Fische	Fötus im 4. Monat	Heranwachsender	18. Jahrhundert
Pflanzen	Embryo	Kind	Primitiv
Bakterien	Zygote	Säugling	Barbarisch

Aufwärtsentwicklung

Abwärtsentwicklung

Neben Nordaus Ideen sind in dieses Diagramm auch die von Adolf Loos eingeflossen, einem Anhänger Nordaus und Lombrosos. 1908 veröffentlichte er einen Aufsatz mit dem Titel »Ornament und Verbrechen«, vermutlich der einflußreichste Artikel, der je über Architektur geschrieben wurde. Darin verurteilt er *jedes* architektonische Ornament als atavistisch: Ornamentik sei nichts weiter als ein Überrest des uralten Tätowierdranges und anderer, auch vormenschlicher Impulse bei angeblich zivilisierten Menschen. Die Vorstellung stammte natürlich von Lombroso. Doch Loos ist es mit diesem einen Artikel gelungen, das Ornament aus dem gesamten internationalen Stil zu verbannen.[4]

Eine kulturelle Degeneration hielten zu Nordaus Zeiten viele für möglich und wahrscheinlich.[5] Doch nicht alle fürchteten sich davor, einige – und das verdroß Nordau besonders – begrüßten diese Vorstellung geradezu. Für Nietzsche etwa war ein biologischer Kataklysmus Voraussetzung für das Entstehen des Übermenschen.[6] Schon vor ihm, in den fünfziger Jahren, hatte Wagner seinen Siegfried, frei von Niedertracht und moralischen Zwängen, zum Menschen der Zukunft erklärt, der jedoch erst dann in Erscheinung treten könne, wenn die Menschheit in ihrer alten Form geopfert werde. Die Oper, so Wagner, fördere diesen Prozeß, sofern man sie als Prophezeiung der Zerstörung und der nachfolgenden Wiedergeburt begreife, und helfe, diese radikale Läuterung zu akzeptieren.[7] (Vermutlich hat die *Götterdämmerung* deshalb ein Happy-End.)

Später begann man Dekadenz schlicht um ihrer selbst willen zu zelebrieren – beispielsweise als Kult der Ästhetik in Huysmans' *Gegen den Strich* (1884) oder Wildes *Salomé* (1893). Dekadenz als etwas Positives – der Tanz auf dem schon grollenden Vulkan – war ein elementarer Bestandteil der Art nouveau und anderer Bewegungen dieser Zeit, die den Zorn von Nordau und Loos herausforderten.[8] Diese Form von Dekadenz, ihre Sinnlichkeit, ihre latente Auflehnung gegen alle Obrigkeit und bewußt pervertierte Denkweise, ihr Witz und ihre Kunst waren für Nordau Vorboten und Helfer des Untergangs der europäischen Rasse. Mit ihnen wuchs ein Menschenschlag heran, der auf perverse Weise seinem eigenen Atavismus frönte. Im Gegensatz zu Nietzsche und Wagner glaubte Nordau nicht an einen reinigenden Kataklysmus, aus dem eine neue Rasse oder ein neues Menschengeschlecht hervorgehen würde. Für ihn war der Kataklysmus das Ende aller Dinge.

Max Nordau, 1849 in Budapest geboren, praktizierte als Mediziner in Paris und schrieb seine Bücher auf deutsch.[9] Heute ist er, zumindest als Kunstkritiker, weitgehend in Vergessenheit geraten. Doch zwischen 1883 und 1914 war er weltberühmt: als Journalist, Philosoph, Romancier, Sozialtheoretiker und als Pionier des Zionismus. Seine Theorien über die darwinistische Entwicklung der Kultur, über Kunst im Dienste der sexuellen Auslese, über den Zusammenhang zwischen Stil und physischer Erscheinung eines Künstlers wurden überall diskutiert.[10] *Entartung* (1892), Nordaus Schlüsselwerk, ist eine flammende Attacke gegen die literarische Décadence in Frankreich und ihre Verbündeten in England und Deutschland. Viele seiner Kritiken über zeitgenössische Werke und Strömungen sind in dem Sammelband *Von Kunst und Künstlern* (1905) zu finden.

Als Arzt konzentrierte sich Nordau besonders auf die physischen Anzeichen von Degeneration, wie sein großer Lehrmeister Lombroso, doch viel detaillierter. Während Lombroso etwa Henkelohren einfach als solche moniert, gibt Nordau eine genaue Beschreibung: Ein Ohr sei degeneriert, wenn es »henkelartig vom Kopfe absteht, das Läppchen fehlt oder angewachsen, die Randleiste (helix) nicht umgeschlagen ist«. Anzeichen für Entartung seien auch »Schielauge, Hasenscharte, Unregelmäßigkeiten in der Form und Stellung der Zähne, spitzbogiger oder flacher Bau des Gaumens, zusammengewachsene oder überzählige Finger«.[11] Tauchten nun solche Einzelheiten in Kunstwerken auf, fürchtete Nordau, daß der Betrachter sich auf fatale Weise ermuntert fühlen könne, sie zu bewundern.

Nordaus Prosa huldigt einem Stil, den man geradezu »biopoetisch« nennen könnte.

»Das Krankhafte an der Entartung«, schreibt er, »besteht eben darin, daß der degenerierte Organismus nicht die Kraft hat, die von der Gattung bereits erreichte Höhe der Entwicklung zu erklimmen, sondern an irgend einem frühen oder späten Punkte unterwegs stehenbleibt.[12] Der Rückfall des Entarteten kann bis zur schwindelerregenden Tiefe gehen. Wie er körperlich bis zur Stufe der Fische, ja der Gliederthiere und selbst der geschlechtlich noch nicht differenzierten Wurzelfüßer hinabsinkt, wenn er durch Spaltbildungen am Oberkiefer die sechsstelligen Lippen der Käfer, durch Halsfisteln die Kiemenbögen gerade der allerniedrigsten Fische, der Selachier, durch überzählige Finger (Polydaktylie) die vielstrahligen Flossen der Fische, vielleicht sogar die Borsten der Würmer, durch Hermaphroditismus die Ungeschlechtlichkeit der Rhizopoden wiederholt, so erneuert er geistig in bestem Falle, als höherer Entarteter, den Typus des Urmenschen der älteren Steinzeit, im schlimmsten Falle als Idiot, den eines weit vormenschlichen Thiers.«[13]

An anderer Stelle erklärt Nordau, daß sich die Nachkommen einer Person mit solchen körperlichen Defekten noch weiter zurückentwickeln würden und bestenfalls noch über das Gehirn eines Steinzeitmenschen verfügen könnten. Jede Art von Geschwulst oder Tumor am Körper war für ihn ein Zeichen von Entartung. Die Ursprünge der Ornamentik führte er also nicht nur auf Wunden, Fesseln und die Lockmittel niederer Organismen zurück, wie Lombroso es getan hatte, sondern auch auf Geschwülste und Deformationen – eine eher pathologische Dekadenz.

Lombroso hätte in seiner generalisierenden Art einfach nur von Geisteskranken und Häftlingen gesprochen. Nordau nennt Baudelaire, Verlaine, Mallarmé, Rossetti, Tolstoi, Maeterlinck, Wagner, Huysmans, Ibsen, Nietzsche (ja, auch ihn, obwohl er ihm soviel verdankte) und Zola. Diese Männer und ihr Werk zu diffamieren ist das alleinige Anliegen von Nordaus *Entartung*, und dabei stützt er sich vor allem auf die Verteufelung ihrer äußeren Erscheinung.

Zu den Quellen, aus denen Nordau schöpft, gehört auch A. B. Morel, dessen *Traité des dégénérescences physiques, intellectuelles et morales de l'espèce humaine* bereits 1857 erschienen war,[14] zwei Jahre vor Darwins *Über die Entstehung der Arten* und eine ganze Weile bevor Lombroso seine Theorien entwickelte. Morel hatte behauptet – worin ihm Darwin, Lombroso und Nordau folgen sollten –, daß Entartung bereits durch die allerkleinste Abweichung von der gesunden Norm entstehe. »Diese Abweichung«, erklärte er, »auch wenn sie anfänglich noch so einfach wäre, schließt übertragbare Elemente von solcher Beschaffenheit in sich, daß derjenige, der ihren Keim in sich trägt, immer mehr und mehr unfähig wird, seine Aufgabe in der Menschheit zu erfüllen, und daß der geistige Fortschritt, der schon in seiner Person gehemmt ist, sich auch bei seinen Nachkommen bedroht findet.«[15] Nordau zitiert diese Passage und fügt hinzu, daß bereits die erste Nachkommengeneration eines solchen Abweichlers eine entartete Unterspezies konstituiere. Doch ein solches Geschlecht werde bald schon steril und sterbe aus, denn sonst würde es immer weiter entarten, bis es die niedrigste Lebensstufe erreicht hätte. Der Prozeß, den er beschreibt, hat etwas von einer wildgewordenen Evolution; nur daß es in diesem Fall nicht um Pfauenfedern geht, die immer länger werden, weil nur langfedrige Männchen Geschlechtspartnerinnen finden, sondern zum Beispiel um ständig schrumpfende menschliche Gehirne, weil potentielle Partnerinnen plötzlich von der fatalen Vorliebe für Männer mit kleinstmöglichem Gehirn ergriffen werden.

Erotomanie: Verlaine und Rodin

Die Form krankhafter Entartung, von der Nordau die meisten Künstler und Intellektuellen befallen sah, nannte er Erotomanie. Sie entstehe, wenn das Rückenmark und der Teil des Gehirns, den man Medulla oblongata (verlängertes Mark) nennt, mißgebildet seien. Da nun beide zu den geschlechtlichen Zentren des Körpers gehörten, fühle sich der Kranke gedrängt, alle Sinnesreize sexuell zu interpretieren. Er gerät zum Beispiel beim Anblick eines Zuges oder einer Schlagzeile in Erregung. Ein ganz normaler Konzertflügel kann bei ihm heimtückische libidinöse Energien freisetzen. Erotomanie ist für Nordau die Grundform von Entartung in der modernen Kunst. Sie überfalle Künstler, Modelle und Betrachter gleichermaßen. Am deutlichsten aber trete sie bei Bildnissen junger Frauen zutage: Eine verbrecherische Primitivität im Innern verberge sich hier hinter dem äußeren Flitter der erotischen Faszination; obwohl diese Frauengestalten ganz und gar nicht selektabel seien, wirkten sie dadurch sexuell außerordentlich attraktiv. Ihre Krankheit mache einen Teil ihres Reizes aus.

Doch es gab auch Männer solchen Schlages, beispielsweise den Dichter Paul Verlaine.

»In diesem Mann«, schreibt Nordau, »finden wir erstaunlich vollständig alle leiblichen und geistigen Brandmarken der Entartung vereint, und auf keinen mir bekannten Schriftsteller passen die Beschreibungen, welche die Kliniken vom De-

Abb. 7.1
Eugène Carrière: Portrait Paul Verlaine, Ausschnitt

generierten geben, Zug um Zug so genau wie auf ihn, seine körperliche Erscheinung, seine Lebensgeschichte, sein Denken, der Inhalt seiner Vorstellungswelt und seine Ausdrucksweise. Jules Huret gibt von seinem Äußeren folgende Beschreibung: ›Sein Kopf eines gealterten bösen Engels mit dem ungepflegten dünnen Barte und der plötzlichen Nase, seine buschigen und gesträubten, grannigen Ähren ähnlichen Augenbrauen, die einen grünen und tiefen Blick decken, sein ungeheurer und langer, gänzlich kahler, von rätselhaften Beulen mißhandelter Schädel geben dieser Miene den gegensätzlichen Anschein eines verstockten Ascetismus und zyklopischer Begierden.‹ «[16]

Nordau verweist auch auf das Bildnis des Dichters von Eugène Carrière; darauf findet sich in der Tat einiges von Hurets Beschreibung wieder (Abb. 7.1). Wie ein Schreckgespenst tritt das Gesicht aus undurchdringlicher Dunkelheit hervor. Der fransige Backenbart steht ab wie der Schnurrbart einer Katze, und die grell beleuchtete Stirn läßt den Schädel wie einen gefährlich nah vorbeiziehenden Planeten wirken. Die Nase läßt Carrière plastisch hervortreten, besonders ihren schiefen Rücken und die verräterische blaurote Spitze. Mit dem Strudel an Farben entsteht aber auch der Eindruck einer Hautkrankheit, vielleicht Rosazea. Die unterschiedlich großen, asymmetrischen Augen hätte Lombroso sicher als deutliche Anzeichen geistiger Labilität gewertet.[17]

Auch andere Portraits von Verlaine, so Nordau weiter, betonten die Asymmetrie des Schädels und seine "mongolischen" (also atavistischen) Züge, wie den dünnen Bart und die schrägstehenden Augen. Die biologische Degeneration drücke sich auch in Verlaines Gedichten aus, deren Versbau alle möglichen pathologischen Merkmale aufweise: Wiederholungen, Echolalie (sinnloses Nachplappern), Konzentration auf Stimmung anstatt Intellekt und vor allem den vergeblichen Wunsch, mittels sinnloser Worte Schönheit auszudrücken.[18]

Für den kriminellsten aller zeitgenössischen Erotomanen hielt Nordau jedoch Auguste Rodin.[19] Bei ihm habe diese Krankheit bereits alle denkbaren Grenzen überschritten. Seine sexuellen Leidenschaften seien satanisch und katastrophal. Seine Frauengestalten versuchten nicht einmal, ihre kränklichen wiewohl faszinierenden Körper hinter modischer Kleidung zu verstecken. Die *Höllenpforte* »zeigt Reihen nackter Weiber in allen Stellungen und Verrichtungen des Hexensabbats, wo er am teuflischsten ist. Hysterische Anfälle schütteln und winden diese Leiber, deren Bewegung greuliche Verirrung und gierigen Sadismus verrät.«

Abb. 7.2
Auguste Rodin: Der Denker,
1879 – 1889, Ausschnitt

Abb. 7.3
Auguste Rodin: Der Denker,
1879 – 1889

Rodins Entartung trete jedoch nicht nur in seinen Werken, sondern auch bei der Auswahl seiner Modelle und in seiner eigenen Person zutage. Wahnsinnige stünden ihm Modell. »Zu Vorbildern haben ihm sichtlich die Kranken der Salpêtrière oder der in dieser Klinik redigierte Bilderatlas (Iconographie de la Salpêtrière) gedient.«[20] Seltsamerweise wird hier Rodin auf eine Stufe mit Lombroso gestellt, weil der die Irrenanstalten seiner Heimatgegend nach Anschauungsobjekten durchforstet hatte. Doch im Gegensatz zu ihm habe der Bildhauer seine verrückten Modelle bewundert und sei ihnen in vielem ähnlich gewesen. Im übrigen habe sich Rodin bei seinen mehr oder weniger verrückten Modellen nicht auf das polykletische Ideal konzentriert, sondern verkommene, deformierte und verfettete Körper portraitiert, wie seinen berühmt-berüchtigten *Balzac* aus dem Jahr 1893. Rodins nackter Balzac sei auf eine Art und Weise wulstig, verkropft und mit Höckern übersät, wie es bei keinem realen Menschen möglich wäre. Und doch sah Nordau selbst diese für ihn so widerwärtige Figur in höchstem Maße von Erotik durchdrungen.[21] Rodin, so glaubte er, wollte uns dazu bringen, perverse Gelüste beim Anblick solcher Individuen zu entwickeln; und wenn man uns nicht daran hindere, würden wir ihnen augenblicklich erliegen!

Der düster sinnende *Denker* (Abb. 7.2, 7.3) entspricht schon eher traditionellen Vorstellungen von einem selektablen Mann, sollte man denken.[22] Nicht so Nordau:

»Der geschundene Mann sitzt auf einem scharfkantigen Felsblock mit rundgekrümmtem Buckel zusammengekauert da. Seine Zehen krallen sich krampfhaft in den Boden ein. Er hält eine geballte Faust vor dem Mund und scheint wütend hineinzubeißen. Das thierische Antlitz mit der wulstig zusammengezogenen Stirn blickt finster drohend wie Mitternacht. Wer die Gestalt ohne den Fingerzeig eines Titels deuten soll, der wird nach der Rückenansicht einen Gefolterten, der sich in Qualen krümmt, nach der Vorderansicht auf einen Verbrecher, der einer Missetat nachsinnt, schließen. Das letzte, worauf man verfallen würde, wäre, hinter dieser verschwollenen Stirn einen arbeitenden Geist zu suchen und in diesem von Starrkrampf aller Muskelgruppen befallenen Leib den Gedanken als Herrscher zu vermuten.«[23]

Gegen die gesamte Höllenpforte wetterte er schließlich – sie sei »eine Illustration von Hystero-Epilepsie und weiblichem Sadismus«.[24]

Verfall des Geistes: Whistler, Boldini und J. W. Alexander

Am deutlichsten aber schlage sich die Degeneration der Kunst im Impressionismus nieder.

»Die merkwürdige Vortragsweise gewisser neuer Maler, der Impressionisten, der Punktirer oder Mosaisten, der Zitterer oder Flimmerer, der brüllenden Koloristen, der Grau- und Fehlfärber, wird uns sofort verständlich, wenn wir uns die Untersuchungen der Charcotschen Schule über Sehstörungen der Entarteten und Hysteriker gegenwärtig halten. Die Maler, welche versichern, daß sie aufrichtig sind und die Natur so wiedergeben, wie sie sie sehen, sagen die Wahrheit. Der Degenerierte, der an Nystagmus oder Zittern des Augapfels leidet, wird in der That die Welterscheinung bebend, ruhelos, ohne feste Umriße wahrnehmen ...«[25]

Damit meinte er Monet. Bei anderen Formen von Entartung sähen die Maler die Natur in Punkten und Klecksen; das gelte etwa für Seurat.

Doch weit schlimmer noch als Monet oder Seurat war Whistler. Bei ihm verbanden sich die Sehstörungen der Impressionisten mit Rodins Erotomanie. Schon seine eigene Erscheinung erfüllte in gewisser Weise Nordaus Definition von körperlicher Dekadenz – er war klein und ein Dandy par excellence. Aber auf jeden, der sich nach Art von Baudelaire kleidete und aufführte oder gar in seinem Stil parlierte, der seinen Kunstbegriff von Théophile Gautier (»l'art pour l'art«) über-

nahm, der an chronischem rheumatischem Fieber litt und sich (zeitweilig) mit Bleiweiß vergiftete (als er 1862 an dem Gemälde *White Girl* arbeitete), – hätte mehr als nur eine von Nordaus devolutionären Diagnosen zugetroffen.[26]

Abb. 7.4
James Abbott McNeill Whistler:
Lady Meux, 1881

Abb. 7.5
Das Gesicht von Lady Meux

Schon als Mensch war Whistler also schlimm genug. Doch sein eigentliches Verbrechen waren seine Frauenportraits (Abb. 7.4, 7.5):

»Die Heftigkeit, mit der er junge, hochgezüchtete, nervöse Frauen fühlt, wirkt auf mich geradezu unheimlich. Ich denke an seine Lady Meux, an andere kapriziöse Weiblichkeiten, die in den letzten fünfzehn Jahren in den Pariser Salons und in London ausgestellt waren. Er pflanzt sein Modell in irgendeiner wunderlichen Haltung vor uns hin. Einmal steht es mit dem Rücken zu uns gekehrt, wendet aber wie in plötzlicher Laune den Kopf nach uns um, ein andermal zeigt es uns das volle Gesicht und blickt uns mit verkniffenem Munde und undurchdringlichen Augen, die Beunruhigendes sinnen, faszinierend an. Diese verzogenen, grillenhaften Schönheiten tragen merkwürdige, persönliche Toiletten, die außer dem Gesicht, und manchmal den Händen, keinen Fingerbreit Haut enthüllen und trotz ihrer Verwendung von Seide und Spitzen nach dem Feigenblatt schreien. Sie sind Bündel kranker Nerven, die vom Scheitel bis zu den Fingerspitzen in sadischer Aufregung zu beben scheinen. Es ist, als wollten sie die Männer zu wütenden Wagnissen reizen und hielten gleichzeitig die Krallen bereit, um die Verwegenen mit einem hohen Schrei in der Luft zu zerfleischen.«[27]

Lady Meux ist demnach ein Rückfall in der Evolution, auch wenn man heutzutage wohl kaum imstande ist, derartiges in ihr zu sehen.[28] Nordau spricht hier auch von einem »Farbenschwelgen«. Doch wenn wir das Bild betrachten, entdecken wir nur kühles Grau, verwischtes Weiß und einen leichten Rosaton. Vor lauter Zorn hat ihm wohl sein Gedächtnis einen Streich gespielt. Erkennen wir in dieser Frau »ein Bündel kranker Nerven« in »sadischer Aufregung«? Auf dem hochkant gemalten, schmalen Bild – ein Format, das zu dieser Zeit in Mode war – steht eine Dame in aufrechter Haltung. Sie wendet dem Betrachter ihre rechte Seite und das Gesicht zu, und sieht ihn herausfordernd an. Ein üppiger, aber einfacher, grauer Stoff bedeckt dreiviertel des Hintergrundes. Der Rest wird vom warmen Braunton des Bodens ausgefüllt.

Soweit ist an dieser Darstellung nichts von der Wildheit zu entdecken, die Nordau sah. Doch wenn wir uns an Kapitel 1 erinnern, erkennen wir, daß Lady Meux tatsächlich sexuell selektive Kleidung trägt: ein weichfallendes Satinkleid mit engen Ärmeln und einem so steifen, malvenfarbenen Mieder, daß sich der Schambereich in deutlichem Bogen hervorwölbt. Vom vorderen Saum des Kleides windet sich eine glänzende Satinrüsche bis zum Po hinauf, wo sie dann als Kaskade aus Seide, Spitze und vermutlich auch Batist auf den Boden zurückfällt. Mit einer graziösen Geste des rechten Arms hält sie diese Woge aus Stoffen zurück. Über ihre üppige Brust zieht sich eine Reihe kleiner Knöpfe bis in die dunkle Innenwölbung unter dem Busen. Ihr Kopf erhebt sich aus einem Spitzennest und verschwindet wieder in der Höhlung eines breitkrempigen Strohhuts, den sie etwas nach hinten geschoben trägt und der von einem Strauß dunkelroter Blumen oder Spitzen gekrönt wird. Die Kleidung läßt den modisch schmalen Körper des Modells fast wie den einer paläolithischen Venus oder zwiebelförmigen Göttin der Frühzeit wirken. Ich bin mir sicher, daß es das Kleid in diesem Bild war, nicht die Farben, was Nordau so in Wallung brachte.

Ihr Gesicht, dieses laut Nordau so beunruhigende Antlitz (Abb. 7.5), ist ausdrucksvoll, symmetrisch klar, mit einem wohlgeformten, ovalen Kinn. Die schmale, elegante Nase wird von feinen Nasenflügeln begrenzt. Der eher runde Mund hat in der Tat etwas Verkniffenes an sich. Groß, elliptisch und dunkel sind die Augen, die Brauen darüber verschmelzen im Schatten (man erinnere sich: »... undurchdringliche[n] Augen, die Beunruhigendes sinnen«). Lombroso würde die beinahe zusammengewachsenen Augenbrauen mit Sicherheit als Atavismus bewerten. Aber Lady Meux hat weder Brauenwülste noch niedrige Augenbrauen, weder asymmetrische Wangen- oder Schädelknochen noch andere Deformationen, die er und Nordau als kriminell eingestuft hätten. Doch Lombroso hatte ja auch behauptet, »straffälligen« Frauen fehlten diese äußerlichen Attribute oft und gerade dies sei ein Zeichen ihrer anti-evolutionären Tendenzen.

Ob nun Lady Meux von solchen Merkmalen gezeichnet war oder nicht, kennzeichnend ist in jedem Fall die Handschrift des Malers. Und die ist auf dem ganzen Bild deutlich wahrnehmbar: in den üppigen, diagonalen Schraffierungen der Hutkrempe und bei den sanft glänzenden Farbschichten über Brust, Schulter, Bauch, Hüften und auf dem Hut. Der Malprozeß muß einer Performance geglichen haben. Whistlers heftiger Pinselstrich auf den darunterliegenden Schleiern grauer Farbe zeugt von den lebhaften Bewegungen seiner Hände und Arme, ja vielleicht lief er sogar im Raum umher, um die Staffelei und das Modell herum. Genau so wurde Whistler von einem Zeitgenossen beim Malen dieses Bildes beobachtet: »Einmal in Aktion, wurde er zum wachsamen Fechter; er näherte sich der Leinwand, duckte sich ein wenig, so wie sich ein Panther an sein Opfer anschleicht, seine Augen hafteten an der Dame, nur hin und wieder ein schneller Blick auf die Leinwand. In Armeslänge von seinem Ziel entfernt zog er einen Strich, leicht, aber sicher, und sofort schnellte der Pinsel wieder zurück.«[29] Diese Schilderung kommt Nordaus Vision eines männlichen Raubtiers, das von einer Femme fatale zum Angriff gelockt wird, ziemlich nahe. In der unteren rechten Ecke, dunkel abgehoben vom Hintergrund, vervollständigt eine der berühmten Schmetterlingssignaturen das Gemälde wie mit einem Kuß.

Nachdem Nordau seinen faszinierten Widerwillen gegen Whistler ausgelebt hatte, wandte er sich einem anderen Opfer von Erotomanie und Geistesverfall zu: Giovanni Boldini.[30] Boldinis Frauen erscheinen ihm weniger verachtenswert oder neurotisch als vielmehr ungezähmt und wild. Ihre Accessoires stammen alle aus der Tierwelt – Schlangenhäute, Löwenmähnen, Tierklauen, Pfauenfedern. Solche Ornamente sind nicht einfach nur Überreste wie bei Lombroso, sie sind Mittel zum Zweck geworden, uns unsere Wildheit bewußt zurückzuerobern.

»Boldini«, schreibt Nordau, »ist einer der bemerkenswertesten zeitgenössischen Maler weiblicher Bildnisse. In diesen läßt er es sich meist angelegen sein, die Schraubenlinien der in hysterischen Krämpfen sich windenden Besessenen von [John White] Alexander und die kühnen Sonnenstrahltänze von [Anders] Zorn miteinander zu vereinen. Die Gabe des Tumults hat unter den Zeitgenossen kaum

Abb. 7.6
Giovanni Boldini: Bildnis der Duchess Marlborough, geb. Vanderbilt, mit ihrem Sohn Lord Ivor Spencer Churchill, 1906

Abb. 7.7
Das Gesicht der Duchess

jemand wie dieser ungemein geschickte Italiener. Seine Bilder scheinen eben mit einer platzenden Bombe aufzufliegen. An seinen Weibern zuckt und bibbert jede Faser. Eine seiner Frauen sitzt halbnackt, wie wenn sie sich die Kleider rasend vom Leib gerissen hätte, auf einer Löwenhaut, und er hat es fertiggebracht, den Kopf und das Fell dieses gewöhnlichen Vorlegers mit einem solchen Ausdruck grimmiger Wildheit zu sträuben, daß man vor dem erwarteten Ansprung des blutdürstigen Untiers entsetzt zurückprallt. Eine andere Frau trägt in wunderbaren Schlängelungen um Schulter und Arm eine Federboa, die aufgeregt adlergleich davonzurauschen scheint. Eine dritte Dame steht in einem Türrahmen – sie scheint mit einem Tigersatze hervorspringen zu wollen. Sie trägt eines jener modernen, stark ausgeschnittenen Soireekleider, die an den Achseln nur mit Kettchen festgehalten werden – ihre Büste sieht aus, als wäre sie entblößt, weil ihr in brutalem Ringen mit einem Satyr das Kleid vom Leibe gerissen wurde. In diesem Weibe atmet alles hysterische Zuckungen, oder Veitstanz, oder Verteidigung mit Zähnen und Klauen gegen brünstige Angriffe.«[31]

Ein Atavismus jagt hier den anderen. Betrachten wir Boldini durch Nordaus Brille, sehen wir beinahe die vogelköpfigen Frauen und die schlangen- und löwenartigen Körper von Göttinnen der Antike vor uns. Natürlich war auch der Künstler selbst wieder degeneriert wie Whistler und Verlaine. Gedrungen, fett und kör-

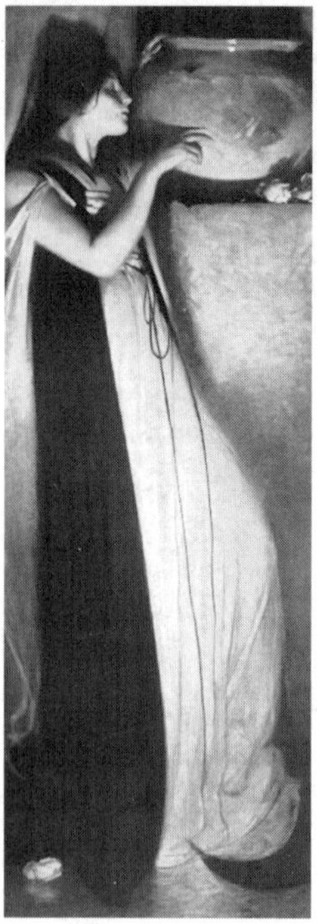

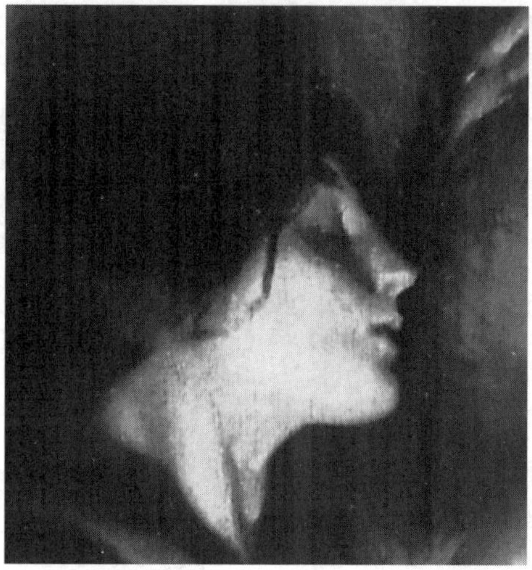

perbehindert, kam er für Nordau dem häßlichen Mops gleich, den eine schöne Frau trägt, um durch diesen Kontrast ihre Reize hervorzuheben. Für Karikaturisten war der Unterschied zwischen dem zwergenhaften Maler und seinen stattlichen Modellen mit ihren langen Beinen, schmalen Gliedern, breitknochigen Schultern und strengen, perfekten, großäugigen Gesichtern ein gefundenes Fressen.[32]

Abb. 7.8
John White Alexander: Isabella oder der Basilikumtopf, 1897

Abb. 7.9
Das Gesicht der Isabella

1906 portraitierte Boldini die Herzogin von Marlborough, eine geborene Vanderbilt, mit ihrem Sohn Lord Ivor Spencer-Churchill (Abb. 7.6, 7.7).[33] Wie man sieht, malte er sehr viel linearer als Whistler, doch auch er drückt mit schwungvollem Pinselstrich der Frauengestalt seinen Stempel auf. So entsteht das Bild einer dürren, schwarzgekleideten, sinnlichen Dame, kühn und rosig, mit sanftem Gesicht und leuchtenden Lippen, die Boldini zu lasziv lächelnder Hochmütigkeit konturiert. Geradezu explosionsartig hebt sich ihr herrlicher Schimmer (ganz wie Nordau es sah) vom dunkleren Feuerwerk des Hintergrunds ab. Ihr Kleid ist nur der flüchtig hingemalte Panzer ihres Körpers. (Eine Vergrößerung von Boldinis Pinselstrich hätte sicher Ähnlichkeit mit Franz Kline.) Der kleine Junge, ein Eros in Knickerbocker, preßt seinen Kopf an den Busen der Venus-Mutter. Die kleinen weißen Finger seiner rechten Hand ruhen auf ihrem Schenkel, sein rechtes Bein liegt quer über ein Louis-quinze-Sofa ausgestreckt, von dem er offenbar im plötzlichen Impuls auf Mutters Schoß gerutscht war.

Nicht minder dekadent als Boldini war nach Nordaus Meinung der Amerikaner John White Alexander.[34] Von ihm stammt das Gemälde *Isabella oder der Basili-*

kumtopf, 1897 entstanden und heute im Boston Museum of Fine Arts zu sehen (Abb. 7.8, 7.9). Das hohe, anmutige Bild einer hochgewachsenen, anmutigen Frau ist in gedämpften Weiß- und Schwarztönen und einem lodernden Gold gemalt. Sie trägt ein bodenlanges, weißes Hemd, das in schweren, großzügigen Falten auf ihre Füße fällt. Ein Träger ist über die nackte rechte Schulter gerutscht. Das schwarze Tuch, das sie fast wie eine Priesterstola um den Hals trägt, verleiht dem Bild etwas Zeremonielles. Ein paar dünne, schwarze Bänder fallen in Schleifen oder lose am Vorderteil des weißen Gewands herab und vermischen sich mit dunklen Strähnen ihres Haares. Das weiße, von unten beleuchtete Gesicht wendet sich mit geschlossenen Augen und einem nachdenklich-abwesenden Ausdruck vom Betrachter ab und einer bauchigen Vase zu. Alexander konzentriert den Kopf des Mädchens, ihren Arm und den Topf – ganz im Zeitgeist – im obersten Teil dieses extremen Hochformats. Den gesamten Rest widmet er dem fließenden Fall des Hemdes, links und rechts am Boden ausschwingend, der Bewegung des leicht gebeugten Knies folgend.

Soweit ist dieses Bild einfach nur bezaubernd. Man könnte an ein Gedicht von Amy Lowell denken oder, natürlich, an Whistlers *The White Girl*. Man muß die gleichnamige Verserzählung von Keats kennen, um das Groteske, in Nordaus Augen grauenvoll Dekadente zu erfassen. Isabella, ursprünglich eine Figur von Boccaccio, hat das Haupt ihres Liebhabers in den Blumentopf gepflanzt. Alexanders Bild zeigt also in Wirklichkeit eine erotische Szene zwischen ihr und einem abgetrennten Kopf. Neben der Vase liegen weiße Blüten, vielleicht als Opfergabe. Die ganze Erscheinung des Mädchens gleicht den Formen fleischiger Blüten und geknickter Stengel; sie selbst wird so zu einer Art anmutiger Pflanze, was vielerlei Assoziationen mit dem abgetrennten Kopf und seiner im Bild nicht sichtbaren Pflanzenkrone hervorruft. Ungemein zärtlich küßt sie die äußere Rundung des Gefäßes – trinkt mit diesem Kuß vom Blut des Geliebten. Man kann kaum umhin, an Lombroso und seine Theorien über die Blutorgien der hebräischen »Mänaden« zu denken.

Dies war nur eine Auswahl aus Nordaus »schwarzer Liste« biologischer Entartung in der Kunst. Seiner Meinung nach breitete sich dieses Phänomen wie eine Seuche auf all jene aus, die die Werke dieser Künstler betrachteten oder sich gar zum Vorbild nahmen. Am deutlichsten empfand er das bei modebewußten Frauen, die ihre Kleidung, ihre Frisuren und ihren Schmuck so oft von Whistler, Boldini und all den anderen übernahmen. Kunst und Leben bestärkten einander – gemalte und gemeißelte Reproduktionsmodelle wurden von wirklichen Frauen verehrt und nachgeahmt. Und dabei war die Ornamentik für Nordau wieder einmal von besonderem Übel. Schlimm genug, wenn sich Frauen mit den Lockmitteln niederer Spezies schmückten, mit Federn, Fellen und Blütenformen. Grauenvoll aber wurde es, wenn sie sich dabei auch noch an Stilen der Vergangenheit orientierten, wie es bei Frisuren zu beobachten sei: »Von den Frauen trägt die eine das Haupthaar rückwärts glatt hinabströmend wie die Raffaelische Maddalena Doni in den Uffizien von Florenz«, schreibt Nordau, »eine andere trägt es zu einem Stirnwulst hoch aufgebaut wie Julia, Tochter des Titus, oder Plotina, die Gattin des Trajan auf den Büsten im Louvre, eine dritte vorn kurz verschnitten, an den Schläfen und im Nacken lang wallend, gekräuselt und locker zerblasen nach der Mode des fünfzehnten Jahrhunderts, wie man sie bei Gentile Bellini, bei Botticelli, bei Mantegna an den Köpfen von Pagen und jungen Rittern dargestellt sieht.«[35]

Dieser Misoneismus, wie Lombroso den Haß auf alles Neue nannte, sei ganz besonders schlimm, wenn Teile eines Kostüms und die Frisur oder gar beides aus unterschiedlichen Zeiten und von verschiedenen Kulturen stammten. Denn dann handele es sich nicht nur um primären Atavismus (die Verwendung von Ornamentik) und sekundären (das Kopieren vergangener Stile), sondern dann sei auch noch *eklektischer* Atavismus im Spiel, also eine Imitation der Vergangenheit mit Entlehnungen aus zwei oder mehreren Perioden. »So«, schreibt Nordau, »entstehen Köpfe, die auf Schultern sitzen, zu welchen sie nicht gehören, Trachten, deren Bestandteile unzusammenhängend sind wie ein Traumkostüm, Farbgesellungen, die im Dunkeln vorgenommen scheinen.« Hier geht es um Kleidung als Äquivalent zur physischen Fehlentwicklung. Nordau kam ein gesellschaftliches Ereignis im modischen Paris vor, als bewege man sich in einer »fabelhaften Leichenkammer aus zerstückelten Körpern, [die] aufs Gerathewohl zusammengeflickt wurden, Köpfe, Rümpfe, Gliedmaßen … mit den erstbesten Gewändern aus allen Geschichtszeiten und Weltgegenden bekleidet«.[36]

Damit kommt Nordau auf das zurück, was er gleich zu Anfang seines Buches thematisiert: Bei der Evolution von Lockmitteln gehe es um immer umfangreichere Entlehnungen aus unterschiedlichen Epochen, vom anderen Geschlecht oder von verschiedensten Spezies. Und dieser Kult, Körperteile mit Vergangenem zu schmücken, intensiviere noch die krankhaften sexuellen Empfindungen, an denen die Träger ohnehin schon litten. Der Mediziner Nordau erkannte in diesen

Symptomen das »Gesamtbild zweier bestimmter Krankheits-Zustände, ... der Degeneration oder Entartung und der Hysterie, deren geringere Grade als Neurasthenie bezeichnet werden«.[37]

Was sollte man nun mit diesen, oder konkreter: gegen diese Künstler mit all ihren Sehstörungen, Erotomanien und ihrem Geistesverfall tun? Was sollte man gegen die Produzenten von misoneistischer Kleidung unternehmen? Könnten nicht einfach die Behörden einschreiten? Hier präsentiert Nordau die verhängnisvollste seiner Thesen: »Diejenigen Entarteten, bei denen die geistige Zerrüttung eine zu tiefe ist, müssen ihrem unerbittlichen Schicksal überlassen werden. An ihnen ist nichts zu retten und zu bessern. Sie werden eine Zeit lang rasen und dann nieder gehen.«[38] Das heißt nichts anderes, als daß degenerierten Künstlern ein Überleben nicht gestattet werden darf. Dabei geht es um solche, »die lallen und stammeln, statt zu sprechen ... Sie zeichnen und malen wie Kinder, die mit unnützen Händen Tische und Wände beschmutzen. Sie machen Musik wie die gelben Menschen Ostasiens.«[39] Und sie führten die Kunst auf das Niveau jener primitiven Formen zurück, die es vor der evolutionären Differenzierung gegeben habe.

»Die Mystiker, besonders aber die Ichsüchtigen und die unflätigen Pseudo-Realisten, sind Gesellschaftsfeinde schlimmster Art. Die Gesellschaft muß sich unbedingt gegen sie vertheidigen. Wer mit mir glaubt, daß die Gesellschaft die natürliche, organische Form der Menschheit ist, in der allein sie leben, gedeihen und sich zu höheren Geschicken weiterentwickeln kann, wer die Gesittung für ein Gut hält, das Wert hat und vertheidigt zu werden verdient, der muß unerbittlich den Daumen auf das gesellschaftsfeindliche Ungeziefer drücken.«[40]

Nordaus Position ist klar: Fordern wir Strafprozesse. Fordern wir, daß professionelle Psychiater diese kranken Individuen für uns identifizieren.[41] Fordern wir, daß die Übeltäter in Irrenhäuser eingewiesen werden oder, wenn notwendig, in Dauerlager, wo sie intensiv überwacht werden können und – wie Galtons minderwertige Klassen und Lombrosos Atavisten – schließlich aussterben werden, ohne etwas geschaffen oder sich fortgepflanzt zu haben. Rodin, Whistler, Verlaine: in die Lager!

Wie soll man Max Nordaus biokulturelle Prophezeiungen und die von ihm propagierten Gegenmittel einorden? Seine implizite Aussage war, daß man nur resolut die Symptome kultureller Schwäche ausmerzen müsse, um die Krankheit als solche auszurotten. Doch er überlegte sich ebensowenig wie Galton und Lombroso, welche praktischen Konsequenzen sich daraus ergeben würden. Welche Gesetze müßten geschrieben werden, um dieses totalitäre Ziel zu erreichen? Wer würde die Strafprozesse führen? Was ist mit den Menschenrechten wie der Redefreiheit, ganz zu schweigen von der Freiheit, sich zu kleiden und zu frisieren, wie es einem beliebt? Gäbe es überhaupt noch ein gesetzlich verbrieftes Recht, wie Whistler zu malen oder wie Rodin zu meißeln, ohne in ein Konzentrationslager gesperrt zu werden? Oder würde man ins Irrenhaus eingewiesen, nur weil man Menschen als attraktiv dargestellt hat, die qua Gesetz als kriminell dünn gelten?

Nordau predigte seinen Fatalismus nicht ohne ein gewisses Vergnügen. Waren also die totalitären Mittel, die er vorschlug, einfach nur seine Art auszudrücken, daß die Lage bereits hoffnungslos war? Tanzte er selbst auf dem bereits grollenden Vulkan? »Das ist der Anblick, den im rothen Lichte der Völkerdämmerung das Menschengetriebe darbietet. Die geballten Wolken am Himmel flammen in der unheimlich schönen Lohe, die nach dem Krakatoa-Ausbruche jahrelang beobachtet wurde. Über die Erde kriechen tiefer und tiefer werdende Schatten und hüllen die Erscheinungen in ein geheimnisvolles Dunkel, das alle Gewißheiten zerstört und alle Ahnungen gestattet.«[42]

Der Weg in den Faschismus

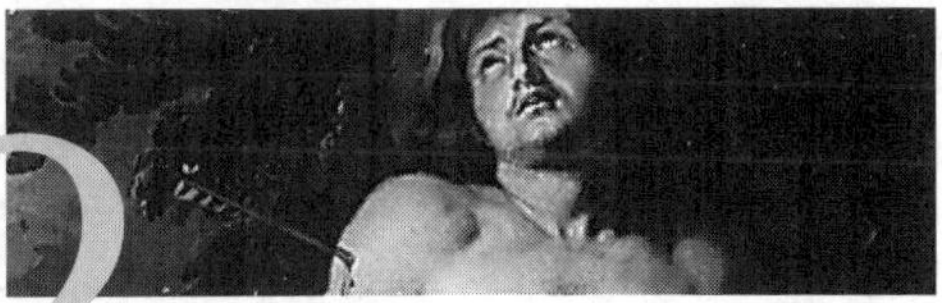

8

Paul Schultze-Naumburg: Rubens und Rembrandt

Der Nationalsozialismus setzte die noch rein propagandistischen Ideen Lombrosos, Galtons und Nordaus auf eine mit keinem anderen totalitären System vergleichbare Weise in die Tat um. Der Holocaust kann – zumindest zum Teil – als angewandte Eugenik verstanden werden, obgleich er fast ausschließlich rassische Kriterien zum Ausgangspunkt nahm und weniger jene individuellen Körpermerkmale, für die diese drei sich interessiert hatten. Schon vor der Machtübernahme der Nationalsozialisten hatten Organisationen wie der Reichsverband für Geburtenregelung und Sexualhygiene – um nur eine von vielen zu nennen – eugenische Vorstellungen mit deutlich rassistischen Anklängen verfochten, denen allerdings auch nordische Typen oder Arier zum Opfer fallen konnten, sofern sie als behindert, geistig zurückgeblieben oder kriminell galten. In Deutschland erschienen zahlreiche Eugenikbücher, unter anderem von Roderich von Engelhardt, Paul Kranhals und Edgar Jung. Laut Wilfried van der Will wurden 1934 allein in Preußen 31 000 Zwangssterilisationen an »Minderwertigen« durchgeführt; 1935 waren es 50 000. Führte man dieses Verfahren weiter und verfolgte zugleich strikt eine Politik, unter staatlicher Oberaufsicht »gesunde Geschlechter« heranzuzüchten, dann, so errechnete Heinrich Himmler, wäre das deutsche Volk nach 120 Jahren in seiner Gesamtheit rassisch »aufgenordet«.[1] All diese Vorhaben waren nicht zuletzt Folge der »Großen Angst«. Für den Bereich der Kunst bedeutet dies, daß die Bewegung nun ganz im Sinne Nordaus (ohne jedoch seinen Namen zu nennen, da er Jude war) jene Richtung forcierte und unterstützte, die gesunde Reproduktionsmodelle anbot, und alles verteufelte, was dem angeblich entgegenstand.

Die schillerndste Figur unter denjenigen, die gedanklich von den im späten neunzehnten Jahrhundert propagierten, proto-nationalsozialistischen Körperidealen direkt zu den Praktiken der Nazis überleiteten, war Paul Schultze-Naumburg: Architekt, Maler, Leiter einer Kunstschule und ein äußerst produktiver Autor.[2] Für unseren Zusammenhang ist vor allem sein Buch *Kunst und Rasse* (1928) von Bedeutung. Die Kunst, so behauptete er darin, sei die wichtigste Quelle, wolle man allen germanischen Völkern positive und negative Reproduktionsziele vor Augen führen.

Schultze-Naumburg erklärte Rubens zur Personifizierung eines überlegen starken und absolut reinblütigen Menschenschlags: ein Mann von rötlich-weißer Haut,

Abb. 8.1
Peter Paul Rubens: Selbstbildnis mit Isabella Brant, 1609/10

Abb. 8.2
Peter Paul Rubens: Selbstbildnis, 1639

mit rundlichen Gliedern und kleinen Händen und Füßen. Exakt diesen Körpertypus finden wir auch in fast allen Bildern Rubens' wieder – am vollkommensten in seinem berühmten Selbstportrait mit Isabella Brant von 1609/1610 (Abb. 8.1). Auch Isabella gehört eindeutig zur Rubens-»Rasse«. Ihr kugeliger Kopf verleiht den Gesichtszügen zwar eine Rundlichkeit, die dem eher länglichen Antlitz ihres Ehemannes fehlt, und ihre Augenachse beschreibt im Gegensatz zu seiner einen abwärts geschwungenen Bogen. Dennoch haben diese zwei Menschen viel gemeinsam: ihre Hände zum Beispiel, mit den langen, biegsamen Fingern und relativ kleinen Mittelhandknochen. Ihre Augen (feucht, klar umrissen, mit einem festen, direkten Blick) und Nasen (lang, gerade, eher scharf geschnitten) gleichen sich fast vollkommen, nur liegen Isabellas Nasenlöcher an der Nasenunterseite, während die ihres Mannes größer sind und sich nach oben hin weiten.

Rubens bewahrte diesen Phänotyp bis ins hohe Alter. Noch in seinem 1639 im Alter von 62 Jahren gemalten Selbstportrait (Abb. 8.2) erkennt man, wenn man vom Alterungsprozeß absieht, denselben Gesichtsausdruck und dieselbe Körperstruktur wie in dem Doppelbildnis, das dreißig Jahre vorher entstand. Allerdings ist aus dem rundlichen Künstler inzwischen ein dicker Mann geworden. In seine Wangen haben sich tiefe Falten eingegraben, und die Nase ist, wie bei vielen älteren Menschen, voluminöser geworden. Haar und Bart sind nun etwas dünner, doch noch immer nicht grau.

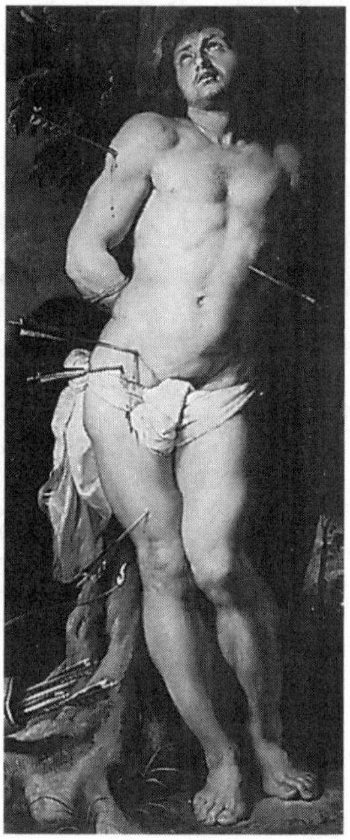

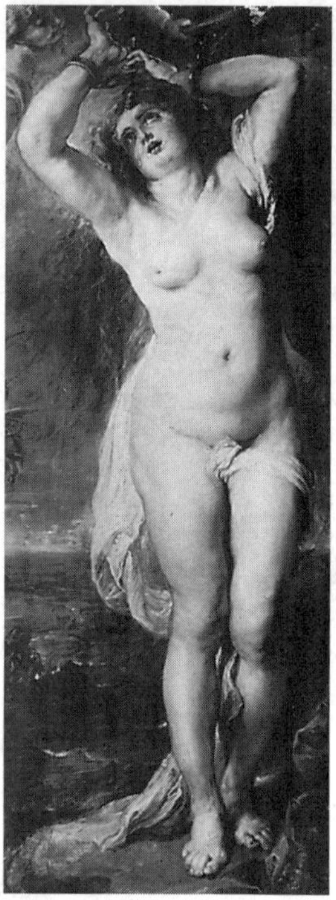

Abb. 8.3
Peter Paul Rubens: Der heilige Sebastian, um 1612

Abb. 8.4
Peter Paul Rubens: Andromeda, um 1638

Findet man Rubens' »Selbstportrait« – im Schultze-Naumburgschen Sinne – ebenso in seinen Darstellungen anderer Menschen wieder? Bei der Betrachtung zweier Aktbilder, dem *Heiligen Sebastian* und *Andromeda* (Abb. 8.3 und 8.4),[3] käme wohl niemand auf die Idee, daß dies Selbstbildnisse sind; doch aus dem Blickwinkel eines Leighton, Morelli und nun auch Schultze-Naumburg erkennen wir im runden Schädel des Heiligen, in seinem vollen, roten Mund, der axial verlaufenden, starken Nase und dem weichen Haar genau den Körpertypus wieder, der uns auch in Rubens' Selbstbildnissen entgegentritt. Auch andere »somatotypische Indizes« – wie Sheldon gesagt hätte – sind vorhanden: kurze Schien- und Wadenbeinknochen, kräftige Unterschenkel, ein weicher, zylindrischer Rumpf, dessen gesamte Muskelstränge in massiges Bindegewebe eingebettet sind. Nur die Füße des Heiligen sind groß wie bei Michelangelo, nicht zierlich wie Rubens' eigene, was auf die italienische Tradition heroischer Aktdarstellungen zurückzuführen ist. Andromedas Phänotyp erinnert in seinen Details wiederum stark an Isabella Brant – aber auch an Hélène Fourment, die zweite Frau des Malers, deren berühmter Akt mit Pelzmantel im Kunsthistorischen Museum Wien hängt (Abb. 8.5). Man möchte in der Tat annehmen, daß Andromeda eigentlich Hélène ist.

Hélène hat hier zwar eine geradere, »klassischere« Nase, doch ansonsten stimmt alles überein: die prallen, feuchten Lippen, die klaren Augen, das volle Gesicht und der runde Kopf, der weiche, gutgepolsterte (aber muskulär geprägte) Körper jener »Rasse«, die Schultze-Naumburg die Fourment-Rubens-Rasse nannte. Man beachte vor allem Andromedas muskulöse Beine mit den gewölbten Innen- und Außenseiten der Unterschenkel, der deutlich sichtbaren Muskulatur um die Kniescheiben; sogar Andeutungen jener Oberschenkelmuskulatur sind vorhanden, die man zu dieser Zeit an männlichen Figuren so schön fand. Schultze-Naumburg könnte durchaus recht gehabt haben, als er in Weiterentwicklung der Thesen von Lombroso und Morelli behauptete, daß das, was wir als Rubens' »Handschrift« betrachten, nicht nur durch seine Hand, sondern durch seinen ganzen Körper geprägt wurde.

Andere Künstler aus dem Rubens-Kreis deutete Schultze-Naumburg völlig unterschiedlich. Doch sogar aus seinen Vergleichen der Köpfe, Beine und Hände von, zum Beispiel, van Dyck oder Jacob Jordaens (Abb. 8.6) erfahren wir Details über das angebliche Rubenssche Körperideal: daß nämlich seine Beine – und daher auch die seiner Figuren – im Gegensatz zu denen, die seine Zeitgenossen bevorzugt darstellten, eine breite, betonte Kniescheibe haben, die kurzen Schienbeine etwas O-förmig und seine Waden stämmig sind. Die Zehen sind lang und

Abb. 8.5
Peter Paul Rubens: Hélène Fourment im Pelzrock, 1638 – 40

Abb. 8.6
Jacob Jordaens: Allegorie der Fruchtbarkeit, um 1625, Ausschnitt

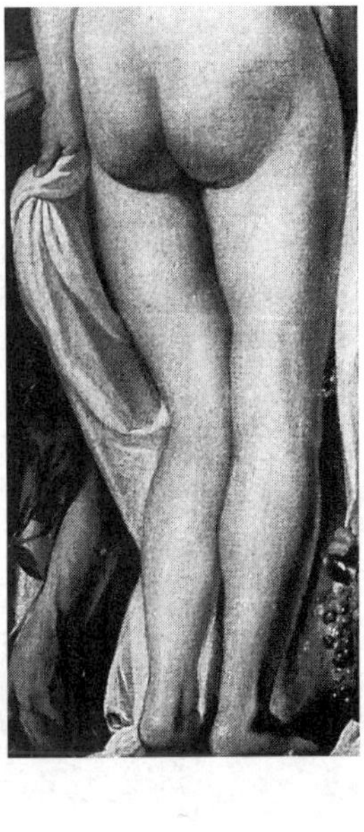

stark gebogen, mit Ausnahme des großen Zehs. Die gleichmäßig geschwungenen Fesseln wirken gelenkig. Die Oberschenkelknochen sind lang, und der Ansatzpunkt des Muskels oberhalb des Knies ist deutlich hervorgewölbt. Die gesamte innere Körperstruktur bleibt durch die sanften Fettpolster hindurch sichtbar. Im Gegensatz zu diesen Rubensschen Beinen mit all ihren Einzelheiten zeigt die Rückansicht der wohlgeformten Beine von Jordaens' Frau die glatte Haut eines professionellen Models unserer Tage – Schultze-Naumburg zufolge eine gesunde Variante der germanischen »Rasse«.

Erstaunlicherweise hält Schultze-Naumburg Rembrandt für den bedeutendsten Zeichner abschreckender Reproduktionsmodelle – das heißt also nicht selektabler Figuren.[4] Zwar hätten auch alle anderen Künstler immer nur ihre eigenen Körper dargestellt, aber im Gegensatz zur gesunden Physis beispielsweise eines Rubens sei Rembrandt klein, plump und faltig gewesen, sein zerklüftetes Gesicht gekennzeichnet von tiefliegenden Augen mit dem Blick eines verwirrten Geistes. Seine Werke zeigten eine Welt von immergleichen, genetisch »minderwertigen« Klonen.

Abb. 8.7

Rembrandt van Rijn: Adam und Eva, Kupferstich, um 1638

Als Beispiel führt Schultze-Naumburg Rembrandts berühmten Stich *Adam und Eva* aus dem Jahr 1638 an (Abb. 8.7). Ausgerechnet Adam und Eva! Für den Autor von *Kunst und Rasse* sind dies »primitive Vormenschen« und alles andere als die Urahnen unserer »noblen« Rasse – also eher so etwas wie die Stammesvorfahren der berühmten Familie Jukes, der der Soziologe Richard L. Dugdale 1875 über mehrere Generationen hinweg Schwachsinn und kriminelles Verhalten attestierte.[5] Adam lehnt sich unsicher gegen einen Felsen, seinen angezogenen rechten Fuß mit den einwärts gerichteten Zehen abstützend, während er zu Eva spricht und nach dem Apfel greift, den sie in Händen hält. Ein Vergleich mit Rubens' *Heiligem Sebastian* verdeutlicht laut Schultze-Naumburg den immensen anatomischen Unterschied zwischen dieser bemitleidenswerten Kreatur und einem wahren nordischen Helden.

Psychologisch gesehen ist Rembrandts erster Mensch für Schultze-Naumburg reinstes Anschauungsmaterial für den Typ des Verschlagenen: Sein Kopf sitzt halslos auf einem vierschrötigen Körper, und mit seinem spitz zulaufenden Haaransatz, der krummen Nase und dem fransigen Bart sieht er beinahe wie ein Satyr aus – die Ausgeburt einer ungeregelten, unverantwortlichen geschlechtlichen Zuchtwahl. Das großlippige und buschig behaarte Gesicht erinnert an das eines Tieres. Eva ist kompakter und runder, weniger drahtig und behaart, symmetrischer, aber auch sie tierhaft mit ihrem von zottigem Haar umrahmten Gesicht. Lombroso hätte hier mit Sicherheit die monströsen Köpfe, die Asymmetrie und den physiognomischen Atavismus des Paares erwähnt. Nordau hätte sich vermutlich über die pathologische Behaarung ausgelassen. Die »Minderwertigkeit« dieses Urpaares aber hätten beide erkannt. Nur Rembrandt, schreibt Schultze-Naumburg, hatte offenbar nicht das Gefühl, daß mit seinen beiden Helden irgend etwas nicht stimmte – weil er, so die Theorie dieser Zeit, nicht anders aussah als sie und daher diesen Körpertypus bevorzugte. Sein ganzes Werk, diese Welt der christlichen Helden und Heiligen, Götter und Göttinnen, Bauern und Bürger empfand Schultze-Naumburg als eine einzige heimtückische »Gegenauslese« – heimtückisch, das hob er ausdrücklich hervor, weil Rembrandt trotz alledem einer der größten Künstler aller Zeiten gewesen sei, großartig, aber leider völlig entartet.

Für die Größe dieses Malers – bei aller Perversität, die in seiner Kunst zum Ausdruck komme – spricht laut Schultze-Naumburg, daß von ihm eine ganze Schule der nordeuropäischen Malerei ausgegangen sei, die diesen Menschenschlag weiterentwickelt und verewigt habe. Dieser »verpestete« Stil habe immer weiter um

Abb. 8.8

Otto Dix: Paar im Café, 1921,

Aquarell auf Bleistift

sich gegriffen, bis er schließlich zu Beginn des zwanzigsten Jahrhunderts die Expressionisten hervorgebracht habe. Von da an, so Schultze-Naumburg, dominierte diese Jukes-artige Anthropoidenrasse und verdrängte Rubens' nordischen Typus vollständig aus den Galerien.

»In den Menschendarstellungen herrschen fremde exotische Züge vor. Innerhalb dieses Typus ist aber wieder eine starke Neigung zu beobachten, nicht die edlere Ausprägung des Typus zur Darstellung zu bringen, sondern unverkennbar jene den primitiven Menschen sich annähernde bis zur grinsenden Fratze des tierähnlichen Höhlenbewohners sich verzerrende. Daneben sehen wir überall eine Bevorzugung und Betonung der Erscheinungen der Entartung, wie sie aus dem Heer der Gesunkenen, der Kranken und der körperlich Mißgebildeten bekannt sind ... Soll man die Symbole bezeichnen, die in der Mehrzahl der Bilder und Plastiken unserer Tage zum Ausdruck kommen, so sind dies der Idiot, die Dirne und die Hängebrust. Man muß Dinge mit dem richtigen Namen nennen. Es ist eine wahre Hölle des Untermenschen, die sich vor uns ausbreitet, und man atmet auf, wenn man aus dieser Atmosphäre in die reine Luft anderer Kulturen, wie besonders der Antike und der Frührenaissance tritt, in der ein edles Geschlecht in seiner Kunst nach Ausdruck seiner Sehnsucht ringt.«[6]

Gräßlich fand Schultze-Naumburg vor allem die Frauenbilder. Noch nie habe man derart unehrenhafte und unappetitliche Darstellungen von Frauen gesehen wie in deutschen Ausstellungen der letzten zwölf Jahre, beschwerte er sich 1928. Ekel überfalle ihn angesichts dieses Mangels an gesunden Körpern, die nicht den kleinsten Hinweis auf die Herrlichkeit göttlicher Nacktheit gäben, statt dessen stoße man allenthalben auf gierige Lust, wie sie nur der niedrigste Abschaum empfinden könne.[7] Nordaus Tiraden gegen Whistler und Rodin erweiterte er um Attacken gegen Rouault, Chagall, Kokoschka und das Werk von Otto Dix (Abb. 8.8).

Wie Nordau zeigte sich auch Schultze-Naumburg entsetzt, daß diese Monstrositäten »absichtlich« erschaffen worden waren. Künstler, die in jedem denkbaren lombrosischen Sinne – psychisch wie physisch – pathologisch waren, portraitierten das Pathologische. »Man muß schon in die tiefsten Tiefen menschlicher Not und menschlichen Abschaums hinabsteigen; in den Idiotenanstalten, psychiatrischen Kliniken, Krüppelheimen, den Stationen der Lepra oder in den Schlupfwinkeln, in denen sich die Verkommensten verbergen, findet man zur Not auch nur annähernd das Material, das solche und ähnliche Vorstellungen wachruft ... Selbstverständlich darf man nicht annehmen, daß solche Patienten den Malern als Modelle gedient haben.«[8] Was er also wirklich beklagte, war, daß diese Kreaturen als selektabel dargestellt wurden und nicht als das, was sie in seinen Augen waren: »Minderwertige«.

Jacob Epstein oder der Verrat an der Rasse

Schultze-Naumburg führte uns wieder zum Konzept der »Rasse« zurück, das er von Gobineau, Curtius und den Arier-Kontroversen im viktorianischen England übernommen und weiterentwickelt hatte. Doch der Wandel zu einer sogenannten Wissenschaft, der sich in den dreißiger Jahren im Bereich der Eugenik vollzog – von der Beurteilung einzelner Individuen oder Typen bis hin zur Bewertung ganzer Rassen –, beschränkte sich nicht auf Deutschland. Kehren wir kurz nach Großbritannien zurück, zu dem lehrreichen Fall des Jacob Epstein, einem Zeitgenossen Schultze-Naumburgs. Daß Epstein amerikanischer Jude war, der sich erfolgreich in der britischen Kunstszene etabliert hatte, wird grundsätzlich, aber nicht immer wohlwollend vermerkt.[9] Viele Stars der Kunstszene, die sich über Epsteins Werke zu Wort meldeten, gründeten ihre Beiträge auf rassistische Vorurteile. Und fast alle bezichtigten Epsteins Arbeiten, bio-moralisch degeneriert zu sein. Sogar seine Verteidiger argumentierten auf rassischer Basis. So erklärte beispielsweise Walter Crane, daß die vielkritisierten Nacktstatuen, die der Künstler 1907-1908 für die Fassade der British Medical Association geschaffen hatte, ganz und gar nicht anstößig seien, da sie Körpertypen des mediterranen Raums dar-

Abb. 8.9
Georges Rouault: Christuskopf, 1905

Abb. 8.10
Jacob Epstein neben seiner Statue *Ecce Homo*, 1934/35. Das Werk steht heute in der Kathedrale von Coventry.

stellten, wo Nacktheit bekanntlich von jeher akzeptiert werde. Führt man Cranes Gedankengang zu Ende, heißt das nichts anderes, als daß die Darstellung nackter *britischer* Körper unanständig gewesen wäre. Und Martin Conway, Kunstprofessor in Cambridge, verkündete, diese mediterrane Rasse sei dem urtümlich britischen oder »arktischen« Menschenschlag derart überlegen, daß sie es verdiene, den mißgestalteten Briten als beschämendes Beispiel in voller Nacktheit vorgeführt zu werden.

Die meisten britischen Kritiker waren allerdings nicht bereit, sich solche Belehrungen gefallen zu lassen. Manche verlegten sich sogar darauf, den »mediterranen« – das heißt also polykletischen – Körperbau als deutliches Zeichen biologischer Unterlegenheit zu werten. Schmale Schultern und Storchenbeine hingegen seien die wahren Anzeichen hoher Intelligenz. Die Hauptsorge war wieder einmal, daß solche Bildnisse auf das reale Leben zurückwirken könnten: daß britische Frauen Männer bevorzugen könnten, die eher Apollo denn G. B. Shaw ähnelten.

Die größte Ironie aber war, daß diese minderwertigen Reproduktionsmodelle nun ausgerechnet das Gebäude der British *Medical* Association schmückten, die zu dieser Zeit natürlich durchdrungen war von eugenischem Gedankengut. Die Gesundheitswächter waren plötzlich zu Propagandisten von Verfall und Krankheit geworden. Pater Bernard Vaughan von der National Vigilance Society fürchtete, die Darstellung dieser zwar schönen, aber eindeutig minderwertigen Sonnenmenschen könne die britische Kultur auf ein primitives Niveau zurückwerfen. Epstein – selbst bereits ein bedauernswerter Exot – habe versucht, »London in eine Fidschi-Insel zu verwandeln«. Doch sogar Epsteins vollständig bekleidete Statuen führten zu rassistischen Tumulten. Sein *Auferstandener Christus* erinnerte Pater Vaughn an »einen verderbten Chaldäer oder Afrikaner ... asiatischen Amerikaner oder preußischen Juden, ausgemergelten Hindu oder verwachsenen Ägypter«. Führende Persönlichkeiten aus dem kulturellen Leben erklärten, Epstein habe sich mit perverser Lust auf mongoloide Idioten, asiatische Monstrositäten und »schwarzes Blut« spezialisiert, das »in sich selbst nicht rein [ist], sondern von Afrikanern, den Azteken und vielen anderen Rassen abstammt«. Letzteres schrieb, als Lob gedacht, Anthony Blunt, zu dieser Zeit Kunstkritiker des *Spectator*.[10]

Was Schultze-Naumburg erblickte, wenn er zum Beispiel einen Rouault (Abb. 8.9) betrachtete, kann sich nicht wesentlich von dem unterschieden haben, was Pater Vaughan in einer Epstein-Statue oder gar in Epstein selbst sah (Abb. 8.10). Betrachten wir die beiden Darstellungen aus diesem Blickwinkel, erkennen wir in Rouaults Christus durchaus Rembrandts fatale Gene wieder. Hier haben wir den Ur-Katalog reinster anthropometrischer Dekadenz: ein überdimensional vorstehendes Kinn mit dem Unterkiefer eines Raubtiers und zurückweichendem Oberkiefer; einen großen, dicklippigen, asymmetrischen Mund, den Lombroso afrikanisch und atavistisch genannt hätte; eine Nase mit offenbar gebrochenem Nasenbein und überlangem, krummem Rücken; eng zusammenstehende, tiefliegende Augen, die noch asymmetrischer sind als die des Minos von Michelangelo (siehe Abb. 6.12) und einen Schädel mit extrem niedrigem Stirnknochen; außerdem ein Stiernacken und – soweit man erahnen kann – schmale Schultern. Die meisten dieser Merkmale finden sich auch bei Epsteins Christus, hinzu kommen unnatürlich schmale Schultern und Kretschmers »Schildgesicht« (das die Nationalsozialisten paradoxerweise als positives Kennzeichen aufgreifen sollten). Anthropometrisch betrachtet ist dieser Christus höchstens drei Kopf hoch. Ergo ist er monströs makrozephal, während ihn die fehlende Ausarbeitung von Brust, Armen und Beinen als atavistisch kennzeichnet. Für das rechte Lager der dreißiger Jahre war es kaum möglich, sich eine menschliche Gestalt vorzustellen, die ihren Auslesekriterien weniger entsprochen hätte. Daß ausgerechnet diese Statue den Retter der Menschheit und das zentrale christliche Dogma der Inkarnation darstellen sollte, entschärfte die Angelegenheit keineswegs.

Das Hundertzwanzigjährige Reich

1933 veröffentlichte das Satireblatt *Kladderadatsch* eine Karikatur, die Hitler im Atelier eines offensichtlich jüdischen Künstlers zeigt (Abb. 8.11). Diese Karikatur bringt die Einstellung der Nationalsozialisten zur Selektion von Menschen, Menschenzüchtung und Eugenik wahrhaftig auf den Punkt.[11] Mit einem einzigen Gewaltakt vernichtet Hitler eine minderwertige Tonmasse Mensch und modelliert sie zu einem perfekten Mann um.

Daß die neue Rasse, die die Nationalsozialisten anstrebten, in der Wirklichkeit kaum eine Entsprechung fand, wird meist vergessen. Und gerade diejenigen, die am schnellsten bei der Hand waren, andere als entartet zu stigmatisieren, hätten oft selbst als ausgesprochen atavistisch gelten können. Ein Blick auf Heinrich Himmler genügt (Abb. 8.12). Der nationalsozialistische Rassenforscher Hans Günther hielt eine zurückgesetzte Unterlippe und ein flaches, diagonal zum

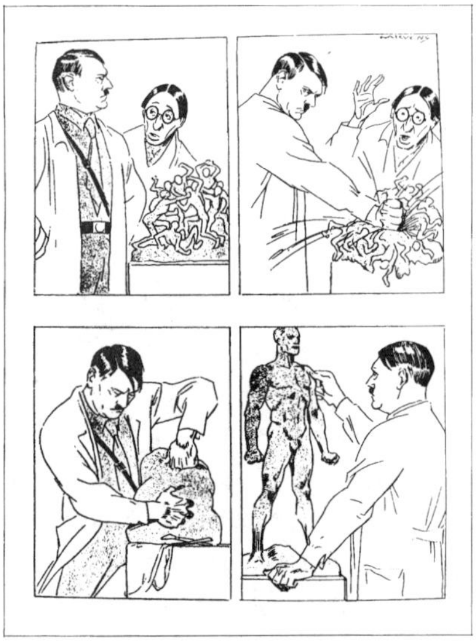

Abb. 8.11
Hitler schafft den neuen Menschen. Aus dem *Kladderadatsch*, 1933

Nacken fliehendes Kinn, Ohren, die in einem Winkel von 45 Grad abstehen, und tiefe Linien im Mundbereich für Zeichen einer minderwertigen Rasse nahöstlichen Ursprungs. Lombroso hätte diese Merkmale ebenso als degeneriert bezeichnet, desgleichen jegliche Sehschwäche – man beachte Himmlers Kneifer –, allerdings aus anderen Gründen. Günther verdeutlichte seine Auffassung am Beispiel des Thersites (Abb. 8.13), bekannt aus der *Ilias* für seine Häßlichkeit und Geschwätzigkeit,[12] der genau die gleiche Nase, das gleiche fliehende Kinn, den gleichen verkniffenen Mund und die gleiche Nasen-Mund-Falte hat wie Himmler – auch wenn Günther diesen natürlich nicht erwähnt.

Der Kontrast zwischen Himmlers Gesicht und dem Antlitz der »hellenischen« und »nordischen« Helden, die Günther als Zuchtmodelle hervorhob – beispielsweise Perikles (Abb. 8.14) –, könnte nicht größer sein. Perikles' Profil ergibt eine perfekte Vertikale. Sein Kinn ist (soweit man das bei seinem Bart erkennen kann) so wohlgeformt quadratisch, wie Himmlers Kinn fliehend, rund und hypoplastisch ist. Perikles' (restaurierte) Nase ist so zierlich und nuanciert, wie Himmlers dick und kurz ist. (Günther ging allerdings nicht auf den Umstand ein, daß die ungewöhnliche Form von Perikles' Helm der Legende nach eine Deformation seines Schädels verhüllen sollte – eine Abweichung, die ihn sofort aus dem Kreis der echten Arier ausgeschlossen hätte.)

Die Vergötterung von Ebenmäßigkeit und Schönheit geht auf künstlerische Darstellungen zurück. Die Nationalsozialisten gaben offen zu, daß sie und ihre Generation unter phänotypischen Unzulänglichkeiten litten. Alfred Rosenberg war überzeugt, daß die moderne Geschichte jene reinen Vertreter des arischen Kriegertums früherer Epochen, vor allem der Renaissance, nicht mehr hervorbringen konnte. Also beschloß er nachzuhelfen. Die krassen Unterschiede zwischen der körperlichen Erscheinung der politischen Repräsentanten des Dritten Reiches und dem polykletischen Ideal waren schließlich nicht zu übersehen. Parzival, Roland, Karl der Große und Heinrich I. *mußten* noch den wahren Idealkörper gehabt haben; die verschwundenen Gesichts- und Körperformen sollten daher wieder herangezüchtet werden.[13] Doch wie alle Rassentheoretiker, die sich auf historische Figuren beriefen, konnte natürlich auch er seine anthropometrischen Daten nur aus Kunstwerken beziehen.

Rosenberg favorisierte den »schlanken, kraftvollen, aristokratischen« Körperbau, der die griechische Vasenmalerei beherrscht, vor allem bei Euphronios. »Die Hel-

Abb. 8.12

Heinrich Himmler

Abb. 8.13

Darstellung des Thersites. Zeichnung in Hans Günthers *Rassengeschichte* nach einer altgriechischen Vasenmalerei

Abb. 8.14

Perikles, römische Kopie nach Kresilas

denvorstellung des gesamten Europa«, schrieb er, »ist gleichzustellen mit einer schlanken Gestalt, mit blitzenden hellen Augen, hoher Stirn, mit kraftvoller, aber nicht übermäßiger Muskulatur.« Passende Reproduktionsmodelle seien auch Donatellos *Heiliger Georg* in Florenz, die Gattamelata-Statue in Padua und Verrocchios Colleoni-Standbild in Venedig. Dennoch sollte der angestrebte neue Typus nicht einfach nur die Vergangenheit wiederholen. »Heute«, schrieb Rosenberg, »besteht eine mehr innere Dynamik: Wille und das Hirn leiten von einem Zentrum aus Millionen [von Menschen]... Stirn, Nase, Augen, Mund, Kinn werden zu Trägern eines Willens, einer Gedankenrichtung ... An dieser Stelle trennt sich nordisch-abendländische Kunst vom griechischen Ideal.«

Ein 1941 erschienenes Buch von K. R. Ganzer über die Gesichter deutscher Helden enthält eine Photographie von Arno Brekers Hitlerbüste. Von Brekers Hand erschaffen, spiegelt Hitlers Gesicht tatsächlich Rosenbergs Vorstellungen wider – eine Physiognomie mit ganz neuer muskulärer Ausprägung, gezeichnet von tie-

fen Gedanken, machtvollen Entscheidungen, einem wachsamen Grimm und der Verantwortung, das Schicksal von Millionen zu bestimmen (Abb. 8.15).[14] Die Muskeln sind heftig angespannt und über den Brauen zu einem mächtigen X verzogen. Das schwere Oberlid (für die Deutschen besonders arisch, für Lombroso und Hooton hingegen degeneriert) bildet das Zentrum muskulöser Falten und Furchen rund um das Auge. Die Muskeln, die die Oberlippe heben und sich bei Anspannung quer über die Wangen ziehen, verleihen dem Gesicht einen Ausdruck herrischen Hochmuts.

Arno Breker, der begabteste unter den Nazi-Bildhauern, spezialisierte sich auf einen männlichen Körpertypus, der sogar über die Normen der Renaissance und der polykletischen Tradition hinausging.[15] Typisch für seine Arbeit ist die fast zwei Meter hohe Plastik *Bereitschaft*, das Modell einer Kolossalstatue, die nie ausgeführt wurde (Abb. 8.16). Vergleicht man diese mit einem von Rosenberg empfohlenen Prototyp wie etwa Cellinis *Perseus* (Abb. 8.17), erkennt man sofort, daß Breker etwas völlig Neues im Sinn hatte. *Perseus* ist genau sieben Kopf hoch, und alle Referenzpunkte wie Brustwarzen, Nabel, Scham etc. liegen an den exakt dafür vorgesehenen Stellen, wie auch alle anderen Maße dem antiken Kanon entsprechen. Die *Bereitschaft* hingegen ist acht Kopf hoch – was jenem Extremismus entspricht, den wir von Michelangelo kennen. Brekers eigentliche Neuerung ist die Schulterbreite, die fast einem Drittel der gesamten Körpergröße entspricht; an dieses Maß kommt keiner der in diesem Buch besprochenen Vorläufer heran. Deutliche »Nazismen« sind auch die massiven, flachen Muskelstränge im Oberbauch, die über den ganzen Körper verteilten Rubensschen Muskelpakete, die lange, »schildförmige« Gesichtsmaske und der lange Hals.

Der weibliche Idealtypus wurde mindestens ebensooft dargestellt. Hitler, der besonderen Gefallen an Nacktheit fand,[16] dekorierte seine diversen Wohnungen (beispielsweise im Münchener Führerbau) mit allegorischen Akten von Adolf Ziegler und anderen.[17] Ziegler und seine nationalsozialistischen Malerkollegen zählen zu einer Künstlertradition, die über Böcklin und Feuerbach auf die akademische Aktmalerei zurückgriff, sich möglicherweise auch noch an Cabanel, Gérôme und sogar Leighton orientierte. Allerdings hatten die Franzosen Mitte des neunzehnten Jahrhunderts Körper viel marmorner gemalt als die Viktorianer oder die Deutschen, und die Gesichter ihrer Modelle hatten häufig einen nahöstlichen oder slawischen Einschlag, während den Körpern die langen Knochen, flachen Bäuche, kleinen Brüste und scharfen Abgrenzungen der einzelnen Körper-

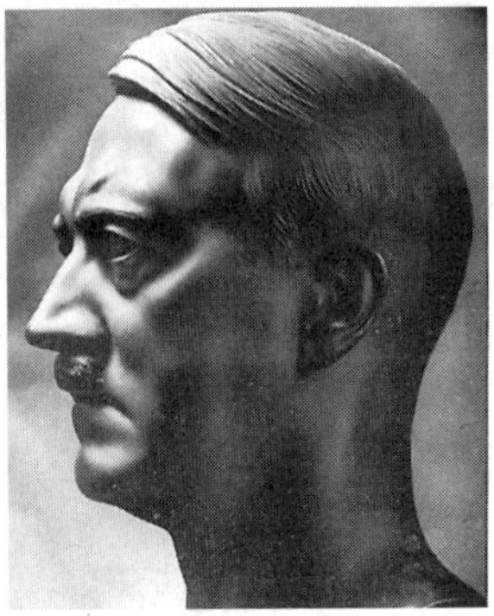

Abb. 8.15

Arno Breker: Büste Adolf Hitlers, 1941

Abb. 8.16

Arno Breker: Bereitschaft, 1939. Modell für eine (nicht ausgeführte) Monumentalstatue auf dem Nürnberger Reichsparteitagsgelände

Abb. 8.17

Benvenuto Cellini: Modell für den Perseus, 1545 in Auftrag gegeben

teile voneinander fehlten, wie die Verfechter des Arierkults sie gefordert hatten. Deutlich wird dies anhand zweier Gemälde von Julius Engelhard und Ivo Saliger (Abb. 8.18 und 8.19). Besonders arisch an diesen beiden Frauen ist ihre sehr helle Haut, betont noch durch Glanzlichter und Schattierungen. Darin sind diese Frauen den Figuren Leightons ebenso ähnlich wie in ihrer trägen Erwartungshaltung. Laut Schultze-Naumburg kommt die Schönheit dieser Körper in ihrer Logik und geistigen Wahrhaftigkeit zum Ausdruck.[18] Allerdings hat Saligers Frauengestalt ein derart langes, dolichozephales »Schildgesicht«, daß sich ihre gesamte Körpergröße auf nur knapp sechs Kopf beläuft. Vermutlich war das einfach nur ein Berechnungsfehler. Denn auch ihre extrem schmalen Schultern messen kaum ein Fünftel ihrer Körpergröße. Der Künstler hat wohl in seinem Eifer, das »nazizephale« Markenzeichen zu schaffen, die polykletische Formel ruiniert.

Obwohl die Männerfiguren von Breker und anderen NS-Künstlern der Rubensschen Muskeldarstellung einiges zu verdanken haben, ähneln sie barocken Figuren nicht im geringsten. Die wichtigere Quelle scheint hier der deutsche Neoklassizismus zu sein, wie er vor allem bei Engelhards und Saligers Frauenfiguren zum Ausdruck kommt. Sucht man die Ursprünge der von Schultze-Naumburg propagierten Kunst, wird man eher bei Jordaens als bei Rembrandt fündig (siehe Abb. 8.6). Seine glatten, festen Fleischmassen, klar gerundeten Silhouetten und kristallinen Lichtsetzungen auf sanften Hautoberflächen finden sich ganz ähnlich in der Aktmalerei des Dritten Reiches.

Was nun die Züchtung dieser Körpertypen anbelangt: Viele Menschen glauben heute, die SS sei eine rein militärische Organisation gewesen. Doch war sie durchaus auch ein genetischer Interessensverband. Wollten SS-Männer heiraten, mußten sie und ihre Bräute »Ahnentafeln« bis zurück zum Jahr 1800 vorlegen – Offiziere bis zum Jahr 1750 –, darüber hinaus Portrait- und Ganzkörperphotos der Heiratskandidaten. Sogenannte Rassenkundler analysierten sie daraufhin nach 21 Kategorien und anhand einer komplizierten Bewertungsskala. Menschen mit langer Nase oder großen Ohren, asymmetrischen Augen und dunklerem Teint hatten das Nachsehen.[19] Positiv beurteilte Kandidaten sollten nicht nur mit der eigenen Gattin Kinder zeugen, sondern auch mit anderen, unverheirateten »arischen« Frauen, die dann samt Nachwuchs dem »Lebensborn« überantwortet wurden. Während in den Todeslagern »lebensunwertes« Blut ausgerottet wurde, schuf die SS den »arischen Supermenschen«.

Auch hinsichtlich des Körperideals bestätigt sich, was oft über den Nationalsozialismus gesagt wurde: daß er den von ihm übernommenen Ideologien keine wirklich neuen Ideen hinzuzufügen hatte. Die einzige wirkliche Neuerung war, daß er ältere Ideen auf das grauenvollste realisierte.[20] Visionen vom biologi-

Abb. 8.18
Julius Engelhard: Bad im Bergsee, um 1930 – 45, Ausschnitt

Abb. 8.19
Ivo Saliger: Rast der Diana, um 1930 – 45, Ausschnitt

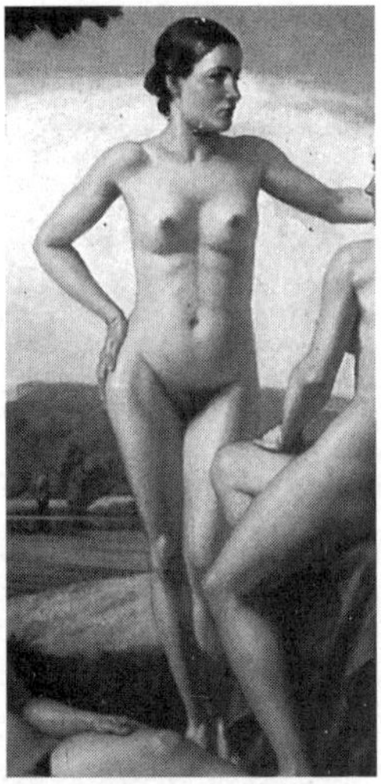

schen Untergang – ob rassistisch oder anders motiviert – hatten schon das ausgehende neunzehnte Jahrhundert beherrscht. Galton, Lombroso und Nordau konzentrierten sich auf die Bestimmung von Individuen. Schultze-Naumburg baute auf ihren Thesen auf und propagierte eine neue nordische Rasse, deren Reproduktionsmodelle bei Rubens zu finden wären, während Rembrandts Darstellungen der Abschreckung dienen sollten. All dies lag vor der Machtergreifung der Nationalsozialisten und war auch nicht auf Deutschland beschränkt. So kann man die britischen Attacken gegen Jacob Epstein ebenfalls als eine Art künstlerischen Rassismus deuten – schließlich wurde Epstein beschuldigt, mit seinen Skulpturen »minderwertige« Menschen – Afrikaner, Ozeanier, Semiten – zu idealisieren und so den angeblich hochwertigen britischen Typus in Frage zu stellen.

In der Welt des Dritten Reiches wurden Schultze-Naumburg, Himmler und Alfred Rosenberg zu Propagandisten einer neu zu schaffenden nordischen Rasse, deren physiologische Merkmale sich an der Bildhauerei der italienischen Renaissance orientieren sollten und in den Arbeiten von Künstlern wie Arno Breker, Julius Engelhard und Ivo Saliger ihren Ausdruck fanden. Frauen mußten groß, langbeinig, blond und außerordentlich hellhäutig sein, mit langem Kopf und schildförmigem Gesicht. Das männliche Ideal war durch Brekers Helden vorgegeben: Ihre Charakteristika entsprachen im Prinzip denen der Frauen, nur daß eine Rubenssche Muskulatur und extrem breite Schultern hinzukamen. Während Frauen bis zu sechs Kopf klein sein durften, sollten Männer eine Größe von acht Kopf erreichen – ein Grad an Dimorphismus zwischen den Geschlechtern, der, so nehme ich an, unter real existierenden Menschen kaum zu finden sein dürfte.

Von Herkules zu Schwarzenegger

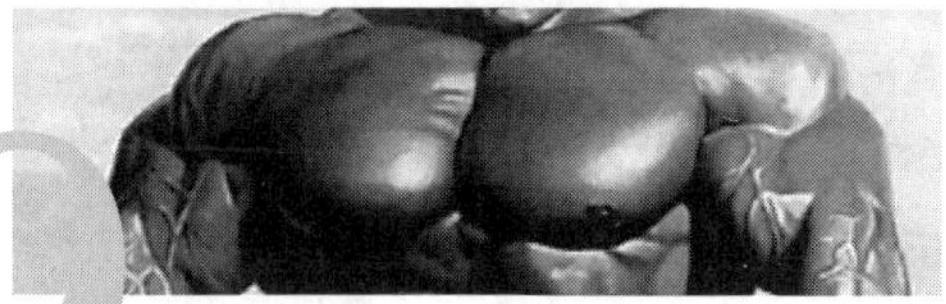

9

Vergrösserung: Herkules und Batman

Die These, daß zwischen Körpertypus und Persönlichkeit ein Zusammenhang bestehe und der Staat durch die Manipulation dieses Verhältnisses eugenische Pläne verwirklichen könne, führte zu den Greueltaten der Nationalsozialisten. Bis heute spuken solche Ideen herum, auch wenn ihnen mittlerweile ein rein physischer Extremismus den Rang abgelaufen hat. In diesem letzten Kapitel will ich über drei Formen der sexuellen Hyperentwicklung sprechen – über Vergrößerung, Austausch und Dimorphismus (d.h., wenn der Mann wesentlich größer ist als die Frau).

In Kapitel 5 haben wir gesehen, daß männliche wie weibliche Mesomorphe als wesentlich attraktiver, also selektabler empfunden wurden als Ektomorphe oder Endomorphe.[1] Inzwischen werden Mesomorphe nicht einfach nur bevorzugt – sie werden auch selbst immer mesomorpher. Zwei Nachfolgerinnen Sheldons, Barbara Heath und J. E. Lindsay Carter, fanden in den siebziger und achtziger Jahren heraus, daß der auf natürliche Weise hervorgebrachte Grad an Mesomorphie mittlerweile sogar Sheldons Oberwert von sieben übertrifft[2] – etwa bei den Bewohnern pazifischer Inseln und anderen Völkern, die Sheldon nie untersucht hatte. Doch selbst diese prächtigen Körper wirken mager verglichen mit den Standards moderner Bodybuilder, die mit Hilfe von speziellem Training, Diäten und oft auch Steroiden (Hormonen) ihre Muskeln aufpumpen und ihr Körperfett eliminieren, wie es aus keiner früheren Zeit der Menschheitsgeschichte überliefert ist. Heutzutage können Bein- und Oberkörpermuskulatur zu riesigen, von schlauchartigen Arterien durchzogenen Muskelmassen gestaltet werden. Aufgepumpt kann der männliche Bizeps einen Umfang von 80 cm und mehr erreichen.[3] Das übertrifft sogar die Muskelpakete der mächtigsten Mesomorphen der Antike, jedenfalls soweit wir das an Hand von Kunstwerken beurteilen können. Einzig Arno Brekers Arbeiten (Abb. 8.16) nahmen die heutigen Hypermesomorphen vorweg. Zwar findet nicht jeder Gefallen an derart hochtrainierten Körpern, doch auf einen Großteil der Bevölkerung scheinen sie durchaus anziehend zu wirken.[4]

Von diesen antrainierten Körpermassen und ihren plastischen Details kann der Betrachter eine ganze Menge erfahren. Jeder einzelne Muskel wird zur hyperbolischen Darstellung seiner selbst und definiert seinen Platz im Körper wie seine Aufgaben und Eigenschaften neu. Dies geschieht dank der neuentdeckten Möglichkeiten, jeden Muskel auf völlig unnatürliche Weise isoliert zu entwickeln – ihn »aufzubauen«, wie Bodybuilder sagen. Auch die dabei angewandte Terminologie verrät einiges. Das lateinische Wort *musculus*, von dem sich unser Wort »Muskel« ableitet, bedeutet »kleine Maus«. Viele der uns bekanntesten Muskeln – etwa der Bizeps und der Trizeps, was »zweiköpfig« und »dreiköpfig« heißt – haben Namen erhalten, die selbständige Kreaturen suggerieren. So könnten wir uns also vorstellen, von zwei- und dreiköpfigen Mäusen und allen möglichen anderen kleineren und größeren Tieren bedeckt zu sein, die – zumindest im Körper eines Bodybuilders – unter der Haut hin und her flitzen, sich aufplustern, einander hinterherjagen, ständig in Bewegung sind und einen Panzer aus aneinandergeketteten Wesen bilden – eine Art kinetisches subkutanes Gewand. Bodybuilder und ihre Fans spielen mit ihren Muskeln wie andere mit ihrem Schoßhündchen.

Die Vorstellung, daß Muskeln eine aus Kleintieren bestehende Kleidung sind, ist gar nicht so weit hergeholt. Immerhin wird Kleidung häufig aus tierischen Bestandteilen oder sogar ganzen Tieren gemacht. Man braucht nur an die Dutzende von kleinen Tieren zu denken, die für einen Nerz- oder Chinchillamantel verarbeitet werden. Würde nun jemand eine Mausfelljacke tragen, wäre er buchstäblich in *musculi* gekleidet. Alle zu diesem Zweck verarbeiteten Tiere – Fuchs, Biber, Hamster – sind kleine, possierliche, pelzige Dinger, deren Fell nicht zuletzt auch an Schamhaar erinnert.

Wie Pelzmäntel können auch Muskelmäntel an- und ausgezogen werden, obwohl dazu natürlich sehr viel mehr Zeit und Energie vonnöten ist. Samuel Wilson Fussells 1991 erschienenes Buch *Muscle: Confessions of an Unlikely Bodybuilder* beschreibt den jahrelangen Weg des Autors vom ektomorphen Zweiundzwanzigjährigen (Abb. 9.1) zum voll »aufgepumpten« Hypermesomorphen (Abb. 9.2)[5] – womit bewiesen ist, daß ein wild entschlossener Ektomorpher durchaus zum Me-

Abb. 9.1

Samuel Wilson Fussell im Alter von 22 Jahren, aus: Fussell, *Muscle*

Abb. 9.2

Samuel Wilson Fussell im Alter von 30 Jahren, aus: Fussell, *Muscle*

Abb. 9.3

Herakles Farnese, frühes 3. Jh. v. Chr., Kopie des Glykon nach Lysipp, spätes 4. Jh. n. Chr.

somorphen werden kann, was Sheldon ja weit von sich gewiesen hatte. Doch selbst Sheldon hätte den Fussell von 1992 nur als einen Mesomorphen bezeichnen können, der sich weit über das von ihm postulierte Maximum 172 hinausentwickelt hat. Fussell ist sogar noch muskulöser als der Herkules Farnese (Abb. 9.3), der jahrhundertelang als Verkörperung des polykletischen Muskelextrems galt, obwohl seine Beine eine (zu kurz geratene) Nachbildung sind.[6] Erst mit dem Auftauchen unserer heutigen Hypermesomorphen wirkt dieser Herkules X-beinig und relativ schmalschultrig. Kein Wunder, daß er so ein mürrisches Gesicht macht: Er wurde einfach überboten. Der Vergleich zwischen Herkules und Fussell auf dessen mesomorphem Höhepunkt (er selbst hält sich bei weitem nicht für den perfektesten unter seinen Kollegen) zeigt, daß Herkules' Muskeln jene Schwellung und jene scharfe Begrenzung oder »Definition« fehlen, die moderne Bodybuilder durch die Reduktion ihres Körperfetts auf ein nicht mehr wahrnehmbares (und gefährliches) Maß erreichen. Resultat ist das menschliche Äquivalent einer *écorché*-Figur – ein Mann, der nur aus Haut und Muskeln besteht. Warum träumt ein Mensch von einem solchen Aussehen? Ich vermute, einer der Gründe liegt darin, daß dieses Muskelmodell gewöhnlich das Studienobjekt für Mal- und Anatomieklassen ist: Daher werden Kunststudenten in der Wahl ihrer Objekte vom *écorché* beeinflußt.

Doch weiter im Wettkampf Fussell gegen Herkules: Fussell ist knapp sieben Kopf groß; selbst zusammengezogen wie auf dem Photo entsprechen seine Schultern noch fast einem Drittel seiner Körpergröße, und seine Arme haben die erwünschte Kürze von einem Viertel. Proportional kommt er dem Ideal von Arno Breker also sehr nahe. Auch Herkules ist sieben Kopf groß, sein Brustkorb entspricht kanonisch einem Viertel der Körpergröße, während das Unterarm-Hand-Maß etwas niedriger als das vorgeschriebene Viertel ist. Der Götterheld ist also etwas kurzarmiger (und kurzbeiniger) als das Ideal. Fussell hingegen *übertrifft* das polykletische Ideal, sieht man einmal davon ab, daß er proportional etwas breitschultriger ist als im Kanon vorgeschrieben. (Man sollte nicht vergessen, daß dieser Vergleich Fussell – Herkules eine Realität beschreibt, nicht akademisch ist. Bodybuilder präsentieren sich häufig in der Pose des Herkules oder des *David* von Michelangelo, und zu ihren Wettbewerbsposen gehört sogar der *Sterbende Gallier*.[7])

Mit diesen durch Vergrößerung veränderten Körperproportionen kommen wir zurück zum Thema »Körperkanon«. Bodybuilder verbringen eine Menge Zeit damit, sich selbst oder einander zu vermessen. Sie leben in einer Welt der Zahlen. Artikel über die Helden und Heldinnen der Bodybuilder-Kultur sind ebenso mit Zahlen angefüllt wie Lomazzos Schriften über solare und lunare Körperbauten oder Sheldons Berichte über »Nordostler« und »Südländer«. Arnold Schwarzenegger, Exkönig aller Bodybuilder, wog bei seiner Ankunft in Amerika 106 Kilo bei einer Größe von 185 cm, einem Halsumfang von 46 cm, einem Brustumfang von 140 cm, einer Taille von 79 cm und einem Bizeps von 51 cm (im aufgepumpten Zustand). Sein Training im Jahr 1992 bestand aus 430 tiefen Kniebeugen, 410 mal Bankdrücken, 285 Bizepsübungen mit Gewichten, 390 »clean jerks« (liegendes Gewichtheben mit ausgestreckten Armen) und diversen anderen Übungen. Solche Zahlen sind natürlich die reinste Herausforderung für andere. Fussell schreibt: »Ich konnte nicht aufhören. 40 cm dicke Arme reichten nicht. Ich wollte 50. Und als ich bei 50 angelangt war, wollte ich 55. Mein Rückzug in den Trainingsraum war ein Rückzug in die simple Welt der Zahlen. Numerische Reihen waren das einzige, was in meinem Leben noch einen Sinn hatte.«[8]

Die meisten dieser Leute nehmen früher oder später an Wettbewerben teil, wo es dann um noch mehr Zahlen geht. Und dieser Prozeß setzt sich in Form von Siegerprämien fort (beispielsweise 40 000 $ für einen ersten Platz beim *Junior USA Middleweight Championship* für Frauen; dazu kommen bis zu zehnfach höhere Werbeeinnahmen). Die genaue Aufzeichnung all dieser Zahlen ist der Erfolgsnachweis der Sieger. Sie verfolgen detailliert, wie sich ihre Proportionen Jahr für Jahr zu verbessern scheinen – noch besser modulierte Beine, breitere Schultern, schmalere Taillen und stetig wachsende Muskelpakete. Kein Evolutionsbiologe oder Somatotypenforscher könnte seine Forschungsobjekte exakter vermessen, als diese Männer und Frauen es mit sich selbst tun. Eines Tages wird ein Regressionsfaktor ihr unaufhörliches Wachstum bremsen. Aber noch entsteht durch den fortschreitenden Trend jedes Bodybuilders, seinen Vorgänger zu übertrumpfen, eine Art kulturelle Mikroevolution. Es entwickelt sich zwar nicht gleich eine neue Spezies, aber uns werden ständig neue und zunehmend übertriebenere Reproduktionsmodelle vorgeführt.

Ein wahrer Tummelplatz für moderne Schönheitsideale sind Comics. Daß Sheldon *Superman, Smilin' Jack* und *Li'l Abner* als heroische Mesomorphe klassifiziert hatte, wurde bereits erwähnt. Doch mittlerweile haben sich diese Zeichenfiguren ebenso zu Hypermesomorphen entwickelt wie der real existierende Fussell.

Abb. 9.4

Batman, 1992

Abb. 9.5

Michelangelo: Das Jüngste Gericht, 1535 – 1541, Ausschnitt: Christus als Weltenrichter. Vatikan, Sixtinische Kapelle

1970 war Batman kaum mehr als ein 172er (Abb. 5.7) – ein paar unbedeutende Muskelausbuchtungen an den Schultern, am Brustkorb und an seinen Oberschenkeln. Bei einer Körpergröße von knapp sieben Kopf entsprachen seine Schultern weniger als einem Viertel seiner Körpergröße und seine Taille etwas mehr als der Hälfte seiner Schulterbreite. Ganz anders der Batman unserer Tage (Abb. 9.4): Er ist viel breiter, seine Muskeln sind weitaus stärker definiert und der ganze Körper ist sehr viel mesomorpher als der seines früheren Ichs. Seine Schulterbreite liegt nur knapp unter der *Hälfte* seiner Körpergröße. Seine unzähligen Muskeln sind vollkommen symmetrisch und scharf definiert, und die meisten sind anatomisch korrekt (im Gegensatz zu den namenlosen Ausbuchtungen des 1970er Batman). Die Arme des modernen Batman sind gewaltig und lang, beinahe so lang wie seine Beine (ein Verhältnis, das vermutlich regressiv ist), und sein Schädel ist so übergroß, daß seine Gesamtkörpergröße auf $4^1/_2$ Kopf schrumpft.

Übrigens entspricht die extrem breite Taille des 1992er Batman der des Christus in Michelangelos sixtinischem *Jüngsten Gericht* (Abb. 9.5). Äußerst ungewöhnlich für damals wie heute ist, daß Schultern und Taille bei Michelangelos Christus in ihrer Breite nahezu übereinstimmen. Es liegt vielleicht an unserer Vertrautheit mit dieser Michelangelo-Figur, daß uns das Körperwachstum bei Batman (und vielen seiner Kollegen) natürlich oder möglich erscheint – oder einfach daran, daß wir uns längst an immer neue Vergrößerungen der Lockmittel gewöhnt haben. Geht es dann auch noch um einen Erlöser, der durch den Kos-

Abb. 9.6

Arnold Schwarzenegger, 1992

Abb. 9.7

Ausschnitt der Artemis von Ephesus. Griechische Figur, um 500 v. Chr., in einer römischen Kopie

mos fliegt und sich der verängstigten, vom Schicksal gebeutelten Seelen in den Städten der Todgeweihten annimmt, halten wir solche Vergrößerungen ohnehin für angebracht.

Austausch: Arnold, Diana von Ephesus, Kristy Ramsey und Hannah Höch

Zu den wichtigsten Attributen der Helden von heute gehören ein trapezförmiger Brustkorb und vor allem ausgeprägte Brustmuskeln. Sie können so weit trainiert werden, daß sie schließlich an weibliche Brüste erinnern (Abb. 9.6) und in ihrer Größe selbst den künstlichen Brustimplantaten bei Frauen in nichts nachstehen (Abb. 9.11). Natürlich bleiben Unterschiede: Hart gegenüber Weich, durchaderte Muskelstränge beim Mann versus aufgepolsterte Drallheit bei Frauen, zumal die künstliche weibliche Brust letztlich auch größer und ballonartiger ist als Arnold Schwarzeneggers Imitation. Doch die Oberflächenkurvung ist erstaunlich ähnlich; und beide Geschlechter haben sich bei diesem Prozeß im gleichen Maße von der Norm verabschiedet. Männer wie Frauen praktizieren also eine extreme Lockmittelvergrößerung, wobei Männer die Frauen nachahmen. Und da es viele Muskeln sind, die bei hypermesomorphen Männern Brüsten ähneln, findet eine Steigerung nicht nur der Größe, sondern auch der Anzahl statt.[9] Arnolds prachtvolle Schultern und Oberarme waren einmal so stark ausgebildet, daß sie seinen gesamten Oberkörper in extremer Weise zu wiederholen schienen.

Die brustbetonteste Figur der Antike ist die der *Artemis Hypermammia* oder auch *Artemis von Ephesus* (Abb. 9.7). Allerdings vermuten einige Wissenschaftler, daß ihre vielen Brüste in Wirklichkeit gar keine sind, sondern vielmehr die Hodensäcke heiliger Bullen darstellen sollen (in der Tat fehlen die Brustwarzen). Damit wäre die Göttin ein gutes Beispiel für den Lockmittelaustausch.[10] Doch als Brüste betrachtet, wirken die Organe wie die Vorwegnahme jener brustähnlichen Muskelberge, mit denen Arnold Schwarzenegger und seine Bodybuilder-Kollegen ihre Körper bekleiden.

Bisher ging es um Vergrößerungen, die einem Austausch nahekommen: um Männer mit Muskelbrüsten. Es gibt auch andere Formen: Frauen, die ihre Muskeln zu männlichen Ausmaßen übersteigern und gleichzeitig ihre natürlichen Brüste *reduzieren*. Kristy Ramsey (Abb. 9.8) hat jeden einzelnen Muskel vergrößert, aufgepumpt und mit Hilfe von Medikamenten in eine Skulptur verwandelt. Ihre Oberarme, Deltamuskeln, ihr Bizeps und Trizeps sind riesig und hart, sogar die langen, dünnen Unterarmmuskeln treten deutlich hervor. Ihre Brüste indes sind zu flachen Schalen auf den massiven Pectoralis verkümmert, welche sich sichtbar bis unter die Achseln ziehen und vertikal in der Brustmitte aufsteigen, um sich schließlich am Halsansatz zu verlieren. Die Riffeln ihres Waschbrettbauchs wetteifern mit denen des Herkules Farnese (Abb. 9.2). Im Grunde ist ihr ganzer Oberkörper so männlich, daß man für diesen Bereich den Lockmittelaustausch als vollständig gelungen bezeichnen kann. Ihre Hüften und Oberschenkel hingegen haben ihre weiblichen Konturen nicht verloren, auch wenn sie hart wie Stein wirken. Kristies Kopf, das Haar und ihre Hände sind ebenso weiblich wie ihr Bikini. Der Lockmittelaustausch verschleiert also nicht die Tatsache, daß dies der Körper einer Frau ist. Ganz im Gegenteil: Indem sie den Genitalbereich mit männlichen Muskeln umrahmt, läßt sie den Oberkörper zu einem unerwarteten und daher umso mächtigeren Genitalvektor werden.

Abb. 9.8

Kristy Ramsey, 1992

Abb. 9.9

Hannah Höch, Dompteuse, 1930

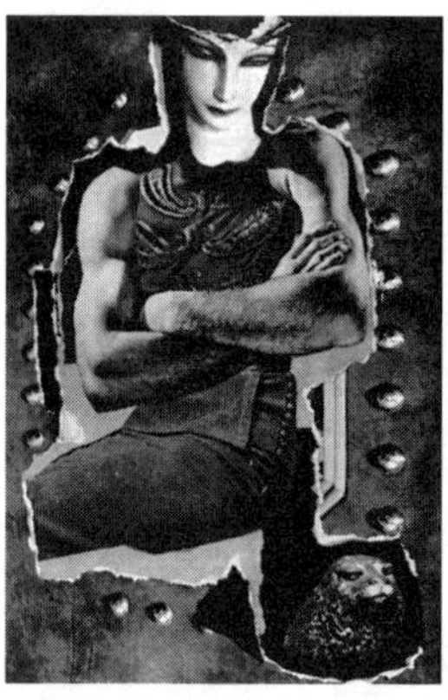

Abb. 9.10

Lemba-Göttin, Zypern. Kalkstein, um 2500 v. Chr.

Abb. 9.11

Julie, aus: *D-Cup Superstars*, Februar 1992

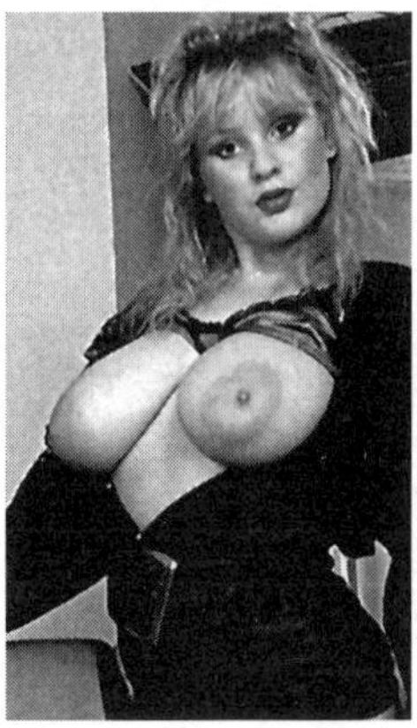

Was hat das nun alles mit Kunst zu tun? Kristy Ramsey und ihre Schwestern wurden bereits in den Collagen der Dada-Künstlerin Hannah Höch aus den dreißiger Jahren vorweggenommen, wenn auch nicht als bewußte Reproduktionsmodelle. Hier ist es eher etwas Unbewußtes, vielleicht sogar Zufälliges, das zu diesem Vergleich führt. Nehmen wir beispielsweise die *Dompteuse* (Abb. 9.9). In Höchs Darstellung vermischen sich wie bei Kristy starke weibliche und männliche Lockmittel. Ein glattes, dunkeläugiges, marmornes Mannequingesicht blickt auf harte, männlich behaarte und vom schräg einfallenden Licht beleuchtete Arme hinab. Diese Arme sind viel fleischiger und menschlicher als Gesicht und Hals der Figur. Die Bluse ist außerordentlich weiblich – ärmellos, mit einem verzierten Halsausschnitt, dekoriert mit großen Paisley-Tränen, eingefaßt wie gezackte Vulven. Die Figur hat keine sichtbaren Brüste, doch ihre Hüfte ist ebenso weiblich wie Hals und Gesicht. So gesehen unterscheidet sich die Dompteuse nicht von Kristy: weiblicher Kopf, männlicher Torso und männliche Arme, weibliche Oberschenkel, bekleidet mit einem weiblichen Gewand. Eine Robbe blickt aus der unteren rechten Ecke, und ihre schwerlidrigen, schrägen Augen wiederholen sich im Gesicht des Mannequins. Frau und Tier sind offenbar gerade durch eine vernietete Wandplatte gesprungen: ein deutlich sadomasochistischer Unterton.

Männer wie Frauen vergrößern also ihre Muskeln. Frauen (und vermutlich auch Männer, die eine Geschlechtsumwandlung vornehmen) lassen außerdem ihre Brüste vergrößern – wobei die angestrebten Oberweiten manchmal so mächtig sind, daß diese nur noch mit frühesten Fruchtbarkeitsidolen vergleichbar sind (Abb. 9.10).[11] Inzwischen ist eine ganze Subkultur für die Anhänger solcher Ver-

Abb. 9.12

Edouard Manet: Bar in Folies-Bergère, 1882, Ausschnitt

größerungen (Abb. 9.11) entstanden, mit Sexmagazinen, Videos, Filmen und sogar Telefonsexservice, um dieser Vorliebe entgegenzukommen.

Allerdings hat Frauenkleidung diesen Effekt – auf sehr viel unschuldigere Weise – auch schon früher erzielt. In Manets *Bar in Folies-Bergère* (1882; Abb. 9.12) wird die Brust des Mädchens von Spitze verhüllt präsentiert. Der durchsichtige, mit einer gerüschten Umrandung versehene Brusteinsatz des dunklen Kleides ist von einem zweiten Besatz umrahmt, welcher die Brust verdeckt und zugleich hervorhebt und dadurch vergrößert – dem visuellen Eindruck nach auf das Doppelte des natürlichen Brustumfangs. (In diesem Zusammenhang sei auch auf die deutlich sexuellen Anspielungen in den Shows der Folies-Bergère hingewiesen.)[12] Letztlich übersetzen die Sexmodelle also nur eine zeitlose Tradition in Fleisch und Silikon. Die beiden seitlichen Ausbuchtungen der Lemba-Göttin können als Arme oder als weit ausschwingende Brüste gedeutet werden. Die Jacke, die Manets Mädchen trägt, wiederholt die vasenartig verkürzte Form der Lemba-Figur, was bei beiden wappenförmige Genitalvektoren und verbreiterte Hüften zur Folge hat. Der schwarze Halsbandanhänger des von Manet gemalten Mädchens korrespondiert mit dem langgezogenen, verdickten Hals der Göttin, und die Vektorbildung im Schambereich ist ebenfalls vergleichbar: Bei Manets Mädchen wird sie durch die Knopfreihe von der Brust bis zum Schambereich erreicht, bei der Göttin durch vertikale Einkerbungen. Auch bei dem Sexmodell ist der Hals optisch verlängert worden, und zwar sowohl durch die zurückgezogenen Schultern als auch durch die V-förmige Linie des Kleides, das den Hals umspielt und sich

Abb. 9.13

Laura Creavalle und Chris Aceto, »America's Fittest Couple«, 1992

Abb. 9.14

Incredible Hulk, 1993

zu einem symmetrischen Herzen öffnet, um die Brüste zu präsentieren. Das visuelle Resultat ist – völlig unbewußt natürlich – dem der Lemba-Figur und Manets Mädchen sehr ähnlich.

Dimorphismus: The Incredible Hulk, seine Kumpane und das Steppenhuhn

Das Zusammenspiel von Austausch und Vergrößerung kann auch in Dimorphismus münden – also eine übertriebene Betonung des Größenunterschieds zwischen den Geschlechtern. Das klassische Beispiel dafür sind die 180 Kilo schweren Berggorillamännchen und ihre relativ zierlichen Begleiterinnen. Aber es gibt auch menschlichen Dimorphismus. Während sich Arnold und Kristy nach anstrengendem Körpertraining oberflächlich einander *anglichen*, also ebenso isomorph aussahen wie »America's Fittest Couple« (Abb. 9.13), heben sich beim Dimorphismus die Geschlechter durch übertrieben gesteigerten Kontrast voneinander ab.

Der *Incredible Hulk* (Abb. 9.14) ist beispielsweise in einem Maße aufgepumpt und mit Muskeln bepackt, das weit über alles bislang Bekannte hinausgeht. Er wiegt mehr als 180 kg, wahrscheinlich doppelt so viel wie der Batman von 1970. Selbst wenn man die perspektivische Verkürzung dieser Illustration in Rechnung stellt, ist Hulks massiver Arm noch um ein Vielfaches dicker als sein Kopf – der geradezu wie ein Polyp in der grellgrünen Muskellandschaft des Helden wirkt. Die Mikroevolution bei Hulk führte also zu kürzeren Armen, längeren Beinen und einem kleineren Kopf. (Übrigens verwandelt sich Hulk nur dann in diesen Somatotyp, wenn er in seinen zweiten Körper schlüpft, um das Böse zu bekämpfen. Im Normalleben ist er Dr. Bruce Banner, ein Wissenschaftler mit normalen Proportionen, normaler Muskulatur und normal pigmentierter Haut.)

Abb. 9.15

Killpower und Motormouth

Einer von Hulks Kumpanen ist *Killpower*, der seinem Freund körperlich zwar ähnelt, aber ein ausgeprägteres Sexualleben führt. Seine Freundin ist ein langbeiniges Schandmaul namens *Motormouth* (Abb. 9.15). An Killpower laden vor allem die phantastischen Ausmaße seiner Oberschenkel und Waden zur Bewunderung ein (*jedes* seiner Glieder ist dicker als sein Kopf). Zudem ist er nicht nur muskelbepackter, sondern auch »entwickelter« als seine 172+-Vorgänger. Batman war extrem breit. Killpower ist insgesamt übertrieben groß; seine Oberarme sind ebenso lang wie seine Oberschenkel, während beim 1970er Batman Oberschenkel und -arme im Verhältnis 3:2 standen. Der 1992er Batman liegt irgendwo dazwischen. Im Vergleich zu Motormouth sind Hulk und Killpower enorm vergrößert – sowohl im Hinblick auf die schiere Körpergröße als auch hinsichtlich der Muskulatur. Im Gegensatz zum unbewaffneten Hulk ist Killpower mit seiner Staffage zudem ein Beispiel für Vergrößerung durch Vervielfachung. Sein Körper ist mit phallischen Symbolen regelrecht übersät. Auf seinem Brustkorb funkeln die Genitalvektoren. Sein Genitalschutz (seine »Mitra«) ist übrigens von derselben Größe und Form wie sein Kopf – sogar im Ausdruck ähneln sie sich. Dieses einfältige Grinsen wiederholt sich in vier Apparaturen an seinem Hüftgürtel, womit natürlich das Gefühl der Austauschbarkeit von Kopf und Genitale verstärkt wird. Über seine Schulter geschlungen trägt Killpower außerdem einen mit Handgranaten bestückten Gurt – eine weitere Andeutung künstlicher Penisse. Auch seine Beckenvektoren sind immens: Ein mächtiger Rahmen zieht sich von den Schultern über Brust und Bauch bis zu den beiden Schamkapseln im Genitalbereich.

Abb. 9.16
Weibliches (links) und männliches Steppenhuhn (rechts)

Motormouth hingegen ist mit ihrer Größe von sieben Kopf traditionell proportioniert, allerdings so dürr, daß man Anorexie vermuten muß. Damit trägt auch sie zur gewaltigen dimorphen Kluft zwischen sich und ihrem Freund bei. Gekleidet ist sie in eine vereinfachte Version von Killpowers Ausstattung, ohne deren phallische und testikulare Symbole. Um ihren Hals hängt ein kleiner Vektoranhänger – ein Kreuz oder Schlüssel –, der zwischen ihren Brüsten verschwindet und den Blick auf die gewaltige Gürtelschnalle über den Hüften lenkt.

Dimorphismus zwischen den Geschlechtern ist überall in der Natur zu finden, selbst in dem übertrieben anmutenden Ausmaß, wie es zwischen Killpower und Motormouth herrscht. Die Berggorillas habe ich bereits erwähnt. Bei den Vögeln ist das Steppenhuhn ein gutes Beispiel (Abb. 9.16). Interessanterweise betreiben die Männchen dieser Spezies darüber hinaus eine sexuelle Selbstdarstellung, die nur von wenigen Arten übertroffen wird – eines Killpower und Hulk durchaus würdig. Die Männchen versammeln sich in einer Arena zum Verführungswettbewerb und tanzen, stolzieren, glucksen und plustern ihr Brustgefieder auf, während die weibliche Jury am Rand steht und das Ganze betrachtet. Nachdem die Weibchen den Sieger gekürt haben, versuchen alle, sich mit ihm zu paaren. Die anderen Mitbewerber bleiben unbeachtet.

Zweifellos war es dieses Ausleseprinzip – der Sieger bekommt alle –, welches das männliche Steppenhuhn zu einer regelrechten Schautafel sexueller Signale hat werden lassen. Seine besondere Note erhält es durch einen aufblasbaren, mit

Abb. 9.17

Paul Rienzo: Portrait Lee Haney, 1992

Abb. 9.18

Venus von Lespugue, Jungpaläolithikum, um 7000 v. Chr.

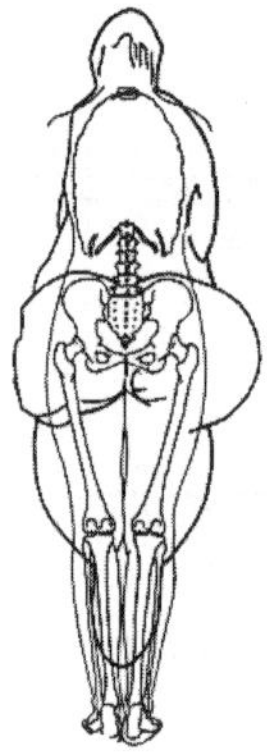

Abb. 9.19

Die Venus von Lespugue in einem Schaubild von Pales. In die Umrisse der Venus sind das Skelett und der Körperumriß einer normalen Frau eingezeichnet.

Abb. 9.20

Lee Haney, 1992

verschiedenfarbigen Federn bedeckten Sack unterhalb seiner Kehle und eine steife, stachelige elisabethanische Halskrause am Hinterkopf. Zudem kann es durch seine Speiseröhre während des Balztanzes ein verführerisches Keckern ausstoßen. Dieser ganze Komplex aus Kopf, Brust, Halskrause und den Tönen, die diese visuellen Elemente begleiten, belegt beispielhaft, wie sich die von Eberhard beschriebene »genitale Extravaganz« auf den Oberkörper übertragen kann. Im Gegensatz zum Körper des Weibchens besteht der des Männchens im Grunde *ausschließlich* aus Lockmitteln. Nur Kopf und Schnabel des Männchens sind weniger markant ausgeprägt als bei seiner Gefährtin.

Kunst und Natur scheinen um die Macht zur Übertreibung zu wetteifern. Schon Killpowers Lockmittel sind gigantisch, seine Kleidung kann als außergewöhnliche Vergrößerung gelten, wobei der Dimorphismus gegenüber Motormouth seine Ausmaße noch gewaltiger wirken läßt. Doch finden sich in der Kunst durchaus stärkere Übertreibungen, etwa Paul Rienzos Portrait des Bodybuilders Lee Haney (Abb. 9.17). Durch die Lupe des Portraitisten betrachtet ist Lee bei einer Körpergröße von $6\frac{3}{4}$ Kopf und einem besonders kurzen Torso etwas klein geraten ($1\frac{3}{4}$, $2\frac{1}{2}$ und $3\frac{1}{2}$ für Brustwarzen, Nabel und Schambereich statt Killpowers trefflichen 2, 3 und 4). Seine Schultern entsprechen jedoch in ihrer enormen Breite der gesamten Höhe des Torsos; seine Oberschenkel könnten beinahe einem Quadrat eingepaßt werden, dessen Kantenlänge der Länge des Femur-Muskels entspricht. Der Kopf ist wieder einmal völlig nebensächlich, gleichsam ein Kiesel in der felsigen Muskellandschaft. Und von einem Hals ist nichts zu sehen.

Um vergleichbare Kunstprodukte zu finden, muß man zu den Figuren zurückkehren, mit denen dieses Buch begann – zu den prähistorischen Venus-Darstellungen. Die Venus von Lespugue (Abb. 9.18) hat ähnlich ausgedehnte, kuppelförmige Ausbuchtungen, die sie außerordentlich breit erscheinen lassen – bei ihr sind es allerdings keine Muskeln, sondern gewaltige Fettmassen an Gesäß und Oberschenkeln. Im Gegensatz zu Lee Haney sind überdies die Übertreibungen hier nicht gleichmäßig über den ganzen Körper verteilt. Der Oberkörper ist völlig normal. Und tatsächlich kann ihre ungewöhnliche Figur sofort normalisiert werden, zeichnet man ihr den Körperumriß eines modernen weiblichen Skeletts ein, wie in Abbildung 9.19 deutlich wird. Auch bei der Haney-Illustration funktioniert das. Haneys wirklicher Körper (Abb. 9.20) ist zwar offensichtlich hypermesomorph, aber dennoch vollkommen polykletisch. Seine Ähnlichkeiten mit der Venus von Lespugue bestehen nur in der Kunst, nicht im Leben.

Die moderne Hyperentwicklung von männlichen und weiblichen Lockmitteln, deren Imitation und Übertragung führen zu bislang unbekannten Vergrößerungen von Muskulatur und Brust. Bei so hyperentwickelten Männern wie Arnold bilden sich sogar Muskelberge aus, die wie zahllose weibliche Brüste wirken. Doch selbst die neue Kolossalmuskulatur leitet sich aus der polykletischen Tradition ab, auch wenn sie weit über diese hinausgeht. Der Hang der Bodybuilder, Posen von klassischen Statuen nachzuahmen, betont diese Kontinuität.

Frauen entwickeln ihre Muskeln auf eine Weise, die durch die Imitation der männlichen Muskulatur zugleich ihre Weiblichkeit betont. Kontrastierung ist hier das Stichwort. Immense Bizepse lenken den Blick auf mit Umsicht entwickelte Unterbauchmuskeln – und weiter. Und sogar bei Frauen kann eine ungewöhnliche Brustvervielfältigung auftreten, weil auch sie ihre großen Pektoralmuskeln zu einem zweiten Brustpaar hochtrainieren können. Wenn nun diese bei Mann und Frau vergleichbaren Extravaganzen außerdem zu einem dimorphen Verhältnis führen wie bei Motormouth und Killpower, verstärkt der Größenunterschied den Gesamteindruck der Vergrößerung noch.

Kunst, die sich mit Bodybuilding beschäftigt, sucht mitunter sogar die größten Errungenschaften real existierender Bodybuilder zu übertreffen, indem sie Umfang, Masse und Volumen ins Absurde steigert. Derart hyperbolische Phänotypen gehen direkt auf die präpolykletische Kunstperiode und auf jene übermenschlichen Körperproportionen zurück, die wir von prähistorischen Skulpturen und Felsmalereien kennen.

Nichts könnte das Ende der »kanonischen« Periode des Körperdesigns, die sich als roter Faden durch dieses Buch zieht, deutlicher kennzeichnen. Bodybuilding und Schönheitschirurgie haben neue Bindeglieder zwischen Kunst und sexueller Auslese geschaffen, Bindeglieder, die die Bizarrerien der antiken Kunst, des Comics und Dadas ebenso aufnehmen wie neuartige Parallelen zur nichtmenschlichen Natur. Der Dialog zwischen sexueller Auslese und bildender Kunst ist endlos und komplex. Jedes Konzept, auf das er sich beruft, unterliegt einer permanenten Evolution.

Danksagung

Mein besonderer Dank gilt Jon Marks, Jules Prown und Robert Jan van Pelt, die das Manuskript aus der Perspektive des Biologen, des physischen Anthropologen und des Kunsthistorikers gelesen und mich zu vielen Korrekturen angeregt haben. Dank auch Barbara Maria Stafford, Randy Thornhill, Anne Hollander und einem Leser, der anonym bleiben möchte. Ihre Änderungsvorschläge waren sehr hilfreich und haben mich sicherlich vor mancher Blamage bewahrt. Natürlich habe ich meine Ideen auch mit vielen anderen diskutiert. Sie haben Teile des Manuskripts gelesen, wertvolle Hinweise gegeben, mich auf Fehler aufmerksam gemacht und mir geduldig zugehört: Martin Berger, Victor Bers, Eve Blau, Arnaldo Bruschi, Caroline Bruzelius, Giorgio Ciucci, Joseph Connors, Elisabeth Cropper, Angela Dalle Vacche, Debórah Dwork, Melissa Errico, Donald Fiske, Gabriele Guercio, Donald Hersey, James Hersey, John Hollander, Marta Huszar, Ellery Lanier, Esther da Costa Meyer, Geoffrey Miller, Talbot Page, Théo Page, Justine Richardson, Judith Rodin, Ron Rosenbaum, Vasily Rudich, Susan Ryan, Gustina Scaglia, Vincent Scully, Jane Sharp, Francesca Stanfill, Mark Zucker und mehrere Generationen von Graduates und Undergraduates der Yale University. Bei MIT Press habe ich von vielen Seiten Unterstützung erfahren, vor allem von Roger Conover, mit dem ich über Monate fruchtbare Gespräche über das Manuskript führte, von Daniele Levine, Terry Lamoureux, Jeannet Leendertse und meiner vorzüglichen Redakteurin Alice Falk. Und schließlich schulde ich meiner klugen und einfühlsamen Übersetzerin Yvonne Badal besonderen Dank.

Anmerkungen

Einleitung

1 Die griechische Anthologie XVI, 159ff.

2 Ausführliche Darstellung bei Francis Haskell und Nicholas Penny, *Taste and the Antique. The Lure of Classical Sculpture, 1500 – 1900*, New Haven 1981, s.v. Siehe auch Martin Robertson, *A History of Greek Art*, Cambridge 1975, Bd. 1, S. 392; Theodor Kraus, *Die Aphrodite von Knidos*, Bremen 1957; und Christine Havelock, *The Aphrodite of Knidos and Her Successors*, Ann Arbor, Mich., 1995.

3 C. S. Blinkenberg, *Knidia. Beiträge zur Kenntnis der Praxitelischen Aphrodite*, Kopenhagen 1933.

4 Jacqueline Karageorghis, *La grande déesse de Chypre et son culte*, Lyon 1977, besonders S. 33ff.

5 Caroline Walker Bynum, »The Female Body and Religious Practice in the Later Middle Ages«, in: *Zone. Fragments for a History of the Body* 1, 1989, S. 161ff; siehe auch idem, *The Resurrection of the Body in Western Christianity, 200 – 1336*, New York 1995.

6 Bynum, »The Female Body ... «, zitiert in Katherine Park, »The Criminal and Saintly Body. Autopsy and Dissection in Renaissance Italy«, in: *Renaissance Quarterly* 47, 1994, S. 21ff.

1

Sexuelle Auslese

1 Zur Frühgeschichte der sexuellen Zuchtwahl siehe Carl Jay Bajema, *Evolution by Sexual Selection. Theory Prior to 1900*, New York 1984; einen vorzüglichen Überblick und eine gute Bibliographie bietet Malte Andersson, *Sexual Selection*, Princeton 1994. Siehe auch Randy Thornhill und Steven Gangestad, »Human Facial Beauty. Averageness, Symmetry, and Parasite Resistance«, in: *Human Nature* 4/3, 1993, S. 237ff.

2 Charles Darwin, *Die Abstammung des Menschen und die geschlechtliche Auslese*, übers. von Heinrich Schmidt, Leipzig 1909, Bd. 2, S. 267.

3 Joseph Arthur de Gobineau, *Essai sur l'inégalité des races humaines*, Nachdr. d. Ausg. von 1853, Paris 1967, S. 124.

4 Von Psychologen wissen wir, daß diese Gleichung viel eher dort aufgeht, wo ihre Prämissen falsch sind, als dort, wo sie stimmen. Siehe Linda A. Jackson, *Physical Appearance and Gender. Sociobiological and Sociocultural Perspective*, Albany 1992; und S. W. Gangestad, R. Thornhill und R. A. Yeo, »Facial Attractiveness, Developmental Stability, and Fluctuating Asymmetry«, in: *Ethology and Sociobiology* (im Druck). Jackson verweist darauf, daß Sheldons Korrelationen zwischen Temperament und Körpertypus durch Observation zwar nicht bestätigt werden können, als Stereotypen jedoch anwendbar seien (S. 156ff).

5 Charles Darwin, *The Descent of Man and Selection in Relation to Sex*, in: *The Works of Charles Darwin*, hrsg. von Paul H. Barrett und R. B. Freeman, London 1989, Bd. 22, Teil 2, S. 408.

6 Zu diesem Gebiet gibt es eine Fülle von Literatur. Neben den im folgenden zitierten Veröffentlichungen möchte ich verweisen auf: James L. Gould und Carol Grant Gould, *Sexual Selection*, New York 1989; M. Andersson, »Female Choice Selects for Extreme Tail Length in a Widowbird«, in: *Nature* 299, 1982, S. 818ff; Ernst Mayr, »Sexual Selection and Natural Selection«, in: Bernard G. Campbell (Hrsg.), *Sexual Selection and the Descent of Man 1871 – 1971*, London 1971, S. 88; J. M. Diamond, »Borrowed Sexual Ornaments«, in: *Nature* 349, 1991, S. 105ff; A. H. Harcourt, P. H. Harvey, S. G. Larson und R. V. Short, »Testis Weight, Body Weight, and Breeding Systems in Primates«, in: *Nature* 293, 1981, S. 55ff; M. Kirkpatrick, »Is Bigger Always Better?«, in: *Nature* 337, 1989, S. 116ff; sowie die Forschungen von Wolfgang Wickler (siehe Bibliographie).

7 William G. Eberhard, *Sexual Selection and Animal Genitalia*, Cambridge, Mass., 1985, S. 12, S. 65ff; siehe auch R. V. Short, »Sexual Selection and Its Component Parts, Somatic and Genital Selection, as

Illustrated by Man and the Great Apes«, in: *Advances in the Study of Behavior* 9, 1979, S. 131ff; Paul A. Johnsgard, *Arena Birds. Sexual Selection and Behavior*, Washington, D.C., 1994; und R. Martin und R. May, »Outward Signs of Breeding«, in: *Nature* 293, 1981, S. 7ff.

8 Eberhard, *Sexual Selection*, S. 72ff.

9 Wolfgang Wickler, »Socio-Sexual Signals and Their Intraspecific Imitation among Primates«, in: Desmond Morris (Hrsg.), *Primate Ethology*, Chicago 1967, S. 89ff.

10 J. H. Crook, »Sexual Selection, Dimorphism, and Social Organization in the Primates«, in: Campbell, *Sexual Selection and the Descent of Man, 1871 – 1971*, S. 231ff.

11 Zur Interpretation des *law of battle* als eines »Kopulationsimperativs des männlichen Kampfes« (und somit einer Form des Kapitalismus) siehe Michael Ghiselin, *Economy of Nature and the Evolution of Sex*, Berkeley 1974, S. 138ff.

12 Richard Dawkins, *The Selfish Gene*, Oxford 1976. Zum Samenwettkampf siehe Robert L. Smith (Hrsg.), *Sperm Competition and the Evolution of Animal Mating Systems*, Orlando 1984; und T. R. Birkhead, *Sperm Competition in Birds. Evolutionary Causes and Consequences*, London 1992, beide mit weiteren bibliographischen Hinweisen. Zum Vogelgesang in der Dämmerung siehe Birkhead, S. 172 ff.

13 Randy Thornhill, »The Allure of Symmetry«, in: *Natural History*, September 1993, S. 30ff.

14 A. F. Dixson, »Observations on the Evolution of the Genitalia and Copulatory Behaviour in Male Primates«, in: *Journal of Zoology* 213, 1978, S. 423ff.

15 Darwin, *The Descent of Man*, S. 521.

16 Darwin, *The Descent of Man*, S. 586.

17 Judith K. Brown, »A Note on the Division of Labor by Sex«, in: Sharon W. Tiffany (Hrsg.), *Women and Society. An Anthropological Reader*, Montreal 1979, S.36ff; Peggy Reeves Sanday, *Female Power and Male Dominance. On the Origins of Sexual Inequality*, New York 1981, S. 76ff.

18 N. Burley, »Sex Ratio Manipulation and Selection for Attractiveness«, in: *Science* 211, 1981, S. 721ff.

19 Anders P. Møller, »Female Choice Selects for Male Sexual Tail Ornaments in the Monogamous Swallow«, in: *Nature* 332, 1988, S. 640ff.

20 J. Höglund, M. Eriksson und L. E. Lindell, »Females of the Lek-Breeding Great Snipe, *Gallinago media*, Prefer Males with White Tails«, in: *Animal Behaviour* 40, 1990, S. 23ff.

21 Siehe z. B. Diodorus Siculus I 85, 3.

22 Homer, *Ilias* 3, 361 – 363; übers. von Roland Hampe, Stuttgart 1979.

23 Anne Hollander, *Seeing through Clothes*, New York 1978, vor allem das brillante Kapitel 1, »Drapery«.

24 Zur »Schamkapsel« siehe K. G. Heider, »Attributes and Categories in the Study of Material Culture. New Guinea Dani Attire«, in: *Man* 4, 1969, S. 379ff; Wolfgang Wickler, »Ursprung und biologische Bedeutung des Genitalpräsentierens männlicher Primaten«, in: *Zeitschrift für Tierpsychologie* 23, 1966, S. 422ff; und Wickler, »Socio-Sexual Signals«.

25 Charles McCorquedale, *Bronzino*, New York 1981, S. 139ff. Einzelheiten über Ludovicos Romanze und Heirat berichtet L. Becherucci, »Per un ritratto di Bronzino«, in: *Studi in onore di Matteo Marangoni*, Florenz 1957, S. 203ff, mit zusätzlichen bibliographischen Hinweisen; siehe auch F. Angiolini, *Dizionario biografico degli italiani*, Rom 1976, s.v.

26 Herodot I 131

27 Joseph Braun S.J., *Die liturgische Gewandung im Occident und Orient ...*, Freiburg im Breisgau 1907, S. 424ff.

28 Francis Galton, *Inquiries into Human Faculty and Its Development*, New York 1883, S. 180.

29 Darwin, *The Descent of Man*, S. 588, S. 621.

30 Zur Entstehungsgeschichte des modernen Anzugs siehe Anne Hollander, *Sex and Suits*, New York 1994, besonders S. 63ff.

31 Darwin, *The Descent of Man*, S. 642. Nachdem er neuere Daten gesichtet hatte, kam C. Owen Lovejoy zu einem ähnlichen Schluß: »Zeugnisse aus dem fossilen Leben, das Verhalten von Primaten, sowie demographische Analysen zeigen, daß ... das einzigartige sexuelle und reproduktive Verhalten des Menschen das Sine qua non des menschlichen Ursprungs sein könnte.« »The Origin of Man«, in: *Science* 211, 1981, S. 341 (Zusammenfassung).

32 Darwin, *Die Abstammung des Menschen*, S. 284.

2

Fleischgewordener Christus und begehrenswerte Heilige

1 Françoise Bardon, »Le thème de la Madeleine pénitente au XVIIème siècle en France«, in: *Journal of the Warburg and Courtauld Institutes* 31, 1968, S. 274ff; siehe auch Anm. 29. Bardon zitiert noch weitere der Magdalena gewidmete Dichtungen von Le Brun, Vouet und anderen.

2 Leo Steinberg, *The Sexuality of Christ in Renaissance Art and in Modern Oblivion*, New York 1983.

3 Stefano De Fiores und Salvatore Meo (Hrsg.), *Nuovo dizionario di mariologia*, Mailand 1986, S. 687.

4 Zitiert in Bernard Aikema, »Titian's Mary Magdalen in the Palazzo Pitti. An Ambiguous Painting and Its Critics«, in: *Journal of the Warburg and Courtauld Institutes* 57, 1994, S. 48ff, besonders S. 54.

5 Siehe auch Steinberg, *Sexuality of Christ*, S. 89.

6 Hans Herter, *De Priapo (Religionsgeschichtliche Versuche und Vorarbeiten* 23), Gießen 1932; H. D. Rankin, »Petronius, Priapus, and the Priapeum LXVIII«, in: *Classica et Mediaevalia* 27, 1966, S. 125ff.

7 Hippolytus, *Refutatio omnium haeresium* 5, 26 und 32, hrsg. von P. Wendland, Leipzig 1916.

8 Roberto Bellarmino, *Opera omnia*, Nachdruck der Ausg. von 1617ff, Neapel 1856 – 1862, Bd. 6, S. 228.

9 Timothy R. Verdon, »Introduction« in: idem, (Hrsg.), *Monasticism and the Arts*, Syracuse 1984, S. 2.

10 De Fiores und Meo, *Nuovo dizionario*, S. 958.

11 De Fiores und Meo, *Nuovo dizionario*, S. 961, unter Bezugnahme auf Max Scheler. Zu Schelers christlichen Reproduktionszielen siehe M. Scheler, »Vorbilder und Führer«, in: *Schriften aus dem Nachlaß*, Bern 1979, Bd. 1, 255ff.

12 Alan of Lille, *The Art of Preaching (Ars Praedicandi)*, Kalamazoo, Mich., 1981.

13 Wolfgang Beinert und Heinrich Petri (Hrsg.), *Handbuch der Marienkunde*, Regensburg 1984. Siehe auch De Fiores und Meo, *Nuovo dizionario*, s.v. »Immacolata«; René Laurentin, *Court traité sur la Vierge Marie*, engl. Übers. Washington 1991; Suzanne L. Stratton, *The Immaculate Conception in Spanish Art*, Cambridge 1994; Kathleen Ashley und Pamela Sheincorn (Hrsg.), *Interpreting Cultural Symbols. Saint Anne in Late Medieval Society*, Athens, Ga., 1990; und Michael P. Carroll, *The Cult of the Virgin Mary. Psychological Origins*, Princeton 1986.

14 Zum biologischen Aspekt siehe A. Mitterer, *Dogma und Biologie der Heiligen Familie*, Wien 1952. Er behauptet, daß Christus auf dem üblichen Wege geboren wurde, ohne daß jedoch ein Geschlechtsakt vorausging. Dies führte zu einer heftigen Kontroverse, bis das Heilige Offizium den Katholiken 1960 schließlich untersagte, über dieses Thema zu schreiben; siehe De Fiores und Meo, *Nuovo dizionario*, S. 1419, sowie die Bibliographie S. 1469ff.

15 Eadmer, *Tractatus de conceptione sanctae Mariae*, um 1134; *Patrologia Latina* 159, 305; vgl. auch Franz von Retz (gest. 1425), *Defensorium inviolatae virginitatis Mariae*, Faksimile Weimar, 1910. Retz nennt zahlreiche Beispiele für jungfräuliche Empfängnis aus der Natur und der Mythologie; so sei Danaë (die er Diana nennt!) durch einen Goldregen schwanger geworden. Auch Adlern, Weinstöcken und anderen Organismen sage man nach, daß sie sich durch Jungfrauengeburt reproduzierten. Diese Möglichkeit werde außerdem durch den uralten Glauben bestärkt, daß Bienen zur Parthenogenese in der Lage seien. Im *Physiologus*, einer spätgriechischen zoologischen Abhandlung, werde von Fällen berichtet, wo weibliche Eier durch männlichen Atem befruchtet wurden. Wenn das möglich war, so Retz weiter, wieso könnte dann nicht auch Maria während der Verkündigung durch den Atem des Erzengels Gabriel schwanger geworden sein?

16 Dieser Glaube an die Sündhaftigkeit des Fötus könnte durchaus zu der Ansicht beigetragen haben, daß dieser weniger menschlich sei als ein getauftes Neugeborenes. Das würde einen überraschenden Bezug zur Abtreibungsdebatte eröffnen.

17 De Fiores und Meo, *Nuovo dizionario*, S. 687.

18 J.-C. Brousolle, *Etudes sur la sainte Vierge*, Bd. 1: *De la conception immaculée à l'annonciation angélique*, Paris 1908; Dom Gaston Dimaret, *Marie de qui est né Jésus*, Paris 1937 – 1939.

19 Hesiod, *Theogonie* 176 ff.; Empedokles, Fragmente 6,7.

20 Léon Maxe-Werly, *Iconographie de l'immaculée conception*, Paris 1903.

21 Louis Réau, *Iconographie de l'art chrétien*, Paris 1957, Teil 2, Bd. 2, S. 75ff.

22 Anna Jameson, *Legends of the Madonna as Represented in the Fine Arts*, London 1852, S. XIX.

23 Ibid., S. XXff.

24 Gianfranco Ravasi, »... Kî Tôb: ›Dio vide che era bello!‹«, in: T. Verdon (Hrsg.), *L'Arte e la Bibbia. Immagine come esegesi biblica, Atti del Convegno internazionale di studi l'Arte e la Bibbia,* Venedig, 14. – 16. Oktober 1988, Bergamo 1992, S. 48.

25 W. Ludwig, *Das Rechts-Links-Problem im Tierreich und beim Menschen,* Berlin 1932; Randy Thornhill, Stephen W. Gangestad und Randall Comer, »Human Female Orgasm and Mate Fluctuating Asymmetry«, in: *Animal Behaviour* (im Druck).

26 Randy Thornhill, »The Allure of Symmetry«, in: *Natural History*, September 1993, S. 30ff.

27 Persönliches Gespräch mit Randy Thornhill. Ich sollte hier jedoch anmerken, daß Thornhill in seinen Artikeln durchaus auch über die Vermessung von Wangenknochen und des Pupillenabstandes geschrieben hat. Siehe Karl Grammer und Randy Thornhill, »Human (Homo sapiens) Facial Attractiveness and Sexual Selection. The Role of Symmetry and Averageness«, in: *Journal of Comparative Psychology* 108, 1994, S. 233ff; Randy Thornhill und Steven W. Gangestad, »Human Fluctuating Asymmetry and Sexual Behavior«, in: *Biological Abstracts* 97/8, 1994, S. 21ff; A. R. Palmer und C. Strobeck, »Fluctuating Asymmetry. Measurement, Analysis, and Patterns«, in: *Annual Review of Ecology and Systematics* 17, 1986, S. 391ff; P. J. Watson und R. Thornhill, »Fluctuating Asymmetry and Sexual Selection«, in: *Trends in Ecology and Evolution* 9, 1994, S. 21ff.

28 Anna Jameson, *Sacred and Legendary Art*, London 1870, S. 349.

29 Das Sonett wird zitiert in Bardon, »La Madeleine Pénitente«, S. 282.

30 Cesare Baronius, *Annales ecclesiastici*, Antwerpen 1727, Bd. 1, Ann. 35/5; Réau, *Iconographie*, Teil 3, Bd. 2, S. 942; Carolus Stengelius, *Sanctae Mariae Magdalenae vitae historia*, Ingolstadt 1622, S. 219, S. 315ff; Claude Cortez O.P., *Vie de sainte Marie-Madeleine*, 3. Aufl. Aix 1643, S. 85ff; Adrien Baillet, *Les Vies des saints*, Paris 1701, sub fasto; und Susan Haskins, *Mary Magdalen. Myth and Metaphor*, London 1994.

31 Marjorie M. Malvern, *Venus in Sackcloth. The Magdalen's Origins and Metamorphoses*, Carbondale, Ill., 1975, S. 57ff, S. 89ff. Zur Renaissance siehe Monika Ingenhoff-Danhäuser, *Maria Magdalena. Heilige und Sünderin in der italienischen Renaissance*, Tübingen 1984, besonders S. 44ff. Signifikanter in bezug auf die hier angesprochenen Punkte ist Aikema, »Titian's Mary Magdalen«.

32 Das Bild wurde für die »Donne Convertite della Maddalena«, ehemalige Prostituierte, gemalt; siehe Luigi Salerno, *I dipinti del Guercino*, Rom 1988, Anm. 88.

33 William James, *The Varieties of Religious Experience*, Nachdr. d. Ausg. von 1902, New York 1987, S. 316.

34 Giorgio Vasari, *Le vite dei più eccellenti pittori, scultori ed architettori*, hrsg. von Rosanna Bettarini und Paola Barocchi, Florenz 1966 ff., Bd. 3, S. 574.

35 Jameson, *Legends of the Madonna*, S. XXXIII.

36 Cicero, Inv. Rhet. II 1, 2 – 3; auch J. J. Pollitt, *The Ancient View of Greek Art*, Cambridge 1974, S. 173ff.

37 Vasari, *Le vite*, Bd. 2, S. 312, S. 303.

38 Ibid., Bd. 5, S. 28.

39 Ibid., Bd. 5, S. 33.

40 Richard E. Spear, *Domenichino*, New Haven 1982, Textband S. 23.

3

Der kanonische Körper

1 Herbert Oppel, »ΚΑΝΩΝ: Zur Bedeutungsgeschichte des Wortes und seiner lateinischen Entsprechungen (*regula – norma*)«, in: *Philologus*, Suppl. 30/4, 1937, S. 14ff. Zu Kanon oder Regula in der Architektur siehe S. 78ff.

2 Zu den kanonischen Figuren der ägyptischen Kunst, die die griechische beeinflußten, siehe Whitney Davis, *The Canonical Tradition in Ancient Egyptian Art*, Cambridge 1989. Siehe auch Gay Robins, *Proportion and Style in Ancient Egyptian Art*, Austin, Tex., 1994; Heinrich Schäfer, *Principles of Egyptian Art*, 4. Aufl., hrsg. von Emma Brunner-Traut, Oxford 1974, S. 277ff; und Erwin Panofsky, »The History of the Theory of Human Proportions as a Reflection of the History of Styles«, in: idem, *Meaning in the Visual Arts*, New York 1955, S. 55ff.

3 Siehe J. J. Pollitt, *The Ancient View of Greek Art*,

Cambridge 1974, S. 14ff. Siehe auch J. E. Raven, »Polyclitus and Pythagoreanism«, in: *Classical Quarterly* 45, 1951, S. 147ff; Hans von Steuben, *Der Kanon des Polyklet. Doryphoros und Amazone*, Tübingen 1973; Andrew Stewart, »The Canon of Polykleitos. A Question of Evidence«, in: *Journal of Hellenic Studies* 98, 1978, S. 122ff, mit einer umfassenden Bibliographie. Zu den jüngsten Forschungen siehe den Ausstellungskatalog *Polyklet. Der Bildhauer der griechischen Klassik*, Liebieghaus, Museum Alter Plastik in Frankfurt a. M., Mainz 1990, vor allem die Beiträge von Norbert Kaiser, »Schriftquellen zu Polyklet«, S. 48ff; Hanna Philipp, »Zu Polyklets Schrift ›Kanon‹«, S. 135ff; Ernst Berger, »Zum Kanon des Polyklet«, S. 156ff, der eine detaillierte Analyse der Proportionen des Doryphoros enthält; Hans von Steuben, »Der Doryphoros«, S. 185ff und Kat. 41 – 58; sowie Renate Bol, »Die Amazone des Polyklet«, S. 213ff und Kat. 82 – 102.

4 von Steuben, *Der Kanon*, S. 31ff. Zur neapolitanischen Statue siehe auch Andrew Stewart, *Greek Sculpture*, New Haven 1990, Bd. 1, S. 68ff, mit einer Erörterung des Kanons bei Vitruv und Leonardo; einen allgemeinen Überblick bietet Joseph Rykwert, *The Dancing Column. On the Orders of Architecture*, Cambridge, Mass., 1996.

5 Martin Robertson, *A History of Greek Art*, Cambridge 1975, Bd.1, S. 328ff.

6 Siehe George L. Hersey und Richard Freedman, *Possible Palladian Villas (Plus Some Instructively Impossible Ones)*, Cambridge, Mass., 1992, Kap. 1.

7 Galen, *Ars medica, De usu partium corporis humani* 2, 441, zitiert in: Robertson, *Greek Art*, Bd. 1, S. 328ff; idem, *De placitis Hippocratis et Platonis* 5.

8 Quintilian, IX 10, 7 – 9; Ranuccio Bianchi Bandinelli, *Policleto*, Florenz 1938, Nr. 21 und 23.

9 Plutarch, *Moralia* 45 C/D über Polyklets Kanon. Siehe auch Aristoteles, *Physik* G 4, 203 – 210 (DK 58 B 28).

10 Robertson, *Greek Art*, Bd. 1, S. 329ff; Bianchi Bandinelli, *Policleto*, passim.

11 Servius, *Komentar zu Vergils Aeneis* VIII 803.

12 Stewart, *Greek Sculpture*, Bd. 1, S. 162ff, S. 262, S. 264ff.

13 Robertson, *Greek Art*, Bd. 1, S. 391. Zu Kuroi und Koren siehe G. M. A. Richter, *Kouroi*, 3. Aufl. London 1970; und idem, *Korai*, London 1968.

14 Robertson, *Greek Art*, Bd. 1., S. 391; Antonio Corso, *Prassitele. Fonti epigrafiche e letterarie, vita e opere*, Rom 1988 – 1990; Stewart, *Greek Sculpture*, Bd. 1, S. 176ff.

15 Vitruv, *De architectura* III 1ff. Zu Polyklet und Vitruv siehe Frank Zöllner, *Vitruvs Proportionsfigur*, Worms 1987, mit Literaturhinweisen.

16 Stewart, »The Canon of Polykleitos«, S. 130.

17 Raven, »Polyclitus and Pythagoreanism«.

18 Leone Battista Alberti, »*On Painting and on Sculpture*«: *The Latin Texts of* »*De Pictura*« *and* »*De statua*«, hrsg. u. übers. von Cecil Grayson, London 1972; *De statua*, S. 133ff.

19 Albertis Abhandlung wurde von Jane Andrews Aiken, »Leon Battista Alberti's System of Proportions«, in: *Journal of the Warburg and Courtauld Institutes* 42, 1980, S. 68ff; und erst jüngst von Gustina Scaglia, »Instruments Perfected for Measurements of Man and Statues Illustrated in Leon Battista Alberti's *De statua*«, in: *Nuncia. Annali di storia della scienza* 8, 1993, S. 555ff, untersucht. Scaglia veröffentlichte auch die alten Kopien der Illustrationen (ibid., Abb. 5 und 6). Die von Cosimo Bartoli (*Opuscoli morali*, 1568) veröffentlichte Version von *De statua* war mit Kupferstichen bebildert.

20 In seinen Texten erwähnt Alberti nur zwei Maße, die mit denjenigen von Vitruv, dem Doryphoros und Leonardo übereinstimmen: Fußlänge und Hals-Scheitel-Länge, beide mit 1/6 der Gesamtkörpergröße.

21 Die anderen Maßangaben Vitruvs – die horizontalen Gesichtsdrittel wurden von Kinn, Nasenspitze, Augen und oberer Stirn begrenzt – entsprechen sich bei allen vier Körpern und brauchen daher nicht in die Tabelle aufgenommen zu werden.

22 Die Übereinstimmung zwischen dem Doryphoros und Alberti ist erstaunlich, wenn man bedenkt, daß dieser Statuentyp in der Renaissance mit großer Wahrscheinlichkeit nicht bekannt war, jedenfalls nicht als Beispiel für das berühmte polykletische Werk. Daher glaube ich, daß Alberti andere, nicht-vitruvische antike Formeln gekannt haben muß.

23 Dies behauptet Erwin Panofsky, *The Life and Art of Albrecht Dürer*, Princeton 1955, S. 261ff.

24 Panofsky, *Dürer*, S. 263. Zu Dürers Theorien siehe auch Ludwig Justi, *Konstruierte Figuren und Köpfe unter den Werken Albrecht Dürers*, Leipzig 1902;

Panofsky, »Theory of Human Proportions«; und Josef Giesen, *Dürers Proportionsstudien im Rahmen der allgemeinen Proportionsentwicklung*, Bonn 1930.

25 Siehe Jean Julia Chai, *Gian Paolo Lomazzo and the Art of Expression*, Ann Arbor, Mich., 1990, mit bibliographischen Hinweisen. Lomazzos *Trattato dell'arte de la pittura* wurde erstmals 1584 in Mailand veröffentlicht.

26 Die Renaissance hat klassische anatomische Traditionen bei der Körpervermessung wieder aufgegriffen und dann erneut verworfen. Der menschliche Körper, wie von Hippokrates und Galen beschrieben, wurde im sechzehnten und siebzehnten Jahrhundert sozusagen modernisiert – manchmal gegen mächtige ideologische Widerstände. Sowohl Leonardo als auch Michelangelo überlegten, eigene anatomische Abhandlungen zu schreiben. Leonardo soll viele Zeichnungen für ein solches Werk vorbereitet haben. Siehe Bernard Schultz, *Art and Anatomy in Renaissance Italy*, Ann Arbor, Mich., 1985, S. 25.

27 David R. Hay, *The Natural Principles of Beauty in the Human Figure*, London – Edinburgh 1852.

28 William Wetmore Story, *The Proportions of the Human Figure, According to a New Canon, for Practical Use; with a Critical Notice of the Canon of Polycletus, and of the Principal Ancient and Modern Systems*, London 1864.

29 Story, *Proportions*, Vorwort.

30 Mary Cowling, *The Artist as Anthropologist. The Representation of Type and Character in Victorian Art*, Cambridge 1989, benennt und untersucht die wichtigsten Autoritäten auf diesem Gebiet, die im neunzehnten Jahrhundert bekannt waren. Siehe auch Johann Gottfried Schadow, *Polyclet oder von den Maassen des Menschen nach dem Geschlechte und Alter mit Angabe der wirklichen Naturgrösse ...*, Berlin 1834; David R. Hay, *On the Science of Those Proportions by which the Human Head and Countenance as Represented in Works of Ancient Greek Art Are Distinguished from Those of Ordinary Nature*, London – Edinburgh 1849; Petrus Camper, *Vorlesungen ... über die bewundernswürdige Ähnlichkeit im Bau des Menschen, der vierfüssigen Thiere ...*, Berlin 1793. Camper bezieht die meisten seiner anthropometrischen Daten aus Kunstwerken.

31 William Wetmore Story, *Conversations in a Studio*, Boston – New York 1890, Bd. 2, S. 481, S. 483. Die Quadratur des Kreises verlangt – nur unter Verwendung von Lineal und Zirkel – die Verwandlung einer Kreisfläche in eine durch ebene Linien begrenzte Fläche, also zum Beispiel ein Quadrat, die den gleichen Flächeninhalt wie der gegebene Kreis besitzt. Daß dies unmöglich ist, hat Ferdinand Lindemann 1882 nachgewiesen.

4

Arier und Semiten

1 Siehe Doris Mendlewitsch, *Volk und Heil. Vordenker des Nationalsozialismus im 19. Jahrhundert*, Bielefeld 1988, S. 18ff. Zum Arisierungskult generell siehe Martin Bernal, *Black Athena. The Afroasiatic Roots of Classical Civilization*, Bd.1: *The Fabrication of Ancient Greece, 1785 – 1985*, New Brunswick, N.J., 1987, S. 239ff; siehe auch Thomas W. Thompson, *James Anthony Froude on Nation and Empire*, New York – London 1987, S. 15ff; Léon Poliakov, *The Aryan Myth. A History of Racist and Nationalist Ideas in Europe*, New York 1971. Zu H. S. Chamberlain siehe vor allem dessen *Arische Weltanschauung*, Berlin 1905, und Fritz Stern, *The Politics of Cultural Despair. A study in the Rise of Germanic Ideology*, New York 1965.

2 Madhar M. Deshpande und Peter Edwin Hooke (Hrsg.), *Aryan and Non-Aryan in India*, Ann Arbour, Mich., 1979, dort vor allem A. L. Basham, »Aryan and Non-Aryan in Southeast Asia«, S. 1ff; siehe auch Ramesh Chandra Majundar, *Expansion of Aryan Culture in Eastern India*, Imphal 1968.

3 John Muir, *Original Sanskrit Texts on the Origin and History of the People of India. The Vedas ...*, 2. Aufl. London 1871, Bd. 1, S. 174ff; Bd. 2, S. 213ff, S. 267ff; idem, *The Hymns of the Rig Veda*, London 1873.

4 Joseph Arthur de Gobineau, *Essai sur l'inégalité des races humaines*, Nachdruck d. Ausg. von 1853, Paris 1967, S. 328ff, S. 481.

5 Ernst Curtius (1814 – 1896) – nicht zu verwechseln mit dem Romanisten Ernst Robert Curtius (1886 – 1956), dem Autor von *Europäische Literatur und Lateinisches Mittelalter* (1949). Zur Kontinuität von der Generation Ernst Curtius' bis zu den Nazis siehe Peter Weingart, Jürgen Kroll und Kurt Bayertz, *Rasse, Blut und Gene. Geschichte der Eugenik und Rassenhygiene in Deutschland*, Frankfurt a.M. 1988, S. 98ff.

6 Ernst Curtius, *Griechische Geschichte*, Berlin 1857 – 1861, Bd. 1, S. 24.

7 Ibid., S. 24ff. Vieles daran erinnert stark an Johann Joachim Winckelmanns *Gedanken über die Nachahmung der griechischen Werke in der Malerey und der Bildhauerkunst* von 1755.

8 Sein Hinterkopf war stark verlängert und deformiert (Plutarch, *Perikles* 3). Siehe Robert Garland, *The Eye of the Beholder. Deformity and Disability in the Graeco-Roman World*, Ithaca, N.Y., 1955, S. 111.

9 Curtius, *Geschichte*, S. 25. Zu neueren Erkenntnissen über Eugenik im antiken Griechenland siehe Andros Loizon und Henry Lesser (Hrsg.), *Polis and Politics. Essays in Greek Moral and Political Philosophy*, Aldershot 1990, darin besonders Ruth Chadwick, »Feminism and Eugenics. The Politics of Reproduction in Plato's Republic«, S. 101ff.

10 Gotthold Ephraim Lessing, *Laokoon*, 1. Teil, II, Abs. 3, in: idem, *Gesamtausgabe der Werke*, Düsseldorf 1996, Bd. 6, S. 19.

11 Frederick Leighton, *Addresses Delivered to the Students of the Royal Academy by the Late Lord Leighton*, 2. Aufl. London 1897.

12 Gobineau, *Essai*, S. 326.

13 Joseph Arthur de Gobineau, *Versuch über die Ungleichheit der Menschenracen*, übers. von Ludwig Schemann, 3. Aufl. Stuttgart 1907, Bd. 1, S. 202.

14 Siehe Nirad C. Chaudhuri, *Scholar Extraordinary. The Life of Professor the Rt. Hon. Friedrich Max Müller* P.C., London 1974, S. 313ff.

15 Siehe Thompson, *James Anthony Froude*, S. 15ff.

16 Diese Sanskrit-Texte waren Teil einer von Müller herausgegebenen umfangreichen Reihe mit dem Titel *The Sacred Books of the East*.

17 Georg Bühler, *Sacred Laws of the Aryas*, Teil 1, Nachdr. d. Ausg. von 1879, Oxford 1969, S. 11.

18 Ibid., S. 102.

19 Matthew Arnold, *Culture and Anarchy*, Nachdr. d. Ausg. von 1869, New York 1908, S. 111ff.

20 Dieses und das folgende Zitat ibid., S. 124.

21 Diese Passage aus Arnolds Essay »Literature and Dogma« stammt von Burnouf; zitiert bei Frederic E. Faverty, *Matthew Arnold the Ethnologist*, Evanston, Ill., 1951, S. 171.

22 Siehe auch Annemarie De Waal Malefijt, *Images of Man. A History of Anthropological Thought*, New York 1974, mit einer Bibliographie.

23 Friedrich Engels, *Der Ursprung der Familie, des Privateigentums und des Staates*, in: Karl Marx und Friedrich Engels, *Werke*, Berlin 1972, Bd. 21, S. 33f, S. 102.

24 In Thomas Henry Huxley, *Evidence as to Man's Place in Nature*, London 1863.

25 Ibid., S. 160.

26 Zur Kontinuität dieser Ideen siehe Paul Weindling, *Health, Race, and German Politics between National Unification and Nazism, 1870 – 1945*, Cambridge 1989.

27 Huxley, *Man's Place*, S. 162.

28 Charles Wentworth Dilke, *Greater Britain*, Philadelphia 1869, S. 346ff.

29 Leonée und Richard Ormond, *Lord Leighton*, London 1975, mit einer Bibliographie. Dilke gehörte zum Kreis von Leighton, insbesondere durch seine Frau Emilia Pattison (siehe S. 72ff).

30 Gaston Phoebus ist ein Portrait Leightons, obwohl der Name bereits durch einen Ritter des fünfzehnten Jahrhunderts aus der Gascogne besetzt war. Leighton taucht auch als Lord Mellifoont in Henry James' Geschichte »The Private Life« auf.

31 Leighton, *Addresses*, S. 16ff, S. 32ff.

32 Ibid., S. 14ff, S. 20f.

33 Ibid., S. 78.

34 Ibid., S. 90.

35 Ibid., S. 85.

36 Ibid., S. 138f.

37 Ibid., S. 189.

38 Ibid., S. 8.

39 Ibid., S. 95ff.

40 Ibid., S. 89.

41 Benjamin Disraeli, *Lothair*, hrsg. von Vernon Bogdanor, Nachdr. d. Ausg. von 1870, London 1975.

42 Ibid., S. 105.

43 Ronald Pearsall, *Tell Me, Pretty Maiden. The Victorian and Edwardian Nude*, Exeter 1981; Christopher Wood, *Olympian Dreamers. Victorian Classical Painters, 1860 1914*, London 1983.

44 Disraeli, *Lothair*, S. 105.

45 Ormond und Ormond, *Leighton*, Kat. 350 (Tate Gallery London, zur Zeit als Leihgabe im Leighton House). Die Ormonds weisen auch auf die Ähnlichkeit zur Aphrodite Kallipygos hin.

46 Francis Haskell und Nicholas Penny, *Taste and the Antique. The Lure of Classical Sculpture, 1500–1900*, New Haven 1981, S. 317; Athenaios, *Deipnosophistai* 12, 554; Martin Robertson, *A History of Greek Art*, Cambridge 1975, Bd. 1, S. 553; Theodor Kraus, *Die Aphrodite von Knidos*, Bremen 1957; Gösta Säfflund, *Aphrodite Kallipygos*, Stockholm 1963.

47 Haskell und Penny, *Taste*, S. 317; Athenaios, *Deipnosophistai* 12, 554.

48 Leighton, *Addresses*, S. 103ff.

49 Ibid., S. 109.

50 Diese merkwürdige Vorstellung stammt von einem Künstler, dessen Ruhm auf einem Bild mit dem Titel *Cimabues Madonna wird in einer Prozession durch die Straßen von Florenz getragen* gründete (1853–1855, Royal Collection). Das Marienbild, auf das sich Leighton bezieht, war 1285 für die Kirche Santa Maria Novella gemalt worden und hängt heute in den Uffizien. Berichtet wird diese Geschichte von Vasari. Das Gemälde, das unter der Bezeichnung Madonna Rucellai bekannt wurde, ist in Wirklichkeit gar nicht von Cimabue, sondern von Duccio aus Siena. Siehe Giovanna Ragionieri, *Duccio. Catalogo dei dipinti*, Florenz 1989, Nr. 3.

51 Ormond und Ormond, *Leighton*, Kat. 388.

52 Wilhelm Heinrich Roscher, *Ausführliches Lexikon der griechischen und römischen Mythologie*, Leipzig 1902–1909, Bd. 3/2, Sp. 1155ff.

53 Ibid., Bd. 2/2, Sp. 1924.

54 Leighton, *Addresses*, S. 167ff.

55 Korrigiert wurde bei dieser Leda-Darstellung der von Michelangelo (oder seinem Kopisten) falsch verkürzte rechte Unterschenkel der Leda.

56 Disraeli, *Lothair*, S. 103.

57 Henry James, *William Wetmore Story and His Friends*, Nachdr. d. Ausg. von 1903, New York 1957, S. 33, S. 75ff.

58 William Wetmore Story, *Poems*, Boston 1886, S. 133.

59 Nathaniel Hawthorne, *The Marble Faun*, Boston 1859 (dt. 1860).

60 James, *Story*, S. 72. Zu der Kleopatra und der Sibylle siehe auch Mary E. Phillips, *Reminiscences of William Wetmore Story*, Chicago – New York 1897, S. 130ff.

61 James, *Story*, Bd. 2, S. 78ff.

62 Zitiert nach Haskell und Penny, *Taste*, S. 134.

63 Disraeli, *Lothair*, S. 105.

64 Eine andere Version stand am 4. November 1982 bei einer Auktion von Christie's in London zum Verkauf.

65 Nathaniel Hawthorne, *Der Marmorfaun*, übers. von Gisela Günther, Frankfurt a. M. 1961, Kap. 4, S. 122.

66 Ich beschreibe hier die Version von 1861 im Metropolitan Museum. Eine weitere steht in der National Gallery in Washington.

67 James, *Story*, Bd. 2, S. 70ff.

68 Ibid., S. 71.

69 Laut Storys Freundin Harriet Beecher Stowe symbolisierten diese übereinandergeschlagenen Beine Verschwiegenheit und die Macht, andere zum Schweigen zu verpflichten. Siehe Harriet Beecher Stowe, »Sojourner Truth, the Libyan Sibyl«, in: Atlantic Monthly 11, 1863, S. 480ff, wo sie behauptet, ihr Bericht über die berühmte afroamerikanische Predigerin habe Story zu seiner Statue inspiriert.

70 Leighton, *Addresses*, S. 89.

5

Neue Vorschriften, neue Körper

1 Michel Feher, Ramona Naddaff und Nadia Tazi (Hrsg.), *Fragments for a History of the Human Body*, Bd. 3, New York 1989, vermittelt eine Vorstellung von der umfangreichen Literatur zu diesem Thema. Folgende Werke sind aus den unzähligen Veröffentlichungen hervorzuheben: Stephen Kern, *Anatomy and Destiny. A Cultural History of the Human Body*, Indianapolis 1975; J. G. Schadow, *Polyclet oder von den Maassen des Menschen nach dem Geschlechte und Alter mit Angabe der wirklichen Naturgrösse ...*, Berlin 1834; Johann Ludwig L. Choulant, *Geschichte und Bibliographie der anatomischen Abbildungen*, Leipzig 1852; Adolf Quételet, *Anthropométrie ou mesure des différentes facultés de l'homme*, Brüssel 1871; C. A. Roberts, *A Manual of Anthropometry*, London 1878; und Paul Topinard, *Eléments d'anthropologie générale*, Paris 1885. Be-

sonders wichtig ist Quételet, da er (a) über Proportionen und nicht über absolute Dimensionen schreibt und (b) in zahlreichen Tabellen den Körperbau seiner Zeitgenossen mit den Körperbildern in der Kunst vergleicht.

2 Zu Le Brun siehe Jurgis Baltrušaitis, *Aberrations. Quatre essais sur la légende des formes*, Paris 1983. Zu J. C. Lavater siehe sein Werk *Physiognomische Fragmente zur Beförderung der Menschenkenntniß und Menschenliebe*, 4 Bde., Leipzig 1775 – 1778, Faksimile Zürich 1968; idem, *Essai sur la Physiognomie destinée à faire connoître l'homme et à le faire aimer*, 4 Bde., Den Haag 1781 – 1801; und Joan K. Stemmler, »The Physiognomical Portraits of Johann Caspar Lavater«, in: *Art Bulletin* 75, 1993, S. 151ff, mit Bibliographie. Siehe auch Barbara Maria Stafford, *Body Criticism. Imaging the Unseen in Enlightenment Art and Medicine*, Cambridge, Mass., 1991; das Kapitel über die innere Anatomie (S. 47ff) bietet einen brillanten Überblick über die Themen, die ich hier nur anreißen kann. Zur Phrenologie siehe Philippe Sorel, »La phrénologie et l'art«, in: Jean Clair (Hrsg.), *L'âme au corps. Arts et sciences 1793 – 1993*, Paris 1994, S. 266ff, mit einer Bibliographie.

3 Zitiert bei Stemmler, »Physiognomical Portraits«, S. 159.

4 Karl Pearson, *The Life, Letters, and Labours of Francis Galton*, Cambridge 1914 – 1930, Bd. 3a, S. 279ff.

5 Zitiert nach Stemmler, »Physiognomical Portraits«, S. 157.

6 Francis Darwin (Hrsg.), *Charles Darwin's Autobiography*, New York 1950, S. 36.

7 Paul Weindling, *Health, Race, and German Politics between National Unification and Nazism, 1870 – 1945*, Cambridge 1989, S. 49. Zu Virchow siehe Rudolf Ludwig Karl Virchow, *Gesammelte Abhandlungen aus dem Gebiete der öffentlichen Medizin und der Seuchenlehre*, 2 Bde., Berlin 1879; L. J. Rather, *A Commentary on the Medical Writings of Rudolf Virchow*, San Francisco 1990.

8 Charles Goring, *The English Convict. A Statistical Study*, London 1913.

9 Weindling, *Health*, S. 99.

10 Ferdinand Tönnies, »Ammons Gesellschaftstheorie«, in: *Archiv für Sozialwissenschaft und Sozialpolitik* 19 (Neue Reihe 1), 1904, S. 53f, S. 110.

11 Weindling, *Health*, S. 100. Siehe auch Otto Ammon, *Die Gesellschaftsordnung und ihre natürlichen Grundlagen*, 2. Aufl. Jena 1896, S. 59ff; Tönnies, »Ammons Gesellschaftstheorie«, S. 88ff.

12 Ernst Kretschmer, *Geniale Menschen*, 2. Aufl. Berlin 1931; idem, *Die Persönlichkeit der Athletiker*, Leipzig 1936; idem, *Körperbau und Charakter*, Neuausg. Berlin 1944; Emanuel Miller, *Types of Mind and Body*, London 1927; und idem, *Psychology of Men of Genius*, New York 1931.

13 Kretschmer, *Körperbau und Charakter*.

14 Kretschmer, *Geniale Menschen*.

15 Nicolas Pende, *Constitutional Inadequacies*, Philadelphia 1928.

16 Giacinto Viola, »L'habitus phthisicus et l'habitus apoplecticus comme conséquence d'une loi qui déforme normalement le type moyen de la race en ces deux types antithétiques«, in: *Comptes rendus de l'association des anatomistes*, Turin 1925; idem, *La costituzione individuale*, Bologna 1933; idem, »Il mio metodo di valutazione della costituzione individuale«, in: *Riforma medicale* 51, 1935, S. 1635ff; A. Di Giovanni, *Clinical Commentaries Deduced from the Morphology of the Human Body*, London – New York 1919. Vgl. Saute Naccarati, »The Morphologic Aspect of Intelligence«, in: *Archives of Psychology*, Nr. 45, August 1921.

17 Seine Arbeit wird erörtert in W. H. Sheldon, S. S. Stevens und B. B. Tucker, *Varieties of Human Physique. An Introduction to Constitutional Psychology*, New York 1940, mit einer Bibliographie. Zu Sheldons Werdegang siehe J. E. Lindsay Carter und Barbara Honeyman Heath, *Somatotyping – Development and Applications*, Cambridge 1992, S. 3ff.

18 Sheldon, Stevens und Tucker, *Human Physique*, S. 15. Siehe Naccarati, »Morphologic Aspect«, S. 25. Hier geht es um den morphologischen Index, der die Anteile der drei Körpertypen – mikro-, makro- und normosplanchnisch – am Körperbau bestimmt. Die Indexzahl ergibt sich, indem man die Summe aus Arm- und Beinlänge durch den Rumpfumfang dividiert.

19 Mark H. Haller, *Eugenics. Hereditarian Attitudes in American Thought*, New Brunswick, N.J., 1963, S. 142. Robert C. Bannister, *Social Darwinism. Science and Myth in Anglo-American Social Thought*, Philadelphia 1979; Richard Hofstadter, *So-*

cial Darwinism and American Thought, Philadelphia 1944. Zu Hooton siehe Jonathan Marks, *Human Biodiversity. Genes, Race, and History*, New York 1995, S. 99ff; siehe auch Annemarie De Waal Malefijt, *Images of Man. A History of Anthropological Thought*, New York 1974, S. 215ff, S. 261ff.

20 *Haller,* Eugenics, S. 73.

21 Kurz vor dem Zweiten Weltkrieg begann Hooton, für ein breiteres Publikum zu schreiben. Thematisch an sein frühes Werk *Up from the Ape* (1931) anschließend, veröffentlichte er eine Reihe amüsanter populärwissenschaftlicher Bücher: *Apes, Men, and Morons* (1937), *The Twilight of Man* (1939) und *Why Men Behave Like Apes and Vice Versa* (1940).

22 Earnest A. Hooton, *The American Criminal*, Bd. 1: *The Native White Criminal of Native Parentage*, Cambridge, Mass., 1939, S. 301. Weitere Bände wurden nicht publiziert.

23 Ibid., S. 197ff.

24 Ibid., S. 199.

25 Earnest A. Hooton, *Why Men Behave Like Apes and Vice Versa or Body and Behavior*, Princeton 1940, S. 197.

26 Als erster stellte George Draper 1924 in *Human Constitution* diese Forderung auf und brachte damit die Bioanthropologie vom Weg der allzu großen Vereinfachung wieder ab; vgl. Hooton, *Why Men Behave Like Apes*, S. 200.

27 Hooton, *Why Men Behave Like Apes*, S. 202.

28 Siehe die Ausführungen zu Sheldons Aufsatz »The Somatotype, the Morphophenotype, and the Morphogenotype«, in: *Cold Spring Harbor Symposium on Quantitative Biology* 15, 1950, S. 378. Weitere Details über Sheldon und seine Anhänger bietet Ron Rosenbaum, »The Great Ivy League Nude Posture Photo Scandal«, in: *New York Times Magazine*, 15. Januar 1995, S. 26ff.

29 William H. Sheldon, Emil M. Hartl und Eugene McDermott, *Varieties of Delinquent Youth. An Introduction to Constitutional Psychiatry*, New York 1949, S. 20.

30 William H. Sheldon, *Psychology and The Promethean Will. A Constructive Study of the Acute Common Problem of Education, Medicine, and Religion*, New York 1936.

31 Ibid., S. 81ff, S. 95ff.

32 Sheldon, Stevens und Tucker, *Human Physique*, S. 7.

33 Ibid., S. 34ff.

34 Ibid., S. 40.

35 Sheldon, Hartl und McDermott, *Delinquent Youth*, S. 16.

36 Ibid., S. 18.

37 Sheldon, Stevens und Tucker, *Human Physique*, S. 47.

38 Ibid., S. 7, S. 68ff.

39 Ibid., S. 71.

40 Ibid., S. 8.

41 William H. Sheldon, *Varieties of Temperament. A Psychology of Constitutional Differences*, New York 1942, S. 290ff.

42 Sheldon, Stevens und Tucker, *Human Physique*, S. 190ff.

43 Sheldon, *Temperament*, S. 58.

44 Ibid., S. 298.

45 William H. Sheldon, *An Atlas of Men*, New York 1954, S. 126.

46 Sheldon, *Temperament*, S. 53.

47 Ibid., S. 56ff.

48 Sheldon, Hartl und McDermott, *Delinquent Youth*, S. 17f.

49 Sheldons »Neuplatonismus« war vermutlich auf seine Bewunderung für Jung zurückzuführen, dessen Schriften über die Alchimie er immer wieder zitierte. Zu den späteren Einflüssen auf Sheldon siehe Emil M. Hartl, Edward P. Monnelly und Roland D. Elderkin, *Physique and Delinquent Behavior. A Thirty-Year Follow-Up of William H. Sheldon's »Varieties of Delinquent Youth«,* New York 1982; zur Arbeit mit dem sphärischen Dreieck siehe auch Carter und Heath, *Somatotyping*, S. 3ff und passim. Zur Bevorzugung Mesomorpher heutzutage siehe Marc E. Mishkind, Judith Rodin, Lisa R. Silberstein und Ruth H. Striegel-Moore, »The Embodiment of Masculinity. Cultural, Psychological, and Behavioral Dimensions«, in: *American Behavioral Scientist* 29, 1986, S. 545ff; sowie Joseph Lyons, *Ecology of the Body. Styles of Behavior in Human Life,* Durham, N.C., 1987. C. Peter Herman, »The Shape of Man«, in: *Contemporary Psychology* 37, 1992, S. 525ff, bietet eine gute Bibliographie zum aktuellen Sheldonismus. Für diesen Hinweis danke ich Ellery Lanier, die an einer Dissertation über Sheldon arbeitet.

6

Galton und Lombroso

1 Die klassische, wenngleich erst ziemlich spät aufgetauchte Version ist natürlich Oswald Spengler, *Der Untergang des Abendlandes*, München 1918 – 22. Siehe auch Manfred P. Fleischer (Hrsg.), *The Decline of the West?*, New York 1970, mit einer nützlichen Übersicht und Beiträgen von Spengler selbst sowie von H. R. Trevor-Roper, P. A. Sorokin, Arnold Toynbee und anderen. Stephen Jay Gould, *The Mismeasure of Man*, New York 1981, behandelt dieses Thema ebenso wie Daniel Pick, *The Faces of Degeneration. A European Disorder, 1848 – 1918*, Cambridge 1989.

2 Platon, *Timaios*, 91d ff, übers. nach H. Stephanus von F. Schleiermacher und H. Müller, hrsg. von W. F. Otto, E. Grassi, G. Plamböck, Hamburg 1959, S. 211.

3 Thomas S. Savage, »Notice of the External Characters and Habits of Troglodytes Gorilla, a New Species of Orang from the Gaboon River«, in: *Boston Journal of Natural History* 5, Dezember 1847, S. 417ff.

4 Bernard Schultz, *Art and Anatomy in Renaissance Italy*, Ann Arbour, Mich., 1985, S. 25. Zu Vesals Bemühungen um ein weniger idealistisches, variationsreicheres Konzept des normalen menschlichen Körpers siehe Nancy G. Siraisi, »Vesalius and Human Diversity in *De humani corporis fabrica*«, in: *Journal of the Warburg and Courtauld Institutes* 57, 1994, S. 60ff, mit bibliographischen Hinweisen.

5 Savage, »Notice«, S. 420, Anm.

6 Helena Cronin, *The Ant and the Peacock. Altruism and Sexual Selection from Darwin to Today*, Cambridge 1991, S. 45; Peter J. Bowler, *The Eclipse of Darwinism. Anti-Darwinian Evolution Theories in the Decades around 1900*, Baltimore 1983, S. 141ff.

7 Friedrich Engels, *Anteil der Arbeit an der Menschwerdung des Affen*, in: Karl Marx und Friedrich Engels, *Werke*, Bd. 21, Berlin 1972, S. 445.

8 Zitiert in der *New York Times* vom 23. Mai 1994.

9 Peter Rivière, Einleitung zu John F. McLennan, *Primitive Marriage. An Inquiry into the Origin of the Form of Capture in Marriage Ceremonies*, Nachdr. d. Ausg. von 1865, Chicago 1970.

10 Westermarcks Äußerungen auf einer öffentlichen Versammlung werden zitiert von Karl Pearson, *The Life, Letters, and Labours of Francis Galton*, Cambridge 1914 – 1930, Bd. 3a, S. 268.

11 Ibid., Bd. 2, S. 341

12 Ibid., Bd. 2, S. 283ff.

13 Milo Keynes (Hrsg.), *Sir Francis Galton, FRS. The Legacy of His Ideas,* Proceedings of the 27th Annual Symposium of the Galton Institute, London 1991, Houndmills 1993. Der Band enthält den neuesten Diskussionsstand in bezug auf Galtons Studien zu Erbanlagen, Statistik, Rasse, Genetik und Evolution.

14 Francis Galton, *Inquiries into Human Faculty and Its Development*, New York 1883, S. 6.

15 Ibid., S. 8

16 Einiges davon mag durch Galtons photographischen Prozeß von selbst entstanden sein, doch auf mich macht es eher den Eindruck, als habe jemand Nase, Kinn und Oberlippe des Offizierstyps retuschiert, um seine Selektabilität und Vergleichbarkeit mit anderen erwünschten Typen zu verstärken.

17 Galton, *Inquiries*, S. 18.

18 Pearson, *Galton*, Bd. 2, S. 323ff.

19 Ibid., Bd. 3a, S. 279ff.

20 Ibid., Bd. 2, S. 323.

21 Ibid., Bd. 3a, S. 422.

22 Stephen Pepper, *Guido Reni, l'opera completa*, Novara 1988, Kat. 40, mit einer Bibliographie.

23 Soweit mir bekannt, hat unter allen klassischen Autoren nur Quintus Smyrnaeus in seiner *Posthomerica*, I 50, II 593, die Horen sowohl mit Apollo als auch mit Aurora in Verbindung gebracht und zu ihren Gefährten gemacht.

24 Siehe Pindar, Fragmente I 394 (Bergk-Ausgabe); Kallimachos, *Hymne an Apoll*, 80.

25 Es ist ein Paradox, daß Galton mit seinen Arbeiten über die Statistik zwar zur modernen Bevölkerungsgenetik beigetragen hat, gleichzeitig aber die Arbeiten von Gregor Mendel mißachtete, der die Existenz des Gens entdeckt hatte. Siehe Ruth Schwartz Cowan, *Sir Francis Galton and the Study of Heredity in the Nineteenth Century*, New York 1985.

26 Zitiert in Pearson, *Galton*, Bd. 3a, S. 260 und Anm.

27 Charles Darwin, *The Descent of Man and Selection in Relation to Sex*, in: *The Works of Charles Darwin*, hrsg. von Paul H. Barret und R. B. Freeman, London 1989, Bd. 22, S. 643ff. Siehe auch Eveleen Richards, »Darwin and the Descent of Women«, in: David Ol-

droyd und Ian Langham (Hrsg.), *The Wider Domain of Evolutionary Thought*, Boston 1983, S. 58.

28 Pearson, *Galton*, Bd. 3a, S. 121.

29 Ibid., S. 229.

30 Galton, *Inquiries*, S. 305.

31 Ibid., S. 321.

32 Pearson, *Galton*, Bd. 3a, S. 375.

33 Ibid., Bd. 3a, S. 231; Pearson veröffentlicht hier den Textentwurf für ein solches Zeugnis, S. 292ff.

34 Richard A. Soloway, *Demography and Degeneration. Eugenics and the Declining Birthrate in Twentieth-Century Britain*, Chapel Hill, N.C., 1990, S. 66.

35 Francis Galton, *Hereditary Genius*, New York 1870, S. XX.

36 Pearson, *Galton*, Bd. 3a, S. 321.

37 Ibid., Bd. 3a, S. 217.

38 Ronald Aylmer Fisher, »The Evolution of Sexual Preference«, in: *Eugenics Review* 7, 1915, S. 184ff. Noch deutlicher brachte er diese Ansichten zum Ausdruck in *The Genetical Theory of Natural Selection*, Oxford 1930.

39 Zu Lombroso siehe Gould, *Mismeasure*, S. 113ff; und Pick, *Faces*, S. 109ff. Die Standardbiographie ist Luigi Bulferetti, *Cesare Lombroso*, Turin 1975. Siehe auch Delfina Dolza Carrara, *Essere figlie di Lombroso*, Mailand 1990, und Peter Strasser, »Cesare Lombroso. L'homme délinquent ou la bête sauvage au naturel«, in: *L'âme au corps. Arts et sciences 1793 – 1993*, Paris 1994, S. 352ff. Lombroso ist der Alptraum eines jeden Bibliographen. Nachdem seine Bücher fast alle ins Französische, Deutsche, Englische und andere Sprachen übersetzt worden waren, begann Lombroso mit oder ohne Koautor diese Übersetzungen zu überarbeiten und als Neufassung zu veröffentlichen.

40 Richard Dawkins, *The Extended Phenotype. The Gene as the Unit of Selection*, Oxford 1982. Dawkins' Grundkonzept, daß die Kultur eines Menschen von seinem Phänotyp (d.h. seinem Körperbau) biologisch determiniert wird, ähnelt stark Otto Ammons Vorstellung, daß handwerkliche und künstlerische Arbeiten im biologischen Zusammenhang mit der Physis ihrer Schöpfer stünden. Siehe F. Tönnies, »Ammons Gesellschaftstheorie«, in: *Archiv für Sozialwissenschaft und Sozialpolitik* 19, 1904, S. 90. Man vergleiche dazu auch die Ideen von Kretschmer (Kapitel 5).

41 Zitiert bei Gould, *Mismeasure*, S. 124.

42 Cesare Lombroso, *L'homme criminel*, Paris 1895, Bd. 1, S. 224.

43 Gould, *Mismeasure*, S. 122ff.

44 Lombroso, *L'homme criminel*, Bd. 1, S. 226.

45 Ibid., S. XII.

46 Ibid., S. 120.

47 Ibid., S. 26.

48 Cesare Lombroso, *Genio e follia*, Turin 1882, S. 6.

49 Cesare Lombroso und G. Ferrero, *La donna delinquente. La prostituta e la donna normale*, Turin 1893, S. 14.

50 Ibid., S. 307.

51 Ibid., S. 320, S. 323.

52 Ibid., S. 79ff.

53 Ibid., S. 111.

54 Ibid., S. 129ff.

55 Ibid., S. 140ff.

56 Cesare Lombroso, *Das Weib als Verbrecherin und Prostituierte*, übers. von Hans Kurella, Hamburg 1894, S. 234.

57 Lombroso und Ferrero, *La donna*, S. 164ff.

58 Lombroso, *Das Weib*, S. 46.

59 Lombroso und Ferrero, *La donna*, S. 258ff.

60 Lombroso, *Das Weib*, S. 331, S. 351.

61 Erwin Panofsky, *Tomb Sculpture. Four Lectures on Its Changing Aspects from Ancient Egypt to Bernini*, New York 1964, S. 80.

62 Lombroso und Ferrero, *La donna*, S. 346. Vermutlich beruhte Lombrosos Ansicht, Messalina sei eine Prostituierte gewesen, auf der weitverbreiteten Überlieferung, daß sich die Kaiserin von einer bekannten Prostituierten herausgefordert fühlte, als die eine unglaubliche Zahl von Geschlechtspartnern innerhalb von 24 Stunden angab; Messalina übertrumpfte sie, indem sie im gleichen Zeitraum 25 verschiedene Männer zu sich ins Bett holte. Siehe Plinius, *Nat. hist.* X 172.

63 Lombroso und Ferrero, *La donna*, S. 552.

64 Lombroso, *L'homme criminel,* Bd. 1, S. 223.

65 Lombroso, *Genio e follia,* S. 331ff.

66 Ibid., S. 126ff.

67 Lombroso, *L'homme criminel,* Bd. 1, S. 317.

68 Siehe Anthea Callen, »Anatomie et physiognomie. ›La Petite Danseuse de quatorze ans‹ de Degas«, in: *L'âme au corps*, S. 352ff; idem, *The Spectacular Body. Science, Method, and Meaning in the Work of Degas*, New Haven 1995.

69 Zu Morelli siehe Richard Wollheim, »Giovanni Morelli and the Origins of Scientific Connoisseurship«, in: idem, *On Art and the Mind. Essays and Lectures*, London 1974, S. 177ff; Henri Zerner, »Morelli et la science de l'art«, in: *Revue de l'art* 40 – 41, 1978, S. 209ff; Donata Levi, »Fortuna di Morelli. Appunti sui rapporti fra storiografia artistica tedesca ed inglese«, und M. Panzeri und G. O. Bravi, »La figura e l'opera di Giovanni Morelli, beide in: *La figura di Giovanni Morelli. Studi e ricerche*, Bergamo 1987, S. 19ff und S. 349ff; und Jaynie Anderson, »Dietro lo pseudonimo«, in: Giovanni Morelli, *Della pittura italiana. Studii storico-critici*, Mailand 1991, S. 491ff. Siehe auch die beiden Essays in *Giovanni Morelli e la cultura dei conoscitori. Atti del convegno nazionale*, Bd. 2, Bergamo 1993: Richard Pau, »Le origini scientifiche del metodo morelliano«, S. 301ff, und David Alan Brown, »Giovanni Morelli and Bernard Berenson«, S. 389ff.

70 Giovanni Morelli (Ivan Lermolieff), *Kunstkritische Studien über italienische Malerei*, Leipzig 1890, Bd. 1, S. IXf.

71 Zu Morelli und Cuvier siehe Anderson, »Dietro lo pseudonimo«, S. 500ff. Bezug genommen wird hier auf Georges Baron Cuvier, *Le Règne animal distribué d'après son organisation,* Paris 1817.

72 Ebenso wie Archäologen behaupten, aus ein paar Kuppelrippen oder einem Türstock eine ganze mittelalterliche Kathedrale rekonstruieren zu können.

7

Max Nordau

1 Daniel Pick, *The Faces of Degeneration. A European Disorder, 1848 – 1918,* Cambridge 1989.

2 Bereits Francis Galton und August Weismann hatten das Phänomen Degeneration unter verschiedenen Bezeichnungen untersucht – Galton als »Selektionsstillstand« und Weismann als »Panmixie«, d.h. unverantwortliche Partnerwahl. Siehe Karl Pearson, *The Life, Letters, and Labours of Sir Francis Galton*, Cambridge 1914 – 1930, Bd. 3a, S. 340.

3 Stephen Jay Gould, *Ontogeny and Phylogeny*, Cambridge, Mass., 1977.

4 Siehe Adolf Opel (Hrsg.), *Kontroversen. Adolf Loos im Spiegel der Zeitgenossen*, Wien 1984, hier besonders: Arthur Rundt, »Ornament und Verbrechen«, S. 122ff; und Karin Michaelis, »Der Überwinder des Ornaments«, S. 152ff.

5 Siehe auch G. Schmidt, *Die literarische Rezeption des Darwinismus*, Berlin 1974, S. 132ff.

6 Jules Chaix-Roy, *The Superman from Nietzsche to Teilhard de Chardin*, Notre Dame, Ind., 1968.

7 Richard Wagner, *Oper und Drama*, Leipzig 1852; Robert Donington, *Wagner's »Ring« and Its Symbols*, London 1963, S. 180, S. 189.

8 Richard Gilman, *Decadence. The Strange Life of an Epithet*, New York 1979, S. 73ff.

9 Max Nordau ist ein Pseudonym. Sein Geburtsname lautet Max Simon Südfeld.

10 Siehe Anna und Maxa Nordau, *Max Nordau, centinela de la civilisación*, Buenos Aires 1943.

11 Max Nordau, *Entartung*, Berlin 1892/93, Bd. 1, S. 28.

12 Wir erinnern uns, daß bei Sheldon Endomorphe als unterentwickelt, Ektomorphe als überentwickelt und Mesomorphe als richtig entwickelt bezeichnet wurden.

13 Nordau, *Entartung,* Bd. 2, S. 500.

14 Auguste Benedicte Morel, *Traité des dégénérescences physiques, intellectuelles et morales* ..., Paris 1857.

15 Morel, *Traité*, Bd. 2, S. 683; zitiert nach Nordau, *Entartung*, Bd. 1, S. 27.

16 Nordau, *Entartung*, Bd. 1, S. 188f.

17 Cesare Lombroso und G. Ferrero, *La donna delinquente. La prostituta e la donna normale*, Turin 1893, S. 346.

18 Nordau, *Entartung*, Bd. 1, S. 189f. Seine Beschreibungen Verlaines basieren zum Teil auf Jules Huret, *Enquête sur l'évolution littéraire*, Paris 1891, S. 65.

19 Der beste Beitrag zu Nordau und Rodin findet sich in Josef Adolf Schmoll gen. Eisenwerth, *Rodin-Studien*, München 1983, S. 344, S. 353. Nordau veröffentlichte am 2. Juli 1908 in der Wiener *Neuen Freien Presse* eine neuerliche Attacke gegen Rodin. Siehe auch Nordau, »Sur Auguste Rodin«, in: *Revue des revues*, Paris 1905.

20 Max Nordau, *Von Kunst und Künstlern. Beiträge zur Kunstgeschichte*, Leipzig 1905, S. 245. Siehe auch Georges Didi-Huberman, *Invention de l'hystérie. Charcot et l'iconographie photographique de la Salpêtrière*, Paris 1982. Seltsamerweise sehen die hier abgebildeten »Geisteskranken« alle ziemlich gut aus – keine Lombrosischen Atavisten oder Nordauschen Entarteten, sondern gutgebaute, gesunde Körper und wohlgestaltete Gesichter.

21 Nordau, *Von Kunst*, S. 246.

22 Albert E. Elsen, *Rodin's Thinker and the Problems of Modern Public Sculpture*, New Haven 1985, mit einer Bibliographie. Siehe auch Frederic V. Grunfeld, *Rodin. A Biography*, New York 1987, S. 501.

23 Nordau, *Von Kunst*, S. 256.

24 Ibid., S. 246.

25 Nordau, *Entartung*, S. 44.

26 Roy McMullen, *Victorian Outsider. A Biography of J. A. M. Whistler*, New York 1973, S. 28, S. 58ff, S. 98ff, S. 103. Zum Gemälde siehe *From Realism to Symbolism. Whistler and His World*, Ausstellungskatalog des Department of Art History and Archaeology der Columbia University in Zusammenarbeit mit dem Philadelphia Museum of Art, New York 1971, Nr. 12.

27 Nordau, *Von Kunst*, S. 133.

28 McMullen, *Whistler*, S. 210ff.

29 Mrs. Julian Hawthorne, zitiert in G. H. Fleming, *James Abbott McNeill Whistler, a Life*, New York 1991.

30 Giorgio Ruggeri, *Saette e carezze di un ironico libertino. Giovanni Boldini (1842 – 1931)*, Bologna 1980.

31 Nordau, *Von Kunst*, S. 196f.

32 Ruggeri, *Saette*, S. 15, S. 17 und passim.

33 Am 22. Juni 1988 bot Sotheby's auf einer Auktion in London eine Ölskizze dieses Gemäldes an. In einer Privatsammlung in Bologna gibt es eine Bleistiftskizze der Komposition. Siehe Carlo L. Ragghianti, *L'opera completa di Boldini*, Mailand 1970.

34 Mary Anne Goley, *John White Alexander (1856 – 1915)*, Katalog zur Ausstellung der National Collection of Fine Arts, Smithsonian Institution, Washington, D.C., 1976.

35 Nordau, *Entartung*, Bd. 1, S. 13.

36 Ibid., S. 16.

37 Ibid., S. 26.

38 Ibid., Bd. 2, S. 493.

39 Ibid., S. 498.

40 Ibid., S. 501.

41 Ibid., S. 505.

42 Ibid., Bd. 1, S. 11.

8

Der Weg in den Faschismus

1 Brandon Taylor und Wilfried van der Will (Hrsg.), *The Nazification of Art. Art, Music, Architecture, and Film in the Third Reich*, Winchester 1990, S. 43. Siehe auch Robert Wistrich, *Weekend in Munich. Art, Propaganda, and Terror in the Third Reich*, London 1995.

2 Norbert Borrmann, *Paul Schultze-Naumburg 1869 – 1949. Maler, Publizist, Architekt*, Essen 1989. Zu *Kunst und Rasse* siehe S. 215ff. Schultze-Naumburgs Bücher sind alle von derselben Machart: *Nordische Schönheit. Ihr Wunschbild im Leben und in der Kunst*, München – Berlin 1937; *Kunst aus Blut und Boden*, Leipzig 1934, sowie der Artikel »Kunst und Rasse«, in: *Die Sonne* 6/2, 1929, S. 49ff. Bei Borrmann, S. 245ff, findet man eine ausführliche Bibliographie.

3 Jan Kelch, *Peter Paul Rubens. Kritischer Katalog der Gemälde im Besitz der Gemäldegalerie Berlin*, Berlin 1978, Nr. 798-4 und 776C.

4 »Erstaunlicherweise« deshalb, weil Julius Langbehn mit seinem *Rembrandt als Erzieher*, Leipzig 1890, eines der wichtigsten proto-nationalsozialistischen Bücher über dieses Thema geschrieben hatte. Zu diesem Buch und seiner Bedeutung für die NS-Ideologie siehe Fritz Stern, *The Politics of Cultural Despair. A Study of the Rise of the Germanic Ideology*, New York 1965, S. 131ff. Langbehn äußert in seinem äußerst merkwürdigen Buch nichts, was zu Schultze-Naumburgs negativer Interpretation Rembrandts

hätte Anlaß geben können. Der Idee, daß Rembrandt nichtselektable Typen malte, geht Barbara Maria Stafford, *Body Criticism. Imaging the Unseen in Enlightenment Art and Medicine*, Cambridge, Mass., 1991, S. 327ff, nach.

5 Paul Schultze-Naumburg, *Kunst und Rasse*, München 1928, Abb. 89 und Erörterung. Zu den Jukes siehe Richard L. Dugdale, *The Jukes. A Study in Crime, Pauperism, Disease, and Heredity*, 4. Aufl. New York 1910.

6 Schultze-Naumburg, *Kunst und Rasse*, S. 87.

7 Ibid., S. 42.

8 Ibid., S. 88f.

9 Malcolm Bull, »Caught in the Crossfire. Epstein, the Avant-Garde, and the Public«, in: *Times Literary Supplement*, 25. September 1992, S. 20ff. Zu Epstein siehe Richard Buckle, *Jacob Epstein, Sculptor*, Cleveland 1963; Evelyn Silber, *The Sculpture of Epstein*, Oxford 1986; Terry Friedman, *Epstein's Rima, »The Hyde Park Atrocity«, Creation, and Controversy*, Leeds 1988, S. 35ff.

10 Vaughn und Blunt werden zitiert in Bull, »Caught in the Crossfire«, S. 20ff.

11 Siehe Peter Weingart, Jürgen Kroll und Kurt Bayertz, *Rasse, Blut und Gene. Geschichte der Eugenik und Rassenhygiene in Deutschland*, Frankfurt a. M. 1988, S. 367ff; Paul Weindling, *Health, Race, and German Politics between National Unification and Nazism, 1870–1945*, Cambridge 1989, S. 489ff; Götz Aly, Peter Chroust und Christian Pross, *Cleansing the Fatherland. Nazi Medicine and Racial Hygiene*, Baltimore 1994.

12 Hans F. K. Günther, *Rassengeschichte des hellenischen und des römischen Volkes*, München 1929, S. 21. Zu Himmler siehe Peter Padfield, *Himmler. Reichsführer SS*, London 1990, besonders S. 10, S. 135ff.

13 Alfred Rosenberg, *Der Mythus des 20. Jahrhunderts. Eine Wertung der seelisch-geistigen Gestaltenkämpfe unserer Zeit*, München 1930; idem, *Revolution in der bildenden Kunst?*, München 1943. Wie Schultze-Naumburg stellt auch Rosenberg den gesunden Rubens einem krankhaften Rembrandt gegenüber, klassifiziert ihn aber dennoch als nordisch – trotz seiner »jüdischen Braut«.

14 Karl Richard Ganzer, *Das deutsche Führergesicht. 204 Bildnisse deutscher Kämpfer und Wegsucher aus zwei Jahrtausenden*, München 1941.

15 Johannes Sommer, *Arno Breker*, Bonn 1943; B. John Zavrel, *Arno Breker. His Art and Life*, Amherst, N.Y., 1985.

16 Wilfried van der Will, »The Body and the Body Politic as Symptom and Metaphor in the Transition of German Culture into National Socialism«, in: Taylor und van der Will (Hrsg.), *The Nazification of Art*, S. 14ff. Der Aufsatz beschreibt den Freikörperkult in Deutschland, den die Nationalsozialisten vereinnahmten, um der Bevölkerung gute Reproduktionsziele vor Augen zu führen.

17 Berthold Hinz, *Die Malerei im deutschen Faschismus. Kunst und Konterrevolution*, München 1974, S. 111.

18 Schultze-Naumburg, *Nordische Schönheit*.

19 Stephen Kinzer in der *New York Times* vom 1. April 1994. Siehe auch Richard M. Lerner, *Final Solutions. Biology, Prejudice, and Genocide*, University Park, Penn., 1992, S. 21ff.

20 Stern, *Politics of Cultural Despair*, beleuchtet diesen Punkt vorzüglich.

9

Von Herkules zu Schwarzenegger

1 Siehe Marc E. Mishkind, Judith Rodin, Lisa R. Silberstein und Ruth H. Striegel-Moore, »The Embodiment of Masculinity. Cultural, Psychological, and Behavioral Dimensions«, in: *American Behavioral Scientist* 29, 1986, S. 545ff; Joseph Lyons, *Ecology of the Body. Styles of Behavior in Human Life*, Durham, N.C., 1987; A. E. Fallon und P. Rozin, »Sex Differences in Perception of Desirable Body Shape«, in: *Journal of Abnormal Psychology* 94, 1985, S. 102ff; Kenneth R. Dutton, *The Perfectible Body. The Western Ideal of Male Physical Development*, New York 1995.

2 J. E. Lindsay Carter und Barbara Honeyman Heath, *Somatotyping – Development and Applications*, Cambridge 1990, S. 1ff. Auf S. 210ff erörtern die Autoren das Phänomen Bodybuilder.

3 Charles Gaines, *Pumping Iron. The Art and Sport of Bodybuilding*, New York 1974; Alan M. Klein, *Little Big Men. Bodybuilding Subculture and Gender Construction*, Albany 1993, vor allem das Kapitel »Comic Book Masculinity and Cultural Fiction«, S. 234ff.

4 Siehe die Interviews in Gaines, *Pumping Iron*. Zu künstlich erzeugter Muskulatur und Männlichkeit siehe John M. Hoberman und Charles E. Yesalis, »The History of Synthetic Testosterone«, in *Scientific American 272*, Februar 1995, S. 76ff.

5 Samuel Wilson Fussell, *Muscle. Confessions of an Unlikely Bodybuilder*, New York 1991.

6 Francis Haskell und Nicholas Penny, *Taste and the Antique. The Lure of Classical Sculpture, 1500–1900*, New Haven 1981, S. 230.

7 Fussell, *Muscle*, S. 133, S. 191. Siehe auch V. Bok, »A Comparison of Selected Illustrations of Creative Works from the Point of View of Constitutional Typology«, in: *Acta universitatis carolinae (gymnica)* 10, 1974, S. 79ff; idem, »Comparison of Somatotypes of Certain Works of Art with the View to the Beauty of the Living Human Body«, in: R. Line (Hrsg.), *International Conference on Physical Education*, Prag 1976, S. 191ff; idem, »The Comparison of Adam's and Eve's Depiction in Selected Style Periods from the Point of View of the Somatotype«, in: *Acta universitatis carolinae (gymnica)* 19, 1983, S. 73ff.

8 Fussell, *Muscle*, S. 122.

9 Professor Jonathan Marks erzählte mir folgenden Witz: Jemand fragt Groucho Marx, ob er einen Tarzan-Film mit Johnny Weissmuller und Linda Darnell sehen wolle. Groucho antwortet: »No, I don't go to no movie where the boy has bigger boobs than the girl.«

10 Andrew Stewart, *Greek Sculpture*, New Haven 1990, Bd. 1, S. 126.

11 In einigen Fällen wurde dies sicher auch getan, um die Asymmetrie von Brüsten zu beheben, unter der vor allem großbrüstige Frauen zu leiden haben; Anders P. Møller, M. Soler und R. Thornhill, »Breast Asymmetry, Sexual Selection, and Human Reproductive Success«, in: *Ethology and Sociobiology* (im Druck). Siehe auch R. E. Frisch, »Fatness and Fertility«, in: *Scientific American* 258, März 1988, S. 70ff; R. W. Smuts, »Fat, Sex, Class, Adaptive Flexibility, and Cultural Change«, in: *Ethology and Sociobiology* 13, 1992, S. 523ff; und B. S. Low, R. D. Alexander und K. M. Noonan, »Human Hips, Breasts, and Buttocks: Is Fat Deceptive?«, in: *Ethology and Sociobiology 8*, 1987, S. 249ff.

12 Robert L. Herbert, *Impressionism. Art, Leisure, and Parisian Society*, New Haven 1988, S. 79ff.

Auswahlbibliographie

Aikema, Bernard, »Titian's Mary Magdalen in the Palazzo Pitti. An Ambiguous Painting and its Critics«, in: *Journal of the Warburg and Courtauld Institutes* 57, 1994, S. 48ff.

Aiken, Jane Andrews, »Leon Battista Alberti's System of Proportions«, in: *Journal of the Warburg and Courtauld Institutes* 42, 1980, S. 68ff.

Alberti, Leone Battista, *»On Painting and on Sculpture«. The Latin Texts of »De Pictura« and »De Statua«*, London 1972.

Aly, Götz/Chroust, Peter/Pross, Christian, *Cleansing the Fatherland. Nazi Medicine and Racial Hygiene*, Baltimore 1994.

Ammon, Otto, *Die Gesellschaftsordnung und ihre natürliche Grundlage*, 2. Aufl. Jena 1896.

Anderson, Jaynie, »Dietro lo pseudonimo«, in: Giovanni Morelli, *Della pittura italiana. Studii storico-critici*, Mailand 1991.

Arnold, Matthew, *Culture and Anarchy*, New York 1908.

Baltrušaitis, Jurgis, *Aberrations. Quatre essais sur la légende des formes*, Paris 1983.

Bannister, Robert C., *Social Darwinism. Science and Myth in Anglo-American Social Thought*, Philadelphia 1979.

Bardon, Françoise, »Le thème de la Madeleine pénitente au XVIIème siècle en France«, in: *Journal of the Warburg and Courtauld Institutes* 31, 1968, S. 274ff.

Beinert, Wolfgang/Petri, Heinrich (Hrsg.), *Handbuch der Marienkunde*, Regensburg 1984.

Bernal, Martin, *Black Athena. The Afroasiatic Roots of Classical Civilization*, Bd. 1: *The Fabrication of Ancient Greece, 1785–1985*, New Brunswick, N.J., 1987.

Bianchi Bandinelli, Ranuccio, *Policleto*, Florenz 1938.

Blinkenberg, Christian Sørensen, *Knidia. Beiträge zur Kenntnis der Praxitelischen Aphrodite*, Kopenhagen 1933.

Bok, V., »A Comparison of Selected Illustrations of Creative Works from the Point of View of Constitutional Typology«, in: *Acta universitatis carolinae (gymnica)* 10, 1974, S. 79ff.

idem, »Comparison of Somatotypes of Certain Works of Art with the View to the Beauty of the Living Human Body«, in: R. Line (Hrsg.), *International Conference on Physical Education*, Prag 1976, S. 191ff.

idem, »The Comparison of Adam's and Eve's Depiction in Selected Style Periods from the Point of View of the Somatotype«, in: *Acta universitatis carolinae (gymnica)* 19, 1983, S. 73ff.

Borrmann, Norbert, *Paul Schultze-Naumburg 1869–1949. Maler, Publizist, Architekt*, Essen 1989.

Bowler, Peter J., *The Eclipse of Darwinism. Anti-Darwinian Evolution Theories in the Decades around 1900*, Baltimore 1983.

Buckle, Richard, *Jacob Epstein, Sculptor*, Cleveland 1963.

Bulferetti, Luigi, *Cesare Lombroso*, Turin 1975.

Bull, Malcolm, »Caught in the Crossfire. Epstein, the Avant-Garde, and the Public«, in: *Times Literary Supplement*, 25. September 1992, S. 20ff.

Burnouf, Emile, *La science des religions*, Paris 1872.

Bynum, Caroline Walker, »The Female Body and Religious Practice in the Later Middle Ages«, in: *Zone. Fragments for a History of the Body* 1, 1989, S. 161ff.

idem, *The Resurrection of the Body in Western Christianity, 200–1336*, New York 1995.

Callen, Anthea, »Anatomie et physiognomie. ›La Petite Danseuse de quatorze ans‹ de Degas«, in: *L'âme au corps. Arts et sciences, 1793–1993*, Ausstellungskatalog, Grand Palais, Paris 1994.

idem, *The Spectacular Body. Science, Method, and Meaning in the Work of Degas*, New Haven 1995.

Camper, Petrus, *Vorlesungen, gehalten in der Amsterdamer Zeichen-Akademie: über den Ausdruck der verschiedenen Leidenschaften durch die Gesichtszüge; über die bewundernswürdige Ähnlichkeit im Bau des Menschen, der vierfüssigen Thiere, der Vögel und Fische; und über die Schönheit der Formen,* Berlin 1793.

Carroll, Michael P. *The Cult of the Virgin Mary. Psychological Origins,* Princeton 1986.

Chai, Jean Julia, *Gian Paolo Lomazzo and the Art of Expression,* Ann Arbor, Mich., 1990.

Chamberlain, Houston Stewart, *Arische Weltanschauung,* Berlin 1905.

Chaudhuri, Nirad C., *Scholar Extraordinary. The Life of Professor the Rt. Hon. Friedrich Max Müller, P. C.,* London 1974.

Choulant, Johann Ludwig, *Geschichte und Bibliographie der anatomischen Abbildungen nach ihrer Beziehung auf anatomische Wissenschaft und bildende Kunst,* Leipzig 1851 – 1852.

Clark, Kenneth, *The Drawings of Leonardo da Vinci in the Collection of Her Majesty the Queen at Windsor Castle,* 2. Aufl. London 1969.

Corso, Antonio, *Prassitele: Fonti epigrafiche e letterarie, vita e opere,* Rom 1988 – 1990.

Cowan, Ruth Schwartz, *Sir Francis Galton and the Study of Heredity in the Nineteenth Century,* New York 1985.

Cowling, Mary, *The Artist as Anthropologist. The Representation of Type and Character in Victorian Art,* Cambridge 1989.

Cronin, Helena, *The Ant and the Peacock. Altruism and Sexual Selection from Darwin to Today,* Cambridge 1991.

Curtius, Ernst, *Griechische Geschichte,* 3 Bde., Berlin 1857 – 1867.

Darwin, Francis (Hrsg.), *Charles Darwin's Autobiography,* New York 1950.

Davis, Whitney, *The Canonical Tradition in Ancient Egyptian Art,* Cambridge 1989.

Dawkins, Richard, *The Selfish Gene,* Oxford 1976.

idem, *The Extended Phenotype. The Gene as the Unit of Selection,* Oxford 1982.

De Fiores, Stefano/Meo, Salvatore (Hrsg.), *Nuovo dizionario di mariologia,* Mailand 1986.

Deshpande, Madhar M./Hooke, Peter Edwin (Hrsg.), *Aryan and Non-Aryan in India,* Ann Arbor, Mich., 1979.

De Waal Malefijt, Annemarie, *Images of Man. A History of Anthropological Thought,* New York 1974.

Di Giovanni, A., *Clinical Commentaries Deduced from the Morphology of the Human Body,* London – New York 1919.

Dilke, Charles Wentworth, *Greater Britain,* Philadelphia 1869.

Disraeli, Benjamin, *Lothair,* Nachdr. d. Ausg. von 1870, London 1975.

Dolza Carrara, Delfina, *Essere figlie di Lombroso,* Mailand 1990.

Dugdale, Richard L., *The Jukes. A Study in Crime, Pauperism, Disease, and Heredity,* 4. Aufl. New York 1910.

Dutton, Kenneth R., *The Perfectible Body. The Western Ideal of Male Physical Development,* New York 1995.

Elsen, Albert E., *Rodin's Thinker and the Problems of Modern Public Sculpture,* New Haven 1985.

Engels, Friedrich, *Der Ursprung der Familie, des Privateigentums und des Staates,* in: Karl Marx/Friedrich Engels, *Werke,* Bd. 21, Berlin 1972.

Fallon, A. E./Rozin, P., »Sex Differences in Perception of Desirable Body Shape«, in: *Journal of Abnormal Psychology* 94, 1985, S. 102ff.

Faverty, Frederic E., *Matthew Arnold the Ethnologist,* Evanston, Ill., 1951.

Fisher, Ronald Aylmer, »The Evolution of Sexual Preference«, in: *Eugenics Review* 7, 1915, S. 184ff.

idem, *The Genetical Theory of Natural Selection,* Oxford 1930.

Fleischer, Manfred P. (Hrsg.), *The Decline of the West?* New York 1970.

Fleming, Gordon H., *James Abbott McNeill Whistler, a Life.* New York 1991.

Friedman, Terry, *Epstein's Rima. »The Hyde Park Atrocity«, Creation, and Controversy,* Leeds 1988.

Frisch, R. E., »Fatness and Fertility«, in: *Scientific American* 258, März 1988, S. 70ff.

From Realism to Symbolism. Whistler and His World, Ausstellungskatalog, Department of Art History and Archaeology of Columbia University in cooperation with the Philadelphia Museum of Art, New York 1971.

Fussell, Samuel Wilson, *Muscle. Confessions of an Unlikely Bodybuilder,* New York 1991.

Gaines, Charles, *Pumping Iron. The Art and Sport of Bodybuilding,* 11. Aufl. New York 1974.

Galton, Francis, *Hereditary Genius,* New York 1870.

idem, *Inquiries into Human Faculty and Its Development,* New York 1883.

Ganzer, Karl Richard, *Das deutsche Führergesicht. 204 Bildnisse deutscher Kämpfer und Wegsucher aus zwei Jahrtausenden,* München 1941.

Garland, Robert, *The Eye of the Beholder. Deformity and Disability in the Graeco-Roman World,* Ithaca, N.Y., 1995.

Gaunt, William, *Victorian Olympus,* London 1952.

Giesen, Josef, *Dürers Proportionsstudien im Rahmen der allgemeinen Proportionsentwicklung,* Bonn 1930.

Gilman, Richard, *Decadence. The Strange Life of an Epithet,* New York 1979.

Giovanni Morelli e la cultura dei conoscitori. Atti del convegno nazionale, Bd. 2, Bergamo 1993.

Gobineau, Joseph Arthur Comte de, *Essai sur l'inégalité des races humaines,* Nachdr. d. Ausg. von 1853, Paris 1967; deutsch: *Versuch über die Ungleichheit der Menschenracen,* 3. Aufl. Stuttgart 1907.

Goley, Mary Anne, *John White Alexander (1856 – 1915),* Ausstellungskatalog, National Collection of Fine Arts, Smithsonian Institution, Washington, D. C., 1976.

Gould, Stephen Jay, *Ontogeny and Phylogeny,* Cambridge, Mass., 1977.

idem, *The Mismeasure of Man,* New York 1981.

Grammer, Karl/Thornhill, Randy, »Human (Homo sapiens) Facial Attractiveness and Sexual Selection. The Role of Symmetry and Averageness«, in: *Journal of Comparative Psychology* 108, 1994, S. 233ff.

Grunfeld, Frederic V., *Rodin. A Biography,* New York 1987.

Günther, Hans F. K., *Rassengeschichte des hellenischen und des römischen Volkes,* München 1929.

Haller, Mark H., *Eugenics. Hereditarian Attitudes in American Thought,* New Brunswick, N.J., 1963.

Hartl, Emil M./Monnelly, Edward P./Elderkin, Roland D., *Physique and Delinquent Behavior. A Thirty-Year Follow-Up of William H. Sheldon's »Varieties of Delinquent Youth«,* New York 1982.

Haskell, Francis/Penny, Nicholas, *Taste and the Antique. The Lure of Classical Sculpture, 1500 – 1900,* New Haven 1981.

Haskins, Susan, *Mary Magdalen. Myth and Metaphor,* London 1994.

Havelock, Christine, *The Aphrodite of Knidos and Her Successors,* Ann Arbor, Mich., 1995.

Hay, David R., *On the Science of Those Proportions by which the Human Head and Countenance as Represented in Works of Ancient Greek Art are Distinguished from Those of Ordinary Nature,* London – Edinburgh 1849.

idem, *The Natural Principles of Beauty in the Human Figure,* London – Edinburgh 1852.

Herbert, Robert L., *Impressionism. Art, Leisure, and Parisian Society,* New Haven 1988.

Herman, C. Peter, »The Shape of Man«, in: *Contemporary Psychology* 37, 1992, S. 525ff.

Herter, Hans, *De Priapo* (=Religionsgeschichtliche Versuche und Vorarbeiten, 23), Gießen 1932.

Hinz, Berthold, *Die Malerei im deutschen Faschismus. Kunst und Konterrevolution,* München 1974.

Hoberman, John M./Yesalis, Charles E., »The History of Synthetic Testosterone«, in: *Scientific American* 272, Februar 1995, S. 76ff.

Hofstadter, Richard, *Social Darwinism and American Thought,* Philadelphia 1944.

Hooton, Earnest A., *Apes, Mens and Morons,* New York 1937.

idem, *The American Criminal,* Bd. 1: *The Native White Criminal of Native Parentage,* Cambridge, Mass., 1939.

idem, *The Twilight of Man,* New York 1939.

idem, *Why Men Behave like Apes and Vice Versa,* Princeton 1940.

Huxley, Thomas Henry, *Evidence as to Man's Place in Nature,* London 1863.

Ingenhoff-Danhäuser, Monika, *Maria Magdalena. Heilige und Sünderin in der italienischen Renaissance,* Tübingen 1984.

James, Henry, *William Wetmore Story and His Friends,* 2 Bde., Nachdr. d. Ausg. von 1903, New York 1957.

James, William, *The Varieties of Religious Experience,* Nachdr. d. Ausg. von 1902, New York 1987.

Jameson, Anna, *Legends of the Madonna as Represented in the Fine Arts,* London 1852.

idem, *Sacred and Legendary Art,* London 1870.

Johnsgard, Paul A., *Arena Birds. Sexual Selection and Behavior,* Washington, D.C., 1994.

Justi, Ludwig, *Konstruierte Figuren und Köpfe unter den Werken Albrecht Dürers,* Leipzig 1902.

Karageorghis, Jacqueline, *La grande déesse de Chypre et son culte,* Lyon 1977.

Kelch, Jan, *Peter Paul Rubens. Kritischer Katalog der Gemälde im Besitz der Gemäldegalerie Berlin,* Berlin 1978.

Kern, Stephen, *Anatomy and Destiny. A Cultural History of the Human Body,* Indianapolis 1975.

Keynes, Milo (Hrsg.), *Sir Francis Galton, The Legacy of His Ideas,* Proceedings of the 27th Annual Symposium of the Galton Institute, London 1991, Houndmills 1993.

Klein, Alan M., *Little Big Men. Bodybuilding Subculture and Gender Construction,* Albany 1993.

Kraus, Theodor, *Die Aphrodite von Knidos,* Bremen 1957.

Kretschmer, Ernst, *Geniale Menschen,* 2. Aufl. Berlin 1931.

idem, *Die Persönlichkeit der Athletiker,* Leipzig 1936.

idem, *Körperbau und Charakter. Untersuchungen zu Konstitutionsproblemen und zur Lehre von den Temperamenten,* Berlin 1944.

Langbehn, Julius, *Rembrandt als Erzieher,* Leipzig 1890.

Lavater, Johann Caspar, *Physiognomische Fragmente zur Beförderung der Menschenkenntniß und Menschenliebe,* 4 Bde., Leipzig – Winterthur 1775 – 1778.

Leighton, Frederick, *Addresses Delivered to the Students of the Royal Academy by the Late Lord Leighton,* 2. Aufl. London 1897.

Lerner, Richard M., *Final Solutions. Biology, Prejudice and Genocide,* University Park, Penn., 1992.

Lessing, Gotthold Ephraim, *Laokoon,* in: Gesamtausgabe der Werke, Bd. 6, Düsseldorf 1996.

Levi, Donata, »Fortuna di Morelli. Appunti sui rapporti fra storiografia artistica tedesca ed inglese«, in: *La Figura di Giovanni Morelli. Studi e ricerche,* Bergamo 1987, S. 19ff.

Lindsay Carter, J. E./Heath, Barbara Honeyman, *Somatotyping. Development and Applications,* Cambridge 1992.

Lombroso, Cesare, *Genio e follia,* Turin 1882.

idem, *L'homme criminel,* 2 Bde., Paris 1895.

Lombroso, Cesare/Ferrero, G., *La donna delinquente. La prostituta e la donna normale,* Turin 1893; deutsch: *Das Weib als Verbrecherin und Prostituierte,* Hamburg 1894.

Low, B. S./Alexander, R. D./Noonan, K. M., »Human Hips, Breasts, and Buttocks: Is Fat Deceptive?« in: *Ethology and Sociobiology* 8, 1987, 249ff.

Lyons, Joseph, *Ecology of the Body. Styles of Behavior in Human Life,* Durham, N. C., 1987.

Majundar, Ramesh Chandra, *Expansion of Aryan Culture in Eastern India,* Imphal 1968.

Malvern, Marjorie M., *Venus in Sackcloth. The Magdalen's Origins and Metamorphoses,* Carbondale, Ill., 1975.

Marks, Jonathan, *Human Biodiversity. Genes, Race, and History,* New York 1995.

McMullen, Roy, *Victorian Outsider. A Biography of J. A. M. Whistler,* New York 1973.

Mendlewitsch, Doris, *Volk und Heil. Vordenker des Nationalsozialismus im 19. Jahrhundert,* Bielefeld 1988.

Miller, Emanuel, *Types of Mind and Body,* London 1927.

Mishkind, Marc E./Rodin, Judith/Silberstein, Lisa R./Striegel-Moore, Ruth H., »The Embodiment of Masculinity. Cultural, Psychological, and Behavioral Dimensions«, in: *American Behavioral Scientist* 29, 1986, S. 545ff.

Mitterer, A., *Dogma und Biologie der heiligen Familie,* Wien 1952.

Møller, Anders P./Soler, M./Thornhill, R., »Breast Asymmetry, Sexual Selection, and Human Reproductive Success«, in: *Ethology and Sociobiology* (im Druck).

Morel, Auguste Benedicte, *Traité des dégénérescences physiques, intellectuelles et morales de l'espèce humaine et des causes qui produisent ces variétés maladives,* Paris 1857.

Morelli, Giovanni (Ivan Lermolieff), *Kunstkritische Studien über italienische Malerei,* 2 Bde., Leipzig 1890.

Muir, John, *Original Sanskrit Texts on the Origin and the History of the People of India. The Vedas,* 5 Bde., 2. Aufl. London 1871.

idem, *The Hymns of the Rig Veda,* London 1873.

Naccarati, Sante, »The Morphologic Aspect of Intelligence«, in: *Archives of Psychology* 45, 1921.

Nordau, Anna/Nordau, Maxa, *Max Nordau, centinela de la civilisación.* Buenos Aires 1943.

Nordau, Max, *Entartung,* 2 Bde., Berlin 1892/93.

Nordau, Max, *Von Kunst und Künstlern. Beiträge zur Kunstgeschichte,* Leipzig 1905.

Opel, Adolf (Hrsg.), *Kontroversen. Adolf Loos im Spiegel der Zeitgenossen,* Wien 1984.

Oppel, Herbert, »KANΩN: Zur Bedeutungsgeschichte des Wortes und seiner lateinischen Entsprechungen (regula – norma),« in: *Philologus,* Suppl. 30/4, 1937, S. 14ff.

Ormond, Leonée/Ormond, Richard, *Lord Leighton,* London 1975.

Padfield, Peter, *Himmler. Reichsführer SS,* London 1990.

Palmer, A. R./Strobeck, C., »Fluctuating Asymmetry. Measurement, Analysis, and Patterns«, in: *Annual Review of Ecology and Systematics* 17, 1986, S. 391ff.

Panofsky, Erwin, »The History of the Theory of Human Proportions as a Reflection of the History of Styles«, in: idem, *Meaning in the Visual Arts.* New York 1955, S. 55ff.

idem, *The Life and Art of Albrecht Dürer,* Princeton 1955.

idem, *Tomb Sculpture. Four Lectures on Its Changing Aspects from Ancient Egypt to Bernini,* New York 1964.

Panzeri, M./Bravi, Giulio O., »La figura e l'opera di Giovanni Morelli. Materiali e ricerca«, in: *La figura di Giovanni Morelli. Studi e ricerche,* Bergamo 1987, S. 349ff.

Park, Katherine, »The Criminal and Saintly Body. Autopsy and Dissection in Renaissance Italy«, in: *Renaissance Quarterly* 47, 1994, 21ff.

Pearsall, Ronald, *Tell Me, Pretty Maiden. The Victorian and Edwardian Nude,* 3 Bde., Exeter 1981.

Pearson, Karl, *The Life, Letters, and Labours of Francis Galton,* 3 Bde., Cambridge 1914 – 1930.

Pende, Nicolas, *Constitutional Inadequacies,* Philadelphia 1928.

Pepper, Stephen, *Guido Reni, l'opera completa,* Novara 1988.

Phillips, Mary E., *Reminiscences of William Wetmore Story,* Chicago – New York 1897.

Pick, Daniel, *The Faces of Degeneration. A European Disorder, 1848 – 1918,* Cambridge 1989.

Poliakov, Léon, *The Aryan Myth. A History of Racist and Nationalist Ideas in Europe,* New York 1971.

Polyklet. Der Bildhauer der griechischen Klassik, Ausstellungskatalog, Liebighaus, Museum alter Plastik, Frankfurt am Main. Mainz 1990.

Pollitt, Jerry Jordan, *The Ancient View of Greek Art,* Cambridge 1974.

Quetelet, Adolphe, *Anthropométrie ou mesure des différentes facultés de l'homme,* Brüssel 1871.

Ravasi, Gianfranco, »... Kî Tôb: ›Dio vide che era bello!‹«, in: Verdon, T. (Hrsg.), *L'arte e la Bibbia: Immagine come esegesi biblica,* Atti del Convegno internazionale di studi l'Arte e la Bibbia, Venedig, 14. – 16. Oktober 1988, Bergamo 1992.

Raven, J. E., »Polyclitus and Pythagoreanism«, in: *Classical Quarterly* 45, 1951, S. 147ff.

Réau, Louis, *Iconographie de l'art chrétien,* Paris 1957.

Richards, Eveleen, »Darwin and the Descent of Woman«, in: Langham, Ian/Oldroyd, David (Hrsg.), *The Wider Domain of Evolutionary Thought,* Boston 1983.

Richter, Gisela Marie Augusta, *Korai,* London 1968.

idem, *Kouroi,* 3. Aufl. London 1970.

Roberts, C. A., *A Manual of Anthropometry,* London 1878.

Robertson, Martin, *A History of Greek Art,* 2 Bde., Cambridge 1975.

Robins, Gay, *Proportion and Style in Ancient Egyptian Art,* Austin 1994.

Rosenbaum, Ron, »The Great Ivy League Nude Posture Photo Scandal«, in: *New York Times Magazine,* 15. Januar 1995, S. 26ff.

Rosenberg, Alfred, *Der Mythus des 20. Jahrhunderts. Eine Wertung der seelisch-geistigen Gestaltenkämpfe unserer Zeit,* München 1930.

idem, *Revolution in der bildenen Kunst?,* München 1934.

Ruggeri, Giorgio, *Saette e carezze di un ironico libertino. Giovanni Boldini (1842 – 1931),* Bologna 1980.

Rykwert, Joseph, *The Dancing Column. On the Orders of Architecture,* Cambridge, Mass., 1996.

Säfflund, Gösta, *Aphrodite Kallipygos,* Stockholm 1963.

Salerno, Luigi, *I dipinti del Guercino,* Rom 1988.

Savage, Thomas S., »Notice of the External Characters and Habits of Troglodytes Gorilla, a New Species of Orang from the Gaboon River«, in: *Boston Journal of Natural History* 5, December 1847, S. 417ff.

Scaglia, Gustina, »Instruments Perfected for Measurement of Man and Statues Illustrated in Leon Battista Alberti's *De statua*«, in: *Nuncia: Annali di storia della scienza* 8, 1993, S. 555ff.

Schadow, Johann Gottfried, *Polyclet oder von den Maassen des Menschen, nach dem Geschlechte und Alter mit Angabe der wirklichen Naturgrösse nach dem Rheinländischen Zollstocke und Abhandlung von dem Unterschiede der Gesichtszüge und Kopfbildung der Völker des Erdbodens als Fortsetzung des hierüber von Peter Camper Ausgegangenen,* Berlin 1834.

Schmoll gen. Eisenwerth, Josef Adolf, *Rodin-Studien. Persönlichkeit, Werke, Wirkung, Bibliographien,* München 1983.

Schultz, Bernard, *Art and Anatomy in Renaissance Italy,* Ann Arbor, Mich., 1985.

Schultze-Naumburg, Paul, *Kunst und Rasse,* München 1928.

idem, *Kunst aus Blut und Boden,* Leipzig 1934.

idem, *Nordische Schönheit. Ihr Wunschbild im Leben und in der Kunst,* München – Berlin 1937.

Sheldon, William H., *Psychology and the Promethean Will. A Constructive Study of the Acute Common Problem of Education, Medicine and Religion,* New York 1936.

idem, *Varieties of Temperament. A Psychology of Constitutional Differences,* New York 1942.

idem, »The Somatotype, the Morphophenotype and the Morphogenotype«, in: *Cold Spring Harbor Symposium on Quantitative Biology* 15, 1950, S. 373ff.

idem, *An Atlas of Man,* New York 1954.

idem/Hartl, Emil M./McDermott, Eugene, *Varieties of Delinquent Youth. An Introduction to Constitutional Psychiatry,* New York 1949.

idem/Stevens, S. S./Tucker, B. B., *Varieties of Human Physique. An Introduction to Constitutional Psychology,* New York 1940.

Silber, Evelyn, *The Sculpture of Epstein,* Oxford 1986.

Siraisi, Nancy G., »Vesalius and Human Diversity in *De humani corporis fabrica*«, in: *Journal of the Warburg and Courtauld Institutes* 57, 1994, 60ff.

Smuts, R. W., »Fat, Sex, Class, Adaptive Flexibility, and Cultural Change«, in: *Ethology and Sociobiology* 13, 1992, 523ff.

Soloway, Richard A., *Demography and Degeneration. Eugenics and the Declining Birthrate in Twentieth-Century Britain,* Chapel Hill, N.C., 1990.

Sommer, Johannes, *Arno Breker,* Bonn 1943.

Spear, Richard E., *Domenichino,* New Haven 1982.

Spengler, Oswald, *Der Untergang des Abendlandes. Umrisse einer Morphologie der Weltgeschichte,* München 1918 – 1922.

Stafford, Barbara Maria, *Body Criticism. Imaging the Unseen in Enlightenment Art and Medicine,* Cambridge, Mass., 1991.

Steinberg, Leo, *The Sexuality of Christ in Renaissance Art and in Modern Oblivion,* New York 1983.

Stemmler, Joan K., »The Physiognomical Portraits of Johann Caspar Lavater«, in: *Art Bulletin* 75, 1993, S. 151ff.

Stern, Fritz, *The Politics of Cultural Despair. A Study in the Rise of Germanic Ideology,* New York 1965.

Steuben, Hans von, *Der Kanon des Polyklet. Doryphoros und Amazone,* Tübingen 1973.

Stewart, Andrew, »The Canon of Polykleitos. A Question of Evidence«, in: *Journal of Hellenic Studies* 98, 1978, S. 122ff.

idem, *Greek Sculpture,* 2 Bde., New Haven 1990.

Story, William Wetmore, *The Proportions of the Human Figure, According to a New Canon, for Practical Use; with a Critical Notice of the Canon of Polycletus, and of the Principal Ancient and Modern Systems,* London 1864.

idem, *Poems,* Boston 1886.

Stowe, Harriet Beecher, »Sojourner Truth, the Libyan Sibyl«, in: *Atlantic Monthly* 11, 1863, S. 480ff.

Strasser, Peter, »Cesare Lombroso. L'homme délinquent ou la bête sauvage au naturel«, in: *L'âme au corps. Arts et sciences 1793 – 1993.* Ausstellungskatalog, Grand Palais, Paris 1994, S. 352ff.

Taylor, Brandon/van der Will, Wilfried (Hrsg.), *The Nazification of Art. Art, Music, Architecture, and Film in the Third Reich,* Winchester 1990.

Thompson, Thomas, *James Anthony Froude on Nation and Empire. A Study in Victorian Racialism,* New York 1987.

Thornhill, Randy/Gangestad, Steven W., »Human Fluctuating Asymmetry and Sexual Behavior«, in: *Biological Abstracts* 97/8, 1994, S. 21ff.

Thornhill, Randy/Gangestad, Steven W./Comer, Randall, »Human Female Orgasm and Male Fluctuating Asymmetry«, in: *Animal Behavior* (im Druck).

Tönnies, Ferdinand, »Ammons Gesellschaftstheorie«, in: *Archiv für Sozialwissenschaft und Sozialpolitik* 19 (Neue Reihe 1), 1904.

Topinard, Paul, *Eléments d'anthropologie générale*, Paris 1885.

Vasari, Giorgio, *Le vite dei più eccellenti pittori, scultori, ed architettori,* hrsg. von Rosanna Bettarini/Paola Barocchi, Florenz 1966ff.

Verdon, Timothy R. (Hrsg.), *Monasticism and the Arts,* Syracuse 1984.

Viola, Giacinto, »L'habitus phthisicus et l'habitus apoplecticus comme conséquence d'une loi qui déforme normalement le type moyen de la race en ces deux types antithétiques«, in: *Comptes rendus de l'association des anatomistes,* Turin 1925.

idem, *La costituzione individuale,* Bologna 1933.

idem, »Il mio metodo di valutazione della costituzione individuale«, in: *Riforma medicale* 51, 1935, S. 1635ff.

Virchow, Rudolf, *Gesammelte Abhandlungen aus dem Gebiete der öffentlichen Medizin und der Seuchenlehre,* 2 Bde., Berlin 1879.

idem, *Disease, Life, and Man,* Stanford, Ca., 1958.

Watson, P. J./Thornhill, R., »Fluctuating Asymmetry and Sexual Selection«, in: *Trends in Ecology and Evolution* 9, 1994, S. 21ff.

Weindling, Paul, *Health, Race, and German Politics between National Unification and Nazism, 1870 – 1945,* Cambridge 1989.

Weingart, Peter/Kroll, Jürgen/Bayertz, Kurt, *Rasse, Blut und Gene. Geschichte der Eugenik und Rassenhygiene in Deutschland,* Frankfurt a. M. 1988.

Westermarck, Edward A., *A History of Human Marriage,* London 1891.

Wickler, Wolfgang, »Ursprung und biologische Deutung des Genitalpräsentierens männlicher Primaten«, in: *Zeitschrift für Tierpsychologie* 23, 1966, S. 422ff.

idem, »Socio-Sexual Signals and Their Intraspecific Imitation among Primates«, in: Morris, Desmond (Hrsg.), *Primate Ethology,* Chicago 1967, S. 89ff.

idem, *The Sexual Code,* Garden City, N.Y., 1972.

Winckelmann, Johann Joachim, *Gedanken über die Nachahmung der griechischen Werke in der Malerey und der Bildhauerkunst,* 2. vermehrte Aufl. Dresden – Leipzig 1756.

Wistrich, Robert, *Weekend in Munich. Art, Propaganda, and Terror in the Third Reich,* London 1995.

Wollheim, Richard, »Giovanni Morelli and the Origins of Scientific Connoisseurship«, in: idem, *On Art and the Mind. Essays and Lectures,* London 1974, S. 177ff.

Wood, Christopher, *Olympian Dreamers. Victorian Classical Painters, 1860 – 1914,* London 1983.

Zavrel, B. John, *Arno Breker. His Art and Life,* Amherst, N.Y., 1985.

Zerner, Henri, »Morelli et la science de l'art«, in: *Revue de l'art* 40 – 41, 1978, S. 209ff.

Zöllner, Frank, *Vitruvs Proportionsfigur. Quellenkritische Studien zur Kunstliteratur im 15. und 16. Jahrhundert,* Worms 1987.

Register

Titel von Kunstwerken sind kursiv gesetzt.
Kursive Ziffern verweisen auf Bildlegenden
und Tabellen.

Bildnachweis

Archive und Leihgeber

Akropolis Museum, Athen: 29 (re.)

Archiv für Kunst und Geschichte, Berlin: 12 (li.), 52 (o. re.), 61 (li.), 70 (o. li.), 70 (o. re.), 147 (o. li.), 158, 173 (o. li.), 175 (u. li.), 176, 187 (u. re.), 191 (u. re.)

Archivi Alinari, Florenz: 28 (u. re.), 41 (o. li.), 53 (o. li.), 57, 64 (o. re.), 65, 67, 96, 101 (u. Mitte), 130, 144 (li.), 144 (re.), 194 (o. re.)

Archivio Fotografico-Soprintendenza per i Beni Artistici e Storici di Roma, Rom: 149 (u. re.)

Art + Commerce Anthology Inc., New York: 31 (li.) (Photo Robert Mapplethorpe)

Bildarchiv Foto Marburg: 41 (o. re.), 160 (o. li.), 160 (o. re.), 173 (o. re.), 174 (o. li.), 174 (o. re.), 197 (u.)

Bildarchiv Preußischer Kulturbesitz, Berlin: 70 (li.), 184 (u.)

Bodleian Library, Oxford: 68

The Bridgeman Art Library, London: 97 (o. re.) (Birmingham City Museums and Art Gallery), 98 (o. li.) (Museo de Arte, Ponce, Puerto Rico)

The British Museum, London: 29 (li.), 98 (o. re.)

The Chrysler Museum of Art, Norfolk, Virginia: 180 (o. li.) (Gift of Walter P. Chrysler, Jr. 71.519)

The Cleveland Museum of Art: 30 (Mr. and Mrs. William H. Marlatt Fund, 1971.63)

Collection Denis Mahon, London: 131 (u. re.)

Cyprus Museum, Nikosia: 197 (o.)

DC Comics, New York: 194 (o. li.) (Batman is a trademark of DC Comics. © 1992. All rights reserved. Used with permission. Artwork by Jim Aparo.)

The Frick Collection, New York: 31 (o.), 162 (o. li.), 162 (o. re.)

The J. Paul Getty Museum, Los Angeles, California: 23 (o. re.) (Copyright Sotheby's, London)

Kunsthaus Zürich: 196 (u. re.)

Leighton House, London: 94

Louvre, Paris: 142 (o. li.), 147 (o. re.)

Marvel Entertainment Group Inc., New York: 198 (u. re.), 199 (u.) (The Incredible Hulk, Killpower and Motormouth Copyright © & TM 1996 Marvel Entertainment Group, Inc. Used with permission.)

The Metropolitan Museum of Art, New York: 25 (li.), 28 (u. li.), 46 (u. li.), 55 (o. re.), 101 (u. li.), 101 (u. re.), 165 (o. li.), 165 (o. re.)

Musées royaux d'art et d'histoire, Brüssel: 175 (u. re.)

Museo Nazionale, Neapel: 40 (o. re.), 108 (o. li.), 195 (o. re.)

Museo Nazionale dell'Arte Antica, Neapel: 64 (o. li.)

Museo Nazionale del Bargello, Florenz: 166 (o. re.)

Museum of Fine Arts, Boston: 166 (li.), 166 (o.) (Gift of Ernest Wadsworth Longfellow)

The Museum of Modern Art, New York: 61 (o. re.), 178

National Gallery of Ireland, Dublin: 131 (u. li.)

National Gallery of Scotland, Edinburgh: 12 (u.)

Nationalmuseet, Kopenhagen: 13 (o. li.)

Naturhistorisches Museum Wien: 60 (o.)

Photographie Giraudon, Paris: 55 (o. li.), 142 (re.)

Privatbesitz: 60 (u.), 150 (u. li.)

San Lorenzo, Florenz: 99

Soprintendenza Per I Beni Artistici E Storici Delle Provincie Di Firenze Pistoia E Prato, Florenz: 46 (u. re.), 48 (o. re.), 50 (u. li.), 97 (o. li.), 150 (o. li.)

Vatikanmuseum, Rom: 50 (u. re.), 64 (li.)

Wolfgang Wickler, Max-Planck-Institut für Verhaltensphysiologie, Seewiesen: 23 (u.), 24

Yale Center for British Art, New Haven, Connecticut: 73 (Paul Mellon Collection)

Yale Collection of American Literature, Beinecke Rare Book & Manuscript Library, Yale University, New Haven, Connecticut: 74, 75 (o. li.), 75 (o. re.)

Abbildungen aus Publikationen

Bücher und Fachzeitschriften

Arnold, Bettina: The Past as Propaganda. In: *Archaeology* 45 (Juli/August 1992): 184 (o. li.)

Audran, Gérard: Les Proportions des corps humains mésurées sur les plus belles figure de l'antiquité. 1683: 95

Delporte, H.: L'Image de la femme dans l'art préhistorique. Paris 1979: 201 (u. re.), 202 (o. li.)

Fleisher, M. L. / J. E. Lincoln: Encyclopedia of Comic Book Heroes. Bd. 1. New York 1976: 117 (o. re.)

Fussel, Samuel Wilson: Muscle. Confessions of an Unlikely Bodybuilder. New York 1991: 191 (li.), 191 (u. li.)

Günther, Hans F. K.: Rassengeschichte des hellenischen und des römischen Volkes. München 1929: 184 (o. re.)

Hill, J. B. / H. W. Popp / A.R. Grove Jr.: Botany. 4. Aufl. New York 1967: 23 (o. li.)

Hinz, Berthold: Die Malerei im deutschen Faschismus. Kunst und Konterrevolution. München 1974: 187 (u. li.)

Johnsgard, Paul A.: Arena Birds. Sexual Selection and Behavior. Washington, D.C., 1994: 200

Lavater, J. C.: Essai sur la Physiognomie destinée à faire connoître l'homme et à le faire aimer. 4 Bde. Den Haag 1781 – 1801: 107 (u. li.)

Lavater, J. C.: Physiognomische Fragmente zur Beförderung der Menschenkenntniß und Menschenliebe. Leipzig 1775 – 1778. Faksimile Zürich 1968: 107 (o.)

Lombroso, Cesare: Genio e follia. Turin 1882: 145

Morelli, Giovanni: Kunstkritische Studien über italienische Malerei. 2 Bde. Leipzig 1890: 149 (u. li.), 149 (u. Mitte), 150 (o. re.), 150 (u. re.)

Parodiz, J. J.: Darwin in the New World. Leiden 1981: 107 (u. re.), 108 (o. re.)

Pearson, Karl: The Life, Letters, and Labours of Francis Galton. Cambridge 1914 – 1930: 127 (o. li.), 127 (o. re.), 127 (u.)

Sheldon, William H.: An Atlas of Man. New York 1954: 117 (o. li.), 118 (u. li.), 118 (u. re.), 119

Sommer, Johannes: Arno Breker. Bonn 1943: 186 (o. li.), 186 (o. Mitte)

Steinberg, Leo: The Sexuality of Christ in Renaissance Art and in Modern Oblivion. New York 1983: 39, 40 (o. re.)

Thornhill, Randy: The Allure of Symmetry. Hiroshi Ogawa. Nature Productions. In: *Natural History* (September 1993): 25 (o.)

Zeitungen und Zeitschriften

D-Cup Superstars, Februar 1992: 13 (o. r.), 27 (o. r.), 197 (li.)

Insects of the World: 48 (o. li.)

Kladderadatsch 1933: 182

Musclemag International, Oktober 1992: 195 (o. li.)

Muscular Development, Oktober 1992: 198 (u. li.), 201 (u. li.), 202 (o. re.)

National Geographic Research 3, Sommer 1987: 27 (o. li.)

The New Yorker, 8. Mai 1995: 140 (u. li.)

The New York Times, 4. Mai 1995: 140 (u. re.)

The New York Times, 17. März 1935: 180 (o. re.)

The Savoy, Nr. 2, April 1896: 27 (li.)

Sketches and Cartoons, New York 1898: 33

Women's Physique World Magazine, September 1992: 196 (u. li.)

Die Deutsche Bibliothek - CIP-Einheitsaufnahme
Hersey, George L.:
Verführung nach Maß: Ideal und Tyrannei
des perfekten Körpers / George L. Hersey.
[Aus dem Amerikan. von Yvonne Badal].
1. Aufl.- Berlin: Siedler, 1998
Einheitssacht.: The Evolution of Allure ‹dt.›
ISBN 3-88680-622-7

Die Originalausgabe erschien 1996
unter dem Titel »The Evolution of Allure«
bei MIT Press, Cambridge/Massachusetts - London.

Der Siedler Verlag ist ein Unternehmen
der Verlagsgruppe Bertelsmann.

Das Register wurde von Robert von Radetzky erstellt.

Redaktion: Klaus Pranger
Schutzumschlag: Bongé + Partner, Berlin
unter Verwendung von Bildern
aus dem Archiv für Kunst und Geschichte, Berlin,
sowie aus der Zeitschrift Muscular Development
Satz und Reproduktionen: Bongé + Partner, Berlin
Druck und Buchbinder: Wiener Verlag, Himberg
Printed in Austria 1998
ISBN 3-88680-622-7
Erste Auflage